선녀여왕

The Faerie Queene III
The Legend of Britomartis, or of Chastity
by Edmund Spenser

Published by Acanet, Korea, 2012

이 책은 저작권법에 따라 보호를 받는 저작물이므로 무단 전재와 무단 복제를 금하며
이 책 내용의 전부 또는 일부를 이용하려면 반드시 저작권자와 아카넷의 동의를 받아야 합니다.

선녀여왕

③

브리토마트, 또는 정결의 전설

The Faerie Queene III
The Legend of Britomartis, or of Chastity

에드먼드 스펜서 지음 | **임성균** 옮김

| 옮긴이 머리말 |

　르네상스 최고의 시인 에드먼드 스펜서(Edmund Spenser)의 『선녀여왕』(The Faerie Queene)은 서사 로망스(epic romance)일 뿐만 아니라, 교육서(courtesy book)이며 알레고리(allegory)로서 엘리자베스 여왕 시대의 영문학을 대표하는 작품이다. 당대의 정치적, 종교적, 사회적 이념들을 그 어떤 작품보다도 적나라하게 보여주며, 동시에 시적 운율의 기교가 정교하여 셰익스피어·밀턴을 비롯한 많은 르네상스 시인들에게 영향을 주었다. 각 권은 12개의 칸토로 구성되어 있으며, 각 칸토는 35~77개의 연(stanza)으로 이루어져 있는데, 모든 연이 9행으로 구성된 일정한 운율 체계를 유지하고 있다. 보통 스펜서리언 스탄자(Spenserian Stanza)라고 불리는 이러한 운율 체계는 스펜서가 창조한 독창적인 시작법으로서 예외 없이 약강5음보(imabic pentameter)의 시행과 a, b, a, b, c, b, c, c의 각운 체계를 가지고 있고, 마지막 행은 알렉산드린(Alexandrine)으로서 6음보이다. 모두 3,853개의 연을 예외 없이 세 개의 각운만으로 시를 썼다는 것도 놀라운 일이지만, 이러한 정형시의 구성으로 그 규모가 『반지의 제왕』이나 『해리포터』를 능가하는 서사를 창조했다는 사실이 우리로 하여금

감탄을 금하지 못하게 한다. 영시뿐만 아니라 영문학을 공부하는 데서 가장 중요한 작품 중의 하나인 『선녀여왕』이 가지는 문학적 의의는 따로 논할 필요가 없겠으나, 초서를 필두로 셰익스피어, 밀턴으로 이어지는 르네상스 영문학 전통에서 스펜서의 서술 구조나 시작법의 기교가 가지는 중요성은 특히 크다고 하겠다.

　1997년에 1권과 2권의 번역을 출간하고 이제 3권을 내놓게 되었으니 시간이 제법 걸린 셈이다. 『선녀여왕』 3권은 전 편들과는 달리 주인공인 정결의 기사 브리토마트(Britomart)의 이야기가 끝나지 않고 4권으로 이어지며, 결국 5권에 가서야 완결되는 구조를 갖추고 있다. 브리토마트는 엘리자베스 여왕의 조상으로 등장하는데, 처녀였던 여왕과는 달리 사랑하는 이를 찾아 그와 결합하기를 꿈꾸는 여기사이다. 그녀가 5권에 가서야 배필인 정의의 기사 아테걸(Artegall)과의 사랑을 온전히 이룬다는 설정으로 미루어볼 때, 브리토마트는 스펜서가 가장 많은 공을 들여 창조한 인물이라고 생각할 수 있다.

　3권에만 해당되는 이야기는 아니겠지만 운문의 번역에 대한 소회가 남다른 만큼, 『선녀여왕』 번역을 마치면서 본인의 작업에 대한 변명 내지는 향후 비슷한 번역 작업에 임할 동학들을 위하여 이번 운문 번역의 기준을 되짚어보고자 한다. 스펜서리언 스탄자의 운문 체계를 살리고 각 행의 구성을 유지하기 위하여 운문으로 번역하는 것을 원칙으로 하였다. 각 행의 구성은 스무 자를 기준으로 해서 열여덟 자에서 스물두 자를 넘기지 않으려 노력했다. 원작이 갖는 약강5음보 격의 시행을 우리말의 대표적인 시행인 3·4조 또는 4·4조로 옮기는 것을 생각했으나, 4박자로 매끄럽게 떨어지는 운율(tetrameter)이 영시에서 논박이나 강한 주장의 경우처럼 별도의 쓰임새가 있다는 점을 고려하여, 원작의 운율에 충실하고자 그보다

한 박자 늘어진 스무 자를 택한 것이다. 또한 각 연의 마지막 행은 원작의 알렉산드린 운율을 살려서 여섯 보, 즉 스물네 자를 기준으로 하였다.

물론 이처럼 행의 길이를 맞추었다고 해서 번역문이 저절로 운문이 되리라고 기대하지는 않으며, 본인에게는 스펜서의 원작이 갖는 운문 체계를 살려서 작품을 모두 운문으로 번역할 만한 능력도 없다. 다만 원작의 구성을 최대한 살려서 번역하겠다는 나름대로의 시도일 뿐이다. 운문을 번역하면서 항상 느끼는 것이지만, 우리말과 영어의 표현 방식이 달라 행의 길이를 맞추면서 동시에 내용을 충실히 전달하는 데 따르는 어려움을 절감하였다. 하지만 행의 길이가 대책 없이 길어지는 것도 견디기 힘들었기에, 특별한 경우를 제외하고는 최대한 행의 길이를 맞추려고 노력하였다. 긱 행의 길이를 맞추다 보면 때로 글자 수를 줄이거나 늘이는 데서 다소 부자연스러운 표현이 끼어드는 경우를 피하기 어려웠지만, 내용에 지장이 없는 한 최대한 자연스럽게 행의 길이를 맞추려고 노력하였다. 그렇게 하다 보니 스펜서가 다만 운율을 맞추기 위해서 무의미하게 사용한 부사나 중복하여 사용하는 표현 등을 생략한 곳도 있고, 때로는 반복된 표현을 그대로 사용한 곳도 있게 되었다.

번역은 토마스 로쉬(Thomas R. Roche, Jr.)의 1978년 펭귄(Penguin) 판, 해밀튼(A. C. Hamilton)이 편집한 1977년 판, 휴 맥클린(Hugh Maclean)의 1982년 노튼(Norton) 판, 그리고 특히 얼마 전에 기회가 닿아 도로시 스티븐즈(Dorothy Stevephens)가 편집한 2006년 판을 구해 함께 비교, 대조하면서 진행하였다. 더불어 구텐베르크(Gutenberg) 프로젝트의 일환으로 제시된 e-book의 본문과 주석의 도움을 받았음도 밝힌다.

모두 밝힐 수는 없지만 이 작업에 관심을 갖고 격려와 도움을 주신 분들이 많다. 이 자리를 빌려 마음 가득 고마움을 전한다. 무엇보다도 『선녀여왕』의 번역이 의미 있는 일임을 인정해 주고 명저번역 과제로 선정해 준 한국연구재단과 평가에 참여해준 교수님들께 마음 빚을 지게 되었다. 또한 이번 작업을 함께해주신 아카넷 관계자 여러분께도 감사드린다.

2012년 12월
청파언덕에서

| 월터 롤리 경에게 보낸 스펜서의 편지 |

여왕 폐하를 보좌하여 콘월 지방을 다스리며 스태내리의 영주이신, 시체 높고 용맹스런 기사 월터 롤리 경께,

　각하, 제가 『선녀여왕』이라고 명명한 이 책이 알레고리, 또는 부정적 비유로 가득 차 있기 때문에, 모든 알레고리들이 얼마나 부정확하게 해석되고 있는지 알고 있는 저로서는 저에 대한 모함과 오해를 피하기 위해서, 그리고 또한 각하께서 읽으시는 데 도움을 드리기 위해서 각하께서 명령하신 대로, 어떤 구체적 목표나 그로 인해 생긴 우연한 사항들은 빼고, 제가 쓴 이야기 전체에 들어 있는 의미와 전반적 의도를 밝히는 것이 좋겠다고 생각했습니다. 책이란 무릇 도덕적이고 예의 바른 훈련을 통해서 신사, 또는 고귀한 인물을 키워가기 위해서 있는 것입니다. 그러한 목적에 가장 적합하면서도 역사적인 이야기(그런 이야기란 꼭 배울 것이 많다기보다는 다른 여러 가지 이유 때문에 대부분의 사람들이 재미있어 하지요)로 채색되어 있는 흥미 있고 적합한 소재로서 저는 아서 왕의 전기를 선택했습니다. 그분의 뛰어남은 이미 많은 사람들의 작품을 통해 유명해져 있으며, 현재

에도 모함이나 의심을 받을 위험이 가장 적기 때문입니다. 이 책을 쓰는 데서 저는 모든 역사적 옛 시인들을 따랐습니다. 우선 호머인데, 그는 훌륭한 통치가와 덕망 있는 사람의 표본을 각각 『일리아드』와 『오디세이』에 등장하는 아가멤논과 율리시즈라는 인물을 통해서 그려냈습니다. 그리고 버질 또한 같은 의도를 아에니어스라는 인물 안에서 표현하였습니다. 그 다음으로 아리오스토는 올랜도라는 인물 속에 두 가지 성품을 모두 포함시켰지요. 그리고 마지막으로 타소는 두 성품을 다시 나누어서 두 인물 속에 구성했는데, 즉 철학에서 윤리 또는 개인적인 도덕심이라고 부르는 부분은 리날도를 통해 그려냈고, 정치라고 부르는 다른 덕목은 곳프레도에게 입혔습니다. 이러한 탁월한 시인들의 선례를 따라서 저는 왕이 되기 전의 아서를 통해서 아리스토텔레스가 정한 열두 가지 개인 덕목을 완전히 갖춘 용감한 기사의 모습을 그려내려고 애썼으며, 그것이 바로 이 처음 열두 권의 책이 의도하는 바입니다.

어떤 이들에게는 이러한 방법이 불만스러우리라는 점은 저도 알고 있습니다. 그들에게는 이처럼 아리송하게 알레고리라는 방법으로 치장하지 않고, 자신들이 보통 하는 대로 단도직입적인 훈시나 전체적인 설교를 통해서 훈련하는 방법이 더 좋았을 것입니다. 그러나 제가 보기에는 그러한 이들도 모든 것을 겉모습으로만 판단하며 자신의 평범한 감각에 즐겁거나 달콤하지 않은 것은 무엇이든지 무가치한 것으로 보아 넘기는 요즈음의 세태를 받아들여야만 할 것 같습니다. 사람들이 제노폰을 플라톤보다 더 선호하는 것도 바로 이 때문인데, 후자는 심오하고 절묘한 자신의 판단력을 통해서 당위적인 국가를 제시하였지만, 전자는 사이러스라는 인물과 페르시아 사람들을 통해서 최선이랄 수 있는 정부를 그려낸 것입니다. 그러므로 실례를 들어 가르치는 것이 규율을 통하는 것보다 훨씬 더 효과적이고 고상한 방법입니다.

저는 아서라는 인물을 통해서 그렇게 해보려고 노력했습니다. 저의 해석은 그가 이그레인 부인에게서 태어나자마자 멀린이 데려다가 위탁 양육을 부탁한 타이몬에게서 오랫동안 교육을 받은 후, 꿈에서 혹은 환영으로 선녀여왕을 보게 되자 그녀의 엄청난 아름다움에 매료되어, 깨어나 그녀를 찾아 나서게 되는데, 멀린의 마법으로 무장을 하고 타이몬으로부터 철저하게 교육 받은 그가 그녀를 찾아서 요정의 나라로 간다는 것입니다. 선녀여왕에 대한 광범위한 제 의도는 영예로움을 나타내는 것이지만, 좀 더 구체적으로 저는 가장 영명하시고 영광스런 우리 영토의 통치자이신 여왕 폐하를, 그리고 요정의 나라는 그분의 왕국을 염두에 두었습니다. 그렇지만 또 다른 곳에서는 그분을 달리 표현하기도 했습니다. 그분께서 두 인물, 즉 한편으로 가장 지체 높으신 여왕 또는 황제이시며 다른 한편으로는 가장 덕망 있고 아름다우신 분을 대변하신다는 것을 고려하여, 저는 다른 곳에서 후자의 모습을 벨피비를 통해서 표현하였는데, 그 이름은 각하 자신이 쓰신 신시아에 대한 탁월한 비유에 따라서 (피비와 신시아는 둘 다 다이애나의 이름이므로) 지은 것입니다. 그리하여 저는 특히 관용의 덕을 아서 왕의 성품에 넣었는데, 아리스토텔레스와 다른 이들에 의하면 관용이란 그 속에 다른 모든 덕목을 포함하고 있으며 다른 모든 덕목의 완성이기 때문입니다. 따라서 저는 책 전체를 통해서 아서의 행동이 바로 그 덕목에 부응하도록 하였습니다.

하지만 다른 열두 덕목에 대해서는 이야기의 다양성을 위해서 다른 기사들이 수호자가 되도록 했으며, 그중에서 세 명의 기사가 이 세 권의 책에 등장합니다. 첫 번째로 레드크로스를 통해서 저는 성스러움을 표현했고, 두 번째로 가이언 경에게서는 절제를 나타냈고, 세 번째인 여기사 브리토마트의 경우에는 정결을 그렸습니다. 그렇지만 책 전체의 시작 부분이 너무 갑작스럽고 그보다 앞선 사건들에 의존하고 있는 것 같으므로 각하께서 이 세 기사가 겪는 여러 모험에 대한 정황을 아셔야 할 필요가 있겠습니다. 왜냐하면 역사가라면 사건들을 일어난 순서에 따라 언제 어떤 일이 있었는지 이야기할 테지만, 시인은 중간에서부터, 그것도 자신이 가장 관심 있는 부분에서부터 막무가내로 시작하여 거기서부터 그전에 일어난 일을 거슬러 이야기하고 앞으로 있을 일을 예측하면서 이야기 전체에 대한 흥미로운 분석을 해내기 때문입니다.

그러니 만일에 역사가가 서술했더라면 제 이야기의 시작 부분을 열두 번째 책, 즉 맨 마지막에 두었을 것입니다. 이 부분에서 저는 선녀여왕이 십이 일에 걸쳐 연례적인 축제를 거행하고, 그 십이 일 동안 열두 가지의 모험을 치르게 되는 상황이 벌어지며, 이 모험을 열두 명의 기사들이 각자 수행한다는 이야기를 이 열두 권의 책이 각각 취급하고 전개해가도록 꾸몄습니다. 첫 번째 이야기는 이렇습니다. 축제가 시작되자 한 키 크고 촌스런 젊은이가 등장하여 요정들의 여왕 앞에 엎드리며 (당시에 하던 관습에 따라) 축제 기간에는 여왕이 거절할 수 없는 청원을 하였는데, 그것은 바로 그 축제 동안에 발생할지도 모를 어떠한 사건에서든지 자신이 그 모험을 수행할 수 있도록 해달라는 것이었습니다. 그러한 허락을 받고 그는 바닥에 앉아서 쉬었습니다. 그 자신의 투박한 행색 때문에 그보다 나은 자리에 앉을 수 없었기 때문입니다. 조금 후에 한 아름다운 여인이 상복을 입고서 하얀 노새를 타고 들어왔는데, 바로 뒤에는 난쟁이 하나가 기사의 창을 든 채 기사의 무장을 모두 싣고 있는 전투용 말 한 필을 끌고 그녀를 따라왔습니다. 그녀는 요정들의 여왕 앞에 부복하며 고대의 왕과 왕비였던 자신의 부모가 어떤 거대한 용에게 사로잡혀 황동의 성 안에 갇혀 있는데 용이 그들을 거기에 두고 괴롭히며 놓아주지 않는다고 호소하면서, 그러니 여왕의 기사 중에서 한 명을 지정하여 이 일에 대한 공훈을 세우게 해달라고 간청하였습니다. 그 말이 떨어지기가 무섭게 그 촌스런 젊은이가 떨쳐 일어나며 그 모험을 자원했습니다. 여왕은 대단히 미심쩍어 했고 그 여인은 크게 반대했지만, 그는 충심으로 자신의 소망을 구했습니다. 결국에는 그 여인이 그에게 말하기를 자신이 가져온 갑옷과 무장이 그에게 맞지 않는다면 (그 갑옷은 바로 성 바울이 에베소서 6장 11절에서 22절에 명시되어 있는 기독교인의 갑옷과 무장입니다) 그는 이 과업을 성공할 수 없을 것이라고 했습니다만, 막상 갑옷과 그에 따른 모든 장신구를 가져와 그에게 입혀보니, 그는 거기 있는 다른 어떤 사람보다도 훌륭해 보였으며, 그 여인 또한 그를 좋아하게 되었습니다. 기사의 작위를 받은 그는 곧 그 신기한 준마를 타고 그녀와 함께 모험의 길을 떠나게 되었습니다. 바로 여기서부터 첫 번째 책이 시작됩니다.

"한 숭고한 기사가 들판으로 말을 달려가고 있었다…

둘째 날에는 한 순례자가 두 손이 피로 물든 아기를 안고 들어왔는데, 순례자는 그 아기의 부모가 아크레시아라고 부르는 마녀에게 살해당했다고 하소연하면서, 이 과업을 맡아줄 기사 한 사람을 자신에게 지정해달라고 선녀여왕에게 간청했습니다. 그 일은 가이언 경에게 부과되었고, 그는 곧바로 그 순례자와 함께 길을 떠났습니다. 이것이 두 번째 책의 시작이며 그 책 전체의 소재가 됩니다.

셋째 날에는 하인이 한 명 들어와서 비서레인이라고 부르는 어떤 악한 마법사가 아모레타라는 대단히 아름다운 여인을 손아귀에 넣고서 그녀가 육체적 즐거움을 자신에게 허락하지 않는다는 이유로 온갖 지독한 괴롭힘을 자행하고 있다면서 선녀여왕 앞에 하소연하였습니다. 그러자 그 여인을 사랑하고 있던 스쿠다모어 경이 즉시 그 모험을 감당하고 나섰습니다. 그러나 적의 막강한 사술 때문에 과업을 성취하지 못하고 있던 스쿠다모어 경은 오랫동안 슬픔을 맛보아야 했고, 마침내 브리토마티스를 만나게 되었는데, 그녀는 그를 구해주고 그의 사랑을 되찾아주었습니다. 이러한 상황이 전개되면서 다른 많은 모험들이 삽입되기는 합니다만, 그것들은 이야기의 목적이라기보다는 부수적인 것으로서, 브리토마트의 사랑이라든지, 마리넬의 멸망, 플로리멜의 비극, 벨피비의 순결함, 헬레노라의 음탕함, 그 외에 많은 비슷한 사건들입니다.

각하, 이제까지 저는 제 이야기의 처음 부분에 대한 각하의 이해를 돕기 위해서 간단히 말씀드렸는데, 이로 인해서 각하께서는 비유에 대한 저의 전체적인 의도를 짐작하실 수 있을 것이며, 이런 설명이 없었더라면 어쩌면 지루하고 혼란스러웠을지도 모를 제 이야기의 모든 서술 내용을 한눈에 파악하실 수 있을 것입니다. 저에 대한 각하의 명예로운 보살핌이 계속되기를 겸손히 부탁드리며, 각하께 행복이 영원히 머물기를 바라오며, 이만 글을 마칩니다.

1589년 1월 23일
충직하게 각하를 경애하는,
에드 스펜서

차례

옮긴이 머리말 | 5

월터 롤리 경에게 보낸 스펜서의 편지 | 9

서시 | 19

칸토 1 | 23
가이언은 브리토마트와 대적하고, 아름다운 플로리멜은 쫓겨 다니다. 두엣사 일당들과 말레캐스타의 수호자들은 망신을 당하다.

칸토 2 | 59
레드크로스 기사는 브리토마트에게 아테걸에 대해서 설명해주다. 놀라운 거울을 통해 그녀는 그를 사랑하게 되었던 것이다.

칸토 3 | 87
멀린은 브리토마트에게 아테걸이 누구인지 알려준다. 그리고 둘 사이에서 태어날 위대한 후손들을 밝혀준다.

칸토 4 | 121
대담한 마리넬은 브리토마트에게 패하여 풍성한 해변에 고꾸라진다. 아름다운 플로리멜은 아서에게 오랫동안 쫓기지만, 잡히지 않는다.

칸토 5 | 152

아서 왕자는 플로리멜에 관해서 듣고, 세 포스터는 티미아스를 해친다. 벨피비는 거의 죽은 그를 발견하고, 그를 혼절에서 되살려낸다.

칸토 6 | 180

아리따운 벨피비의 출생과 아모렛에 관한 이야기. 아도니스의 정원은 다양한 즐거움으로 가득하다.

칸토 7 | 210

마녀의 아들은 플로리멜을 사랑하나 그녀는 죽기를 바라고 도망치다. 새터레인은 귀부인의 시종을 구하다, 거인 여성의 포악무도함으로부터.

칸토 8 | 241

마녀는 눈처럼 하얀 여인을 만든다, 플로리멜과 흡사하게. 불한당에게 당한 그녀를 프로테우스가 구하고, 파리델이 찾아다니다.

칸토 9 | 268

말베코는 이방 기사들을 배척하다, 성마른 질투심 때문에 파리델은 브리토마트와 마상 시합을 하고, 각자 자기 가문을 소개하다.

칸토 10 | 298

파리델은 헬레노어를 쟁취하다. 말베코는 그녀를 뒤쫓다. 새터들 사이에서 그녀를 찾으나 그녀는 그와 돌아가기를 거절하다.

칸토 11 | 329

브리토마트는 올리판트를 추적하고 곤경에 빠진 스쿠다모어를 발견하다. 비서레인의 집을 공격하는데, 거기 있는 사랑의 약탈품이 서술되다.

칸토 12 | 359

큐피드의 가면무도회와 마법의 방이 묘사되다. 거기서 브리토마트는 마법을 무찌르고 아름다운 아모렛을 구하다.

옮긴이 해제 | 385
등장인물 색인 | 411

서시

1
여기서 나는 정결에 대하여 쓰게 되었으니,
다른 어떤 것보다 드높은 고귀한 덕목이다.
이를 표현하려고 내가 이국의 요정에게서
본보기를 가져올 필요가 무엇이 있으리오?
이는 내 주군의 가슴에 고이 모셔져 있으며,
그분의 각 지체에 생생하게 새겨져 있기에.
정결을 지킨다고 공언한 숙녀들 모두는 다만
그분의 마음을 그린 그림을 보면 될 것이다,
현존하는 그 어떤 기교로 그것을 그려낼 수만 있다면.

2 (이하 앞의 숫자는 행을 뜻한다.) 다른 어떤 것보다 드높은(farre above the rest): 정결(Chastity)이 과연 다른 덕목들보다 더 높은 것은 아니라는 주장도 있으나, 3권에서 브리토마트(Britomart)가 대변하는 정결이 성스러움(Holiness)과 절제(Temperance)를 묶어준다는 관점에서 보면 정결함이 1, 2권의 두 덕목보다 우위에 있다고 할 수 있겠다.

5 내 주군의 가슴(my Soveraines brest): 처녀이던 엘리자베스 여왕(엘리자베스 1세)을 가리킨다. 스펜서는 『선녀여왕』을 여왕에게 헌정하였고, 작품에 드러나는 이상적인 인물들은 모두 엘리자베스 1세의 모습을 반영한다. 3권의 브리토마트가 1권의 레드크로스나 2권의 가

이언보다 더욱 강한 기사라는 설정도 그녀가 엘리자베스 여왕의 순결이라는 덕목을 대변한다는 점을 고려하면 쉽게 이해할 수 있다. 하지만 브리토마트가 대변하는 덕목이 반드시 순결(virginity)이라기보다는 결혼을 전제로 한 순수함이기 때문에 정결로 번역하였다.

2

하지만 제욱시스나 프락시텔레스라 해도
현존하는 기교로는 이를 표현할 수 없고,
삶을 모방하는 붓으로도 그려낼 수 없다.
디덜러스의 손으로도 안 되니, 당황하고
실수하여 그분의 완벽함을 손상케 되리.
화가를 훨씬 뛰어넘는 시인의 기지로도
지극한 아름다움을 모두 그려야 한다면
감히 그처럼 힘든 일을 떠맡지는 않으리,
필설이 모자라 그분의 탁월함을 망칠까봐 두렵기에.

1 제욱시스나 프락시텔레스(Zeuxis or Praxiteles): 제욱시스와 프락시텔레스는 기원전 4세기 그리스의 화가와 조각가였는데 둘 다 살아 있는 것 같은 생생한 여성의 아름다움을 표현한 예술가로 유명하다. 삶을 모방하는 붓(life-resembling pencill)은 예술이 자연의 모방이라는 고전적 견해를 따른 것이다.
4 디덜러스의 손(daedale hand): 디덜러스(Daedalus)는 그리스 신화에 나오는 인물로서, 밀랍으로 날개를 만들어서 자신과 아들 이카루스(Icarus)에게 달았으며 장인 정신을 대표하는 존재이다.

3

하물며 극진한 기지를 가진 옛 시인들의
기교에 비하면 견습생인 내가 어찌 감히
천한 필설로 그리 벅찬 일을 할 수 있는가?
그런데도 내 불행한 운명은 내게 이 일을

강요하도다. 하지만 오 경외하는 주군이시어
용서를 베푸소서, 최고의 기지가 있다 해도
그대 영광된 모습을 선명히 그릴 수 없는데,
제가 부족한 재주로 그림자를 그리려 하며
고대의 칭송을 현재의 인물들에게 부여하려 하옵니다.

8 그림자를 그리려 하며(may shadow it): 원문으로는 '그림자를 드리울지도 모른다'로 번역할 수도 있겠다. 플라톤(Plato)에 의하면 이 세상의 모든 존재는 이데아(Idea) 세계의 진정한 실체에 대한 그림자이며 그렇기 때문에 실체를 반영할 뿐이지 실체는 아니다. 작품에서 선녀여왕은 엘리자베스 여왕의 그림자이며, 3권의 주인공인 브리토마트는 그녀의 후손인 엘리자베스 여왕을 예시(foreshadow)한다는 점을 고려하면 '그림자를 그리다'는 표현이 함축하는 의미가 더욱 잘 드러난다.

4

하오나 생생한 빛깔과 바른 색조로 표현된
그대 자신의 모습을 보시기를 원하시오면,
공손한 하인 하나가 하늘에서 가장 어여쁜
빛인 신시아의 모습에다, 넥타를 흩뿌리며
그려낸, 저 달콤한 시구보다 더 생생하고
진실하게 그려낼 사람이 누가 있겠습니까?
황홀하게 구사된 그의 녹아내리는 달콤함과
신시아의 빛나는 광채가 주는 경이로움에
제 감각은 즐거움의 몽롱함 속으로 끌려들게 됩니다.

3 공손한 하인 하나(a gracious servant): 월터 롤리 경(Sir Walter Raleigh)을 가리키는데, 그는 "The 11th and last book of the Ocean to Cynthia"에서 엘리자베스 여왕을 달의 여신 신시아(Cynthia)에 비유하여 칭송하였다. 롤리는 『선녀여왕』 3권에서 벨피비(Belphoebe)를 사모하는 티미아스(Timias)라는 알레고리적 인물로 묘사되었다는 주장도 있다.

5

그렇지만 바로 저 유쾌한 시인으로 하여금
잠시 물러나 한 촌스런 뮤즈가 자기 여인을
칭송하는 노래를 부르도록 하게 하시고
혹여 그녀가 싫어하면 고치도록 하소서.
또한 아리따운 신시아께서 자신의 모습이
둘 이상으로 나타나면 물리치지 마시고,
글로리아나를 선택하여 보시던가 아니면
벨피비로 그려진 모습을 보시도록 하소서.
전자는 그분의 통치를, 후자는 귀한 정결을 닮았습니다.

2 한 촌스런 뮤즈(a rusticke Muse): 스펜서 자신을 가리킨다. 그는 『선녀여왕』보다 11년 먼저 출간된 『양치기 달력』(*The Shepheardes Calendar*)에서 자신을 목동인 콜린 클라우트(Colin Clout)에 투영하였다. 물론 첫 행의 "바로 저 유쾌한 시인"(that same delitious Poet)은 롤리를 가리킨다.
7-8 월터 롤리 경에게 보내는 편지에서 스펜서는 통치자인 엘리자베스 여왕의 모습을 글로리아나(Gloriana)를 통해서 묘사했고, 덕망 있고 아름다운 처녀인 여왕을 벨피비를 통해서 나타냈다고 설명한다.

칸토 1

가이언은 브리토마트와 대적하고,
아름다운 플로리멜은 쫓겨 다니다.
두엣사 일당들과 말레캐스타의
수호자들은 망신을 당하다.

---

* 두엣사 일당(Duessaes traines): 1권과 2권에서 두엣사는 아키마고(Archimago)와 작당하여 주인공 기사들을 기만하고 곤경에 빠뜨리려 하였다 3권에서도 역시 브리토마트를 기만하려는 악인들의 의도가 두엣사라는 이름으로 대변된다. 하지만 3권에는 두엣사가 등장하지 않으며, 그녀의 역할을 말레캐스타가 대신한다. 스펜서가 처음에는 두엣사 일당을 등장시키려 했는데 집필 과정에서 두엣사가 빠졌다는 주장도 있다.

1

저 유명한 영국의 왕자와 요정의 기사는
긴 여정과 위험스런 고통을 견디어낸 후에
피곤에 지친 몸을 온전한 상태로 회복하고
고통스런 상처들을 모두 잘 치유했는데,
아리따운 알마는 그들에게 그곳에서 더욱
오랫동안 머물며 지내도록 강력히 권했다.
하지만 그들은 그 제안에 끌려들지 않고
외지에서 벌어지는 전투와 명성을 찾아서,
용기 있게 이별을 고하고 두 사람이 함께 떠나갔다.

5 알마(Alma): 2권의 칸토 9에 등장하는 절제의 집(The House of Temperance)의 주인이며, 이성적인 영혼을 상징하는 여성이다.

2

하지만 오랫동안 여행해야 했기에 가이언은
사로잡은 아크레시아를 가까운 곳으로 보내며,
강력한 감시를 붙여서 그녀의 탈출을 막고
그녀를 안전하게 요정의 궁정으로 이송하여
자신의 선녀여왕께 그녀를 증거로 제시하여
자신의 힘들었던 과업을 증명하고자 하였다.
그리고 그 자신은 다른 길을 선택하여 갔다,
아서 왕자와 함께 길을 가며 자신의 용맹함을
보여줄 더 많은 시험을 겪고, 모험을 찾아 나서기 위해.

2 아크레시아(Acrasia): 2권의 마지막에 가이언(Guyon)에게 사로잡힌 마녀이며 희락의 소굴(Bower of Bliss)의 주인이다. 알마와 대조적으로 무절제와 쾌락을 대변한다.

3

그들은 영광과 자자한 칭송을 얻기 위하여
위험이 숨어 있는 가장 위태로운 곳을 찾아
황량한 길을 따라서 오랫동안 여행하였다.
해가 떠오를 때부터 해가 저물 때까지 매일
그들은 수많은 나라를 지나며 여행을 했고,
그러면서 어려운 모험을 수없이 수행했으며,
그러한 모험을 통해서 언제나 영예를 얻었다,
핍박 받는 약한 자들을 구원하려고 노력하며

잘못된 일로 고통 받는 사람들의 권리를 되찾아주면서.

4

마침내 어느 툭 터진 들판을 지나고 있을 때
한 기사가 말을 달려 다가오는 것을 보았다.
그 곁에는 나이 많은 종자가 함께 달려왔는데,
기사의 삼각 방패 아래로 웅크리고 있어서,
나이가 많아 방패를 드는 수고를 면제 받고
그것을 다룰 자에게 넘겨주려는 듯 보였다.
그는 두 기사를 보자, 전투 준비를 시작했고
그 멋진 방패를 자기 무기 위에 갖추었는데,
방패 위에는 황금빛 들판을 걷는 사자가 새겨져 있었다.

4 삼각 방패(shield three-square): 영국의 왕이 전통적으로 사용한 것으로 알려진 정삼각형의 방패로서, 브리토마트(Britomart)가 영국의 공주라는 점을 강조한다.
9 황금빛 들판을 걷는 사자(a Lion passant in a golden field): 금빛 배경에 오른쪽을 향해 오른쪽 앞발을 들고 있는 사자의 문장은 영국의 창시자로 알려진 전설적인 브루터스(Brutus)의 문장이기도 하며 전통적으로 영국의 왕을 나타내기도 한다. 물론 브리토마트는 브루터스의 후손이다.

5

선한 가이언 경은 그것을 보고서 이 전투를
맡는 은총을 달라고 왕자에게 간곡히 청했다.
왕자는 허락했다. 그러자 요정 기사는 잽싸게
예리한 창을 들고, 거품을 무는 자신의 말에
매서운 박차를 가했고, 그래서 말이 내달리자
불타는 말발굽이 초록색 들판에 불을 질렀다.

상대도 역시 다가드는 발길을 돌리지 않은 채
아무 두려움 없이 맹렬히 앞으로 달려 나오며
자신의 무시무시한 창을 상대방의 머리를 향해 꼬나들었다.

* 칸토 1의 13연에서 스펜서가 "태고 시절의 훌륭한 관행"이라고 소개하듯이, 순례하는 기사들이 낯선 상대와 마주치면 전투를 치르는 것이 관례이다. 물론 이러한 전투를 통해서 1권에서 레드크로스와 마주친 산스포이(Sansfoy)처럼 죽음을 맞거나 칸토 4의 마리넬(Marinell)처럼 치명적인 부상을 입는 경우도 있다.

6

두 사람은 마주쳤고, 두 창은 서로 부딪쳤는데,
가이언은 창을 매우 매섭고 흉포하게 내질러서
창이 방패와 갑옷을 모두 갈라놓을 듯 보였다.
그런데도 상대를 안장에서 떨어뜨리지 못했고
약간 불편한 듯 비틀거리게 만들었을 뿐이다.
하지만 가이언 자신은 자기도 모르는 사이에
안장에서 창 한 자루 간격만큼 뒤로 나동그라졌다.
하지만 넘어지면서도 자신을 매우 잘 보호하여
그는 불운한 재난으로부터 자신의 생명과 사지를 구했다.

7

그렇게 넘어진 그는 무척 창피했고 서글펐다.
무장을 갖추고 피비린내 나는 전쟁터를 돌며
파르르 떨리는 창을 처음 휘둘렀던 이후로
이처럼 처참하게 치욕스러웠던 적은 없었다.
아, 무장한 전사 중에서 가장 고귀한 기사여,

결코 그런 적이 없었는데 이제 말에서 떨어져
땅바닥에 나동그라졌다고 슬퍼하지 말지니라.
그대를 풀밭에 눕힌 것은 그대 잘못이 아니고
보이지 않는 은밀한 힘, 즉 마법에 걸린 창 때문이었으니.

9 마법에 걸린 창(That speare enchaunted): 이탈리아 시인 아리오스토(Ariosto)의 『성난 올랜도』(Orlando Furioso)에서 아스톨포(Astolfo)가 처녀 기사인 브라다만테(Bradamante)에게 준 마법의 창을 상기시킨다. 브리토마트는 4권 칸토 5의 8연에서 "헤베의 창을 가진 기사"(Knight of the Hebene speare)로 불리는데, 청춘과 봄의 여신인 헤베의 창은 그녀의 정결이 지닌 힘을 나타낸다. 알레고리적으로 정결(chastity)의 위력이 절제(temperance)를 능가한다는 의미로 해석할 수도 있겠다.

8

그러나 그대를 눕힌 자가 누군지 알았다면
어쩔 수 없는 불운한 운명 때문에 훨씬 더
수치스런 후회와 큰 슬픔을 맞게 되었으리.
그대는 대등한 결투에서 한 처녀와 마주쳐
그처럼 어려운 곤경에 처하게 된 것이기에.
상대는 다름 아닌 저 유명한 브리토마트였고,
그녀는 기이한 우연 때문에 영국을 떠나서,
사랑을 찾아 나섰는데 (아, 머나먼 사랑이여),
다만 비너스의 거울에 비친 그의 모습을 보았을 뿐이었다.

6 저 유명한 브리토마트(the famous Britomart): 첫 연에서 아서 왕자를 "저 유명한 영국의 왕자"(The famous Briton Prince)라고 칭한 것과 대비를 이루는 표현인데, 브리토마트가 영국의 공주라는 것을 강조한다. 그녀의 이름은 영국을 뜻하는 'Brito'와 전쟁의 신 'Mart' 즉 마스(Mars)의 합성어이다. 기원전 3세기의 그리스 시인 칼리마쿠스(Callimachus)에 의하면 다이애나(Diana)를 수행하는 님프 중 하나의 이름이 브리토마티스(Britomartis)이며, 고대 크레타(Creta) 섬에서는 다이애나를 브리토마티스라는 이름으로 섬겼다. 그녀가 아테걸을 찾

아가는 모험은 아리오스토(Ariosto)의 『성난 올랜도』(Orlando Furioso)에서 처녀 기사 브라다만테가 사랑하는 루기에로(Ruggiero)를 찾아가는 이야기와 병치되며, 칸토 2에 등장하는 브리토마트와 유모 글로우스(Glauce)의 대화는 버질(Virgil)의 작품으로 알려진 『키리스』(Ciris)가 출전이다. 또한 브리토마트는 버질의 『아에니어드』(Aeneid)에 등장하는 카밀라(Camilla)와 공통점이 많다.

9

창피와 분노에 찬 가이언은 분연히 일어나
오욕스런 수치에 대한 앙갚음을 하기 위해
빛나는 칼을 꺼내들고, 땅 위에서 그녀와
싸움을 끝내려고 용감하게 앞으로 달려갔다.
수치보다는 차라리 죽음을 택하겠다면서.
팔머는 그것을 보고, 가이언이 다시 싸우면
위험에 빠질 것이고, 회복하기 어려운 수모를
당할 것 같은 두려움에 사로잡히기 시작했다.
저 마법에 걸린 창끝에 죽음이 앉아 있었기 때문이다.

6 팔머(Palmer): 가이언의 시종이며 조언자로서 이성(reason)을 대변하는 존재로 알려져 있다. 2권에서 가이언은 숙적인 아크레시아(Acracia)를 사로잡는데, 가이언의 성공 뒤에는 언제나 팔머의 도움이 있었다.

10

그는 서둘러 기사를 간곡하게 설득했다,
불행을 자초하지 말고, 창으로 안 된다고
잔혹한 칼로 해결해보려고 하지 말도록.
팔머는 막대한 지식을 통해 저 날카로운
무기의 은밀한 힘, 유한한 인간의 힘으로
결코 맞설 수 없는 힘을 보았기 때문이다.

이 땅에 무엇도 항상 운이 좋을 수는 없다.
오랫동안 쌓은 명예를 순간의 잘못 때문에
잃는 것은 엄청난 위험이요, 어리석은 모험인 것이다.

11
그는 그런 좋은 방법으로 기사를 설득하여
분노에 찬 복수를 실천하지 말도록 하였다.
또한 왕자도 그와 비슷하게 청원을 했는데,
이성으로 분기탱천한 의지를 억누르라면서,
가이언이 잘못한 것이 아니라, 그의 말이
놀라서 옆으로 비켰기에 그렇게 된 것이고,
종자가 말고삐를 단단히 묶지 않았다면서
종자의 부실한 준비 때문이기도 하다고 했다.
그래서 분노에 찬 가이언의 정신은 침착함을 되찾았다.

12
그렇게 두 기사는 서로 화해하게 되었는데,
선한 절제와 정결한 애정으로 그리 하였다.
그들은 상대방의 명예를 지켜주기 위하여
힘과 재주를 다할 것이며, 설령 친구나 적이
이를 깨뜨리려 하더라도 그자의 편에 서서
상대방을 공격하지 않겠노라고 맹세했다.
그러한 화합의 마당에 왕자도 참가했으며,
조화의 황금 사슬로 서로를 단단히 묶었다.

모두 기쁘게 합의하고, 그들은 함께 말을 달려 나갔다.

8   조화의 황금 사슬(golden chaine of concord): 진리와 도덕, 그리고 사랑(Veritas-Virtus-Amor)의 합일을 가리키며, 후에 레드크로스 기사가 합류함으로써 작품의 첫 세 권이 갖는 기본적인 구조를 이룬다.

13

오, 태고 시절의 훌륭한 관행이여, 그때에는
칼이 옳은 일을 수행하는 하인 역할을 했다.
당대에는 기사들이 말썽 많은 범죄나 사악함
때문이 아니라, 남성적인 위력을 과시하거나
명예를 위해 싸움을 하는 데 익숙해 있었다.
그때는 명예가 승리에 따르는 보상이었고,
그렇다고 패배한 자가 멸시를 받지도 않았다.
후세의 시절은 그처럼 고귀한 관행을 본받아
비열한 증오심과 포악무도한 거만함을 버려야 할 것이다.

14

그들은 그렇게 오랫동안 친구처럼 여행하면서
자신들의 무력을 과시할 험한 모험을 찾으며,
때때로 힘에 벅찬 시련을 맞이하기도 하면서
황량한 지역과 잘 가꾸어진 지역을 통과했다.
마침내 그들이 드넓은 숲에 이르게 되었는데
그곳은 끔찍한 공포와 잔혹한 전율의 소리로
아주 기괴하게 보였다. 한참을 지나갔는데도
살아 있는 생물이라고는 전혀 찾아볼 수 없고

단지 곰, 사자, 들소만이 그들 주변을 배회했을 뿐이다.

15
그런데 그때 갑자기 무성한 숲 덤불에서
우윳빛 하얀 말을 탄 멋진 여인이 홀로
튀어나와 잽싸게 곁을 지나쳐 달려갔는데,
그녀의 얼굴은 수정처럼 맑게 빛났지만
두려움에 고래뼈처럼 하얗게 질려 있었다.
그녀의 의상에는 온통 금박이 입혀 있고
말은 온갖 빛나는 장식으로 번쩍였는데
어찌나 빨리 달리는지, 멈출 수도 없었고
그녀가 지나가는 모습을 볼 틈조차 주지 않았다.

16
그녀는 도망치면서도 시선을 뒤로 고정시켜
무서운 것이 바짝 쫓아오는 듯 두려워했다.
아리따운 금빛 머리타래는 뒤로 휘날리며
마파람에 들썩일 때마다 제멋대로 흩어졌다.
유성 하나가 자신의 흩날리는 광채를 멀리
흩뿌리면서 불타는 머리타래를 휘날리면
그 광경에 사람들이 놀라 멈추는 것처럼.
그러나 현명한 마법사는 그것을 해석하며
그러한 현상이 죽음과 끔찍한 재난을 부른다고 말한다.

17

한동안 그녀가 지나간 자리를 응시하는데,
보라, 흉측한 포스터가 그녀를 욕보이려고
동물적인 욕정을 뿜어내면서 뛰쳐나왔다.
그는 지친 말을 타고 무섭게 박차고 나와,
깊은 숲과 황야를 지나 둑과 덤불을 넘어,
어떻게 해서라도 그녀를 잡겠다는 다짐에
피로 엉긴 말 옆구리에서는 선혈이 나왔다.
사지는 거대했으며, 모습은 험상궂었는데,
거칠고 투박한 손으로 예리한 멧돼지 창을 흔들어댔다.

2 포스터(Foster): 숲(forest)의 폭력을 의인화한 이름으로서 포레스터(forester)라고 하는 것이 옳은 표현이겠으나 스펜서가 사용한 철자의 음가에 따라 포스터라고 번역하였다. 여기서 도망치는 여인인 플로리멜(Florimell)은 보티첼리(Botticelli)의 그림 〈비너스의 탄생〉에서 서풍을 상징하는 제퍼(Zephyr)들이 바람을 일으켜 여신을 바다에서 육지로 보낸 것을 패러디 하면서, 그와 반대로 육지에서 바다로 도망친다. 플로리멜은 진정한 아름다움의 힘을 대변 하는데, 그녀가 트로이의 헬렌(Helen of Troy)을 재구성한 것이라는 주장도 있다. 등장인물 의 이름을 밝히지 않고 그 특성을 묘사한 후 나중에 그러한 특성에 알맞은 이름을 소개하는 것은 작품 전체에 드러나는 스펜서의 특징이기도 하다.

18

그러한 난폭함을 보자 저 점잖은 기사들은
엄청난 비분과 격렬한 의협심에 사로잡혀
치욕스런 악행으로부터 그녀를 구하려고
상황을 고려치 않고 누가 먼저랄 것도 없이
나는 듯 황급히 박차를 가하며 뒤를 따랐다.
왕자와 가이언은 서로 앞서거니 뒤서거니

그녀의 뒤를 쫓아가며, 가장 좋은 보상품,
살아 있는 가장 아름다운 여인을 얻으려 했다.
그러나 티미아스는 그 천박한 포스터를 추격하였다.

9 티미아스(Timias): 아서 왕자의 시종이며 1권의 칸토 8에서 아서를 도와 레드크로스 기사를 구출하지만, 그의 이름은 여기서 처음 등장하며 '명예롭다'(honoured) 혹은 '소중하다'(dear)는 의미가 있다.

19

한편 마음이 견실한 어여쁜 브리토마트는
그처럼 경솔하게 미인을 쫓아가지 않았고,
숙녀의 사랑에 개의치 않고, 뒤에 남았다.
하여 한참 그곳에서 기사들을 기다리면서
그들이 그리로 돌아올지 아닐지 가늠하였다.
하나 그들이 가버렸다는 것을 알고, 위험한
길을 따라서 여정을 계속하면서, 변함없는
용기와 굳건한 담대함을 가지고 나아갔다,
그녀는 악을 의도하지도 않았고, 두려워하지도 않았다.

3 숙녀의 사랑(Ladies Love): 대문자로 처리된 숙녀의 사랑은 플로리멜의 극적 출현을 강조하기 위함이 아닌가 싶다. 플로리멜은 아름다움 그 자체를 상징하며, 아름다움을 쫓아가는 사람은 그녀의 사랑을 원한다.

20

마침내 그녀가 숲을 거의 다 벗어날 즈음
아주 멀리에 웅장한 성이 있는 것을 보고
그녀는 발걸음을 곧장 성으로 돌렸다.

성은 매우 멋지게 세워진 건축물이었으며,
상쾌한 전망을 위해 숲 가에 세워져 있었다.
성문 앞에는 광활한 멋진 공간이 있었는데
녹색 잔디로 가득 덮여 넓게 펼쳐져 있고,
거기서 여섯 기사가 한 기사를 상대로
힘과 능력을 다해 치열한 전투를 치르는 것이 보였다.

21

그들이 한 기사에게 한꺼번에 달려들어
포위하며 사방에서 맹렬히 공격하였기에
그는 숨이 차올랐지만, 전혀 당황치 않고
그들에게서 한 발자국도 물러나지 않았다.
그는 수많은 상처로 피를 많이 흘렸지만
용감히 타격을 가했고, 격한 분노를 발해
어느 방향이든 간에 몸을 돌리는 쪽으로
끔찍한 죽음을 피하려고 그들이 물러났고,
여섯 중 누구도 감히 그를 정면에서 공격하지 못했다.

22

야생 짐승을 힘겹게 추격하여 더 이상은
도망칠 수 없게 몰아넣은 비겁한 개들이
굴하지 않는 먹이에 감히 달려들지 못하고,
앞에서 물 수 없어, 그가 고개를 돌리면
기습하여 한 입 물어보려고 배회하듯이.

브리토마트는 그가 곤경과 끔찍한 위험에
처한 것을 보고서, 그를 구출하기 위해
재빨리 달려가 진심이 우러난 외침으로
여섯이 한 사람을 대적하는 행위를 멈추라고 했다.

23
그러나 그들은 그녀의 외침을 무시하고,
강력한 공격을 전혀 멈추려 하지도 않고,
그의 주위로 포위망을 더욱 좁혀가면서
무시무시한 적개심을 오히려 더 키웠다.
그녀는 가장 밀집한 곳을 치고 달려들어
촘촘한 포위망을 강제로 부수어버리고
그들이 할 수 없이 싸움을 멈추도록 했다.
그녀는 부드럽게 그들에게 묻기 시작했다,
그들의 대립과 격렬한 분노가 생긴 이유가 무엇이냐고.

24
그러자 그 외톨이 기사는 이렇게 답했다.
"여섯이 힘의 우세를 믿고 날 강요합니다.
사랑을 바꾸어 다른 여인을 사랑하라고.
이들의 힘에 굴복하여 내 사랑의 권리를
포기하는 치욕을 당하느니 차라리 죽으리다.
나는 세상에서 가장 진실한 이를 사랑하니
변치 않겠소. 그녀는 방랑하는 처녀로서

소중한 그녀를 위해서 나는 모진 위험을
수없이 견뎌냈으며 또한 수많은 상처를 입기도 했소."

6-7 "가장 진실한 이"(the truest one)는 우나(Una)를 가리키는데, 그 이름은 하나 즉 진리(Truth)를 상징한다. 2권 칸토 1의 19연에서 가이언은 우나를 가리켜 "방랑하는 처녀"(Errant damezell)라고 불렀는데, 이는 그녀가 자신의 부모를 구해달라는 청을 하기 위해 선녀여왕에게 왔기 때문이다. 우나는 1권에서 레드크로스와 혼인하여 더 이상 방랑하지 않지만 다른 이들에게는 여전히 그렇게 알려져 있어서 그녀를 "방랑하는 처녀"라고 부르는 것으로 보인다.

25

그녀가 말했다, "그럼 분명코 힘으로 부당함을
정당화하려는 그대 여섯에게 잘못이 있겠구려.
기사가 제 정숙한 여인을 버리는 것은 커다란
수치일 것이며 차라리 죽는 편이 나을 것이오.
오직 한 사람만을 사랑하는 자에겐 어떤 것도
사랑의 상실보다 더 큰 손실이나 치욕은 없소.
또한 사랑을 위력으로 강요할 수는 없는 법.
위력이 다가오게 되면, 달콤한 사랑은 그 즉시
자신의 날렵한 날개를 펼치고 곧바로 가버리고 만다오."

9 날렵한 날개(nimble winges): 날개 달린 사랑의 신 큐피드(Cupid)를 연상시키는 표현이다.

26

그러자 여섯 중 하나가 말했다, "여기 이 성채
안에는 한 아름다운 여인이 거주하고 있는데,
그녀의 탁월한 아름다움은 이 세상 그 누구와도
견줄 수 없으며, 더구나 관대함과 자비로움이

넘쳐 그 누구도 그녀와 비교가 되지 못한다오.
그녀가 이런 법을 제정하여 우리가 받드는데,
이 방면으로 여행을 하고 있는 모든 기사들은
만일 섬기는 여인이나 사랑하는 이가 없다면
결코 떠나지 못하고 반드시 그녀를 섬겨야만 하는 것이오.

27

"그러나 만일 그에게 여인이나 연인이 있다면,
그는 심한 모욕과 함께 자신의 여인을 버리거나,
아니면 그대가 오기 전에 이 기사가 한 것처럼
우리에게 무력으로 제 여인이 지고하신 우리
여주인보다 아름답다는 것을 증명해야만 하오."
브리토마트가 말했다, "과연 힘든 선택이구려,
그러면 그런 후에는 어떤 보상을 받게 되오?"
그들이 말했다, "그는 크게 존경을 받게 되고,
우리 여주인의 사랑을 그 보상으로 받게 되는 것이지요."

28

"그러므로, 그대에게 연인이 있는지 말하시오."
그녀가 말했다, "물론 있지만, 여인은 아니오.
하지만 내 사랑하는 이를 저버리지 않겠으며
그대들의 여인을 섬기겠다는 생각도 없소.
되레 그대들이 이 기사께 행한 잘못을 갚아서
그의 정당함을 입증하겠소." 그러면서 그녀는

무시무시한 창을 그중 하나에게 강하게 내질러
그가 미처 의식하기도 전에 그자를 쓰러뜨렸다.
그리고 그 곁에 있는 자에게 달려가서 그도 역시 넘어뜨렸다.

29
그녀는 내친 김에 세 번째 기사를 땅에 눕혔는데,
아무도 다시 몸을 추스르고 일어나지 못했다.
네 번째 기사는 앞서 당했던 고통 때문에
몹시 분개하던 또 다른 기사에게 패배하여
이제 여섯 중에 둘 만이 남았고 그 둘은
그녀가 공격을 하려 하자 그만 항복해버렸다.
그러자 그녀가 말했다, "아, 이제 그대들은
진실이 강한 것이며 진정한 사랑이 막강하여
이를 신봉하는 이들이 얼마나 강한지 잘 알았을 것이오."

30
그들이 말했다, "잘 알겠소, 우리의 잘못된
나약함과 그대의 막강한 위력을 잘 증명하셨소.
따라서 기사여, 우리 여주인은 그대의 것이오.
이는 그녀 자신의 법에 따라 그대 몫이 되었고
우리는 신하로서 기사님께 충성을 맹세합니다."
그리고 자신들의 칼을 그녀의 발아래 내려놓고,
그런 후에, 그녀에게 안으로 들어가서 응당한
보상을 차지하라고 정성을 다하여 간청하였다.

그녀는 이를 수용하였고, 모두 다 함께 성으로 들어갔다.

6 원문은 "So underneath her feet their swords they mard"인데, 'mard'는 '망치다', 혹은 '파괴하다'는 의미로서 이들이 자신들의 칼을 부러뜨린 후 브리토마트의 발 앞에 두었다는 의미가 더 정확할 수도 있겠다. 하지만 그들이 칼을 버림으로써 명예를 잃었다는 의미로 해석하면 칼을 발아래 두었다고 보는 것이 타당하다. 더구나 조금 후에 이들이 다시 무기를 들고 브리토마트를 공격하는 것을 보면 칼을 부러뜨렸다고 보기는 어려운 것이 사실이다.

31

쾌락의 성이 (그 성은 보통 그렇게 불렸다)
가지고 있는 웅대한 모습과 훌륭한 구조를
묘사하려 한다면 오랜 시간이 걸릴 것이다.
거기서 그들은 우아하고 아리따운 다수의
여인들과 다수의 점잖은 기사들이 베푸는
예의 바르고 훌륭한 환대를 받았다. 이윽고
그들은 기사들을 수행하여 길고 널찍한 방을
지나서 자기들의 여주인 앞으로 데려갔는데,
그들 사이에서 그녀는 환희의 여주인이라고 불렸다.

1 쾌락의 성(Castle Joyeous): 이 성의 주인은 9행에 등장하는 환희의 여주인(the Lady of delight)인데, 후에 57연에서 말레캐스타(Malecasta)라고 밝혀진다.
9 환희의 여주인(Lady of delight): '즐거움을 찾는 부인'이나 '쾌락의 여인' 등으로 번역할 수도 있을 것이다.

32

하지만 그 거대한 방의 호화스런 치장에 대해
이야기하는 것은 헛수고일 뿐이리라. 왜냐하면
내 생각에 그 모든 주석과 모든 장식 기둥의

제왕과도 같은 풍성함과 넘치는 사치스러움을
산 자의 재주로는 표현할 수가 없기 때문이다.
그것들은 모두 순금으로 덮여 있었으며,
진귀한 진주와 고귀한 보석으로 세공되었기에
그 해맑은 광채에서 나오는 빛나는 섬광들이
엄청나게 밝은 빛으로 번쩍이고 있어, 영광스럽게 보였다.

33
두 이방의 기사는 그곳을 지나서 어느 내실로
안내되었는데, 그 호화롭고 풍요로운 치장은
이 땅의 말로 이루 형언할 수 없을 정도였다.
제왕들의 궁정만이 그렇게 꾸며질 수 있을 터.
적절한 정도를 훨씬 뛰어넘어 지나칠 정도로
무절제하게 사치스러운 모습을 지니고 있는
저 위풍당당한 건물 양식을 대면하게 되자,
그들은 매우 놀랐으며, 어떻게 그토록 호사스런
위용을 유지할 수 있는지, 각자 여러모로 추측하기 시작했다.

34
벽들은 온통 빙 둘러서 아라스와 투어 지방의
호사스러운 천으로 치장되어 있었으며, 거기엔
비너스와 한 송이 꽃으로 변해버린 그녀의 애인,
저 아름다운 아도니스의 사랑 이야기가 아주
대단히 정교한 손재주로 수 놓여 있었는데,

희귀한 도안과 놀라운 기교가 있는 작품이었다.
그림은 먼저 그의 아름다움이 그녀의 부드러운
가슴을 강타하여, 씁쓸하고 슬픈 고뇌가 그녀를
수많은 강력한 감정의 발작으로 몰아가는 것을 보여주었다.

* 스펜서는 여기서부터 5연에 걸쳐서 비너스와 아도니스의 신화를 묘사하는데, 그 내용은 오비드(Ovid)의 『변신』(Metamorphoses)에서 따온 것이다. 멧돼지와 욕정을 관련시킨 부분이 특히 그러하다. 그림이 수 놓인 벽화는 매우 주의 깊게 배열되어 있다. 34연에서는 비너스와 아도니스의 만남, 35~37연은 여신의 사랑, 38연에서는 아도니스의 부상과 죽음 그리고 그의 변신을 묘사한다. 아도니스의 신화는 상징으로서 3권에서 사건과 인물 그리고 시각적 이미지의 구성에 매우 중요한 역할을 한다.
1 아라스와 투어(of Arras and of Toure): 직물 융단(tapestries)으로 유명한 페르시아 지역.

35

그리고 그녀가 어떠한 계교와 달콤한 미끼와
알고 있는 기교를 동원하여, 소년을 붙잡고서
애인이 되어달라고 구애했는지를 보여주었다.
다음은 피어나는 온갖 꽃으로 화환을 만들어
그의 황금 머리타래에 알맞은 영예를 씌우고,
다음은 그의 친구들과 밝은 하늘이 못 보도록
그를 비밀스러운 그늘로 이끌어 가고 있는데,
거기서 그녀는 그에게 잠이 들거나 어느 은밀한
숲 속 빈터에 있는 샘에서 목욕하도록 부드럽게 속삭인다.

36

그리고 그가 잠든 사이, 그녀는 자신의 별빛
가득한 하늘색 외투를 펼쳐 그에게 덮어주고,

그의 머리 밑에 자신의 부드러운 팔을 받치고,
감로주 같은 입맞춤으로 그의 두 눈을 씻는다.
그가 목욕을 하는 동안에는 교묘한 두 눈으로
남몰래 그의 미끈한 사지를 샅샅이 훑어보고,
달콤한 로즈마리와 향기로운 달맞이꽃, 그리고
매끄럽게 다듬어진 팬지를 샘물 속으로 던진다,
그러고는 달콤한 넥타를 끊임없이 그에게 끼얹는 것이다.

4 사랑하는 이의 눈꺼풀에 입맞춤을 하는 것은 오늘날까지 이어지는 오랜 관습이다. 칸토 2 34연의 6~7행에서 유모가 브리토마트의 눈꺼풀에 입을 맞추는 것을 참조할 것.
7-9 로즈마리(Rosemaryes)는 기억과 관련이 있으며, 향기로운 달맞이꽃(fragrant violets)은 가장 향기로운 꽃으로서 비너스의 성적 나른함을 대변하기도 한다. 팬지(Pances)는 편안한 마음이나 한가로운 사랑을 나타낸다.

37

그렇게 그녀는 무심한 그의 마음을 빼앗고
아무도 보지 못하게 은밀히 사랑을 즐겼다.
하지만 그가 넓은 숲에서 야생의 짐승들을
사냥하는 잔혹한 놀이에 빠지는 것을 보고,
위험이 그를 덮칠까 사뭇 두려워진 그녀는
그 자신보다 더 큰 짐승은 추격하지 말라고
거듭거듭 충고했다. 그 야수다운 자존심이
방심한 사이에 그에게 해를 입힐까봐. 하지만
소용없었다. 운명이 정한 우연을 뉘라서 비껴갈 것인가?

38

보라, 저쪽에 그가 기력이 다해 누워 있도다,
거대한 야생 멧돼지에게 치명적으로 받혀서.
그리고 또한 그 곁에는 여신이 엎드려 누워
그를 위하여 하염없이 흐느끼면서, 백옥 같은
그의 피부를 끔찍한 색깔로 물들이는 상처를
자신의 부드러운 옷으로 쉬지 않고 닦아낸다.
하지만 그가 회복할 수 없다는 것을 알고서
그녀는 그를 화사한 꽃으로 변화시켰는데,
그 꽃이 마치 살아 자라는 듯이 그 천에 새겨져 있었다.

* 상처 입은 아도니스의 이미지는 3권에 등장하는 남성 인물들의 원형이라고 할 수 있는데, 칸토 4에서는 마리넬(Marinell)이, 칸토 5에서는 티미아스(Timias)가 상처를 입는 남성으로 등장한다.

39

과거 고풍스러운 세계의 풍습을 따른 듯
그 방은 매우 호화스럽게 꾸며져 있었고
주위를 둘러 수많은 의자가 놓여 있었다,
때 이른 편안함이나 즐거움을 줌으로써
거기 앉는 사람들을 기쁘게 해주기 위해.
숙녀들과 귀족들이 그곳을 가득 메우며
밤낮을 가리지 않고 춤추고 흥청거리면서
육체의 욕망에 빠져 허우적거리고 있는데
큐피드는 그들에게 계속 욕정의 불길을 당겨댔다.

40

그러는 동안 내내 달콤한 음악은 리디아의
화음으로 나른한 음계를 뿜어내고 있었다.
그러는 동안 내내 달콤한 새들은 그 쪽으로
화사한 음악과 감미로운 가락을 보내면서
쉬지 않고 사랑과 쾌락을 축하하고 있었기에
그들의 멋진 화음을 듣는 것은 경이로웠다.
기사들은 그런 광경을 보고, 눈살을 찌푸리며
그처럼 음탕한 행동거지에 경멸을 표하면서,
그 허망한 사람들의 나태한 행실에 대해 역겨워했다.

1-2 리디아의 화음(Lydian harmony): 플라톤이 『공화국』(Republic)에서 과도하게 자유분방하다고 질타한 그리스 음악을 가리키며, 르네상스 시대에도 퇴폐적인 음악의 대명사로 통했다. 스펜서와 거의 동시대 인물인 로저 애스컴(Roger Ascham)은 활쏘기에 대한 저술 『궁술』(*Toxophilus*)에서 리디아 음계의 달콤함이 젊은이들에게 부도덕한 생각과 행동을 유발한다고 주장하기도 했다.

41

거기서 그들은 저 고고한 여인에게 안내되어,
호화로운 침대에 앉아 있는 그녀를 보았다.
침대는 온통 황금으로 빛났고, 교만한 페르샤의
여왕에게나 걸맞은 호화로움을 보이고 있었다.
그녀는 관대함이 풍부하고 진귀한 아름다움을
지닌 것처럼 보였으나, 음탕한 두 눈을 너무도
가볍게 옆으로 비껴 떴는데, 여성의 사악함을
드러내는 징조이다. 또한 자비로움이나 얌전한

몸가짐을 염두에 두지 않은 채 너무 자주 흘낏거렸다.

42
그들이 받은 멋진 환대와 엄청난 즐거움에 대해
묘사하는 것은 길고 불필요한 작업이 될 것이다.
그녀는 그들을 정중하게 어떤 방으로 안내하도록
명령하여 포도주와 향긋한 술로 그들을 즐겁게
대접하였고 그들이 무장을 해제하도록 하였다.
거기서 레드크로스 기사는 즉시 무장을 풀었다.
그러나 용감한 처녀는 무장을 풀려 하지 않고,
다만 그녀의 투구 앞가리개만을 들어 올려
자신의 아름다운 얼굴이 드러나 보이도록 했을 뿐이었다.

6 레드크로스 기사(Redcross Knight): 그는 1권의 주인공이며 성스러움(holiness)을 대변한다. 1권의 마지막에 그는 용을 물리치고 우나(Una)와 혼인했지만, 선녀여왕에 대한 의무를 다하기 위해 계속 모험에 나선다. 앞에서 여섯 기사와 싸우던 기사가 바로 레드크로스였다.

43
마치 아리따운 신시아가 어두컴컴한 밤에
짙은 구름에 겹겹이 둘러싸여 있을 때는
그녀의 존재가 가녀리고 약하게 여겨지지만,
자신의 은빛 광채로 그것을 뚫고 나와 빛나는
머리를 황망해하는 세상에 드러내 보이면,
이리저리 방황하던 가여운 여행자들에게서
쏟아지는 수천의 칭송을 받게 되는 것처럼,

아리따운 브리토마트가 한낮에 제공한 빛은
바로 그러한 아름다움과 빛나는 광채를 가지고 있었다.

1 신시아(Cynthia): 달의 여신이며 달 자체를 가리키기도 한다. 정결의 기사인 브리토마트를 달에 비유한 것은 그녀의 배우자 즉 아테걸(Artegall)이 태양에 비유되는 것과 쌍을 이루며 작품 전체에 등장한다.

44

또한 최근에 그녀와 싸웠던 여섯 기사는
무장을 해제하고 누가 시키지도 않았는데
그녀 앞에 나와서 그녀를 접대하고 있었다.
그들은 모두 예의 바르고 고귀하게 보였으며,
여섯 사람이 모두 한배에서 나온 형제였고,
모두 온갖 궁정의 우아함을 훈련 받았으며,
대결과 시합을 위한 훌륭한 가르침을 받았다.
그런데 그들은 자원해서 여인의 가신이 되어
기사로서 그녀를 섬기며 모든 것을 그녀에게서 하사 받았다.

7 대결과 시합(tilt and turnament): 대결(tilt)은 두 기사가 말을 타고 창으로 시합을 하는 것이며, 시합(turnament)은 창과 칼로 무장한 기사 여러 명이 한꺼번에 싸우는 것을 가리킨다.

45

그들 중 첫 번째 기사는 가단테라고 했는데,
명랑한 자였고 말쑥한 모습을 하고 있었다.
두 번째는 팔란테였는데 용맹스런 자였으며,
그자의 바로 다음으로는 조칸테가 있었다.
바시안테는 가장 예의 바른 태도를 보였으나,

흉폭한 바칸테는 대단히 사납고 예민했다.
하지만 전투에서는 녹탄테가 가장 뛰어났다.
모두가 멋진 기사들이었고 말쑥한 모습이었다.
그러나 아리따운 브리토마트에게 이들은 그림자일 뿐이었다.

* 여섯 기사 이름은 호색의 단계를 나타내는 것으로서 전통적인 다섯 단계, 즉 보고(sight), 대화하고(conversation), 만지고(touching), 키스하고(kissing), 사랑의 행위를 하는 (copulating) 것에 술 취한 흥청거림을 추가한 것이다. 따라서 가단테(Gardante)는 흘낏거림을, 팔란테(Parlante)는 이탈리아어로 '말하다'의 뜻으로 유혹의 대화를, 조칸테(Jocante)는 궁정식 놀이와 즐거움을, 바시안테(Basciante)는 키스를, 바칸테(Bacchante)는 술 취한 상태의 성적 흥분을, 그리고 녹탄테(Noctante)는 밤에 이루어지는 사랑의 달성(sexual consummation)을 가리킨다.

46

왜냐하면 그녀는 다정한 자비심이 가득했지만,
그 모든 것이 남자다운 강건함과 함께했기에,
그 하나가 저급한 연정을 불러일으키게 되면
다른 하나가 남성들의 성급한 욕망을 겁주어
실수에 빠질 자들을 잡아주었기 때문이다.
마치 진홍색 장미꽃 한 송이를 찾은 사람이
날카로운 가시와 가시덤불이 길을 막고 있어서
두려움 때문에 감히 무모한 손을 뻗지 못하고
제 허망한 욕망을 잃고, 다만 멀리 떨어져 있기를 원하듯이.

47

여주인은 그토록 아름다운 사람을 보게 되자,
그녀가 사실은 여성이라는 것도 모르는 채,

(그녀를 젊고 혈기왕성한 기사로 여겼기에)
강렬한 연정에 사로잡히기 시작하며, 허망한
생각으로 자신의 잘못된 연모의 정을 채웠다.
변덕스런 그녀의 가슴은 불똥이 튄 것처럼
성급한 불길을 품었고, 그것은 불꽃으로 번져
곧바로 맹렬한 욕망으로 불타기 시작하면서
그녀의 모든 혈관을 순전한 열정으로 모두 채워버렸다.

48

그녀는 이내 크게 조급증을 내고 공개적으로
격정적인 말들을 쏟아내며, 자신의 음란함을
노골적으로 드러내 보였는데, 누군가 자신의
의도를 수상쩍게 여기든지 개의치 않았다.
그녀는 온통 육체적인 욕정에 사로잡혀서
감각적인 쾌락에 온몸을 맡기고 덤볐으며,
부끄러움에 대한 염려를 다 버렸고, 또한
명예에 대한 존중심도 다 버렸기 때문이다.
그래서 수치를 모르는 아름다움은 곧 역겨움이 되는 법.

49

지금 사랑에 사로잡혀 그대 마음에 정결한
욕망을 키워가고 있는 아름다운 여인들이여,
그녀의 잘못으로 달콤한 연정을 망치거나
모든 여성이 나쁘다고 단정하지 말지니라.

선한 천 명 중에 음탕한 여인이 하나 있고,
장미 가운데도 사악한 잡초들이 자라는 법.
이것은 사랑이 아니고 오히려 욕정에 가깝다.
사랑은 언제나 관대한 행동을 불러오게 되며,
온화한 마음 속에 명예에 대한 욕구를 키워가는 법이다.

50
방종한 여인은 그러한 사랑을 전혀 몰랐고,
단지 석탄이 새로운 불꽃을 피워내는 것처럼
제 음탕한 의지를 제멋대로 달리게 두면서,
자신의 정직한 이름은 밟고 지나가버렸다.
그런 사랑은 미움이요, 그런 욕망은 수치다.
그녀는 브리토마트의 가슴을 향해 자신의
그릇된 눈으로 교활한 시선을 쏘아대면서
얼굴 표정으로 제 의도를 드러내고 있었다.
그러나 브리토마트는 짐짓 그것을 모르는 체하였다.

51
이어 정찬이 준비되자 그들은 식탁에 앉아서,
온갖 호사스러운 음식을 대접 받게 되었는데,
거기서 풍요로운 시리스와 살진 리아이어스는
제 풍성함을 아끼지 않고 남김없이 퍼부었다.
거기에는 값지고 귀한 것이 빠짐없이 있었다.
모든 잔은 항상 철철 흘러넘치고 있었으며,

또한 잔들 사이로 항상 그녀는 자신의 연정을
드러낼 방도를 찾으며, 은밀한 화살을 쏘아댔다.
그러나 브리토마트가 그런 교활한 신호를 알아줄 리 없었다.

3 풍요로운 시리스와 살진 리아이우스(fruitfull Ceres, and Lyaeus fat): 시리스(Ceres)는 로마 인들이 드미터(Demeter)로 부른 대지와 과실의 여신이며, 리아이어스는 바커스(Bachus)로 포도주의 신이다. 여기서는 음식과 포도주를 의인화하고 있다.

52

그렇게 그들이 온갖 종류의 다양한 음식으로
식욕의 강렬한 욕구를 누그러뜨리고 나자,
그녀는 아리따운 브리토마트에게 갑옷을 벗고,
흥겨운 놀이를 하여 전투에 지친 팔다리와
팽팽한 긴장을 풀어주도록 하라고 간청했다.
그러나 그렇게 해도 제 뜻을 이루지 못하자,
(왜냐하면 기사는 그처럼 특이한 방식으로
자신의 성과 실제 모습을 감추었기 때문에)
그녀는 제 안타까움을 노골적으로 표현하기 시작했다.

53

그리고 갑자기 한숨과 흐느낌과 하소연과
애처로운 슬픔으로 제 욕정을 드러냈는데,
이것은 내면의 불이 밖으로 튀는 불똥이다.
그런 것들이 소용이 없자, 마침내 그녀에게
저를 위로하고 즉시 구원의 손길을 베풀라고,
아니면 제가 죽을 것 같다고 분명히 말했다.

하지만 그러한 속임수와 미묘한 거짓 술수를
한 번도 경험한 적이 없는 저 정결한 여인은
그녀의 강렬한 감정이 극도에 달했다고 쉽게 믿어버렸다.

54

그녀가 그렇게 믿게 된 것은 너무 당연했다,
그녀는 자신이 연약한 여성이라고 느꼈으며
오랫동안 마음속에 간직한 슬픔과 싸워왔고,
절박한 사랑이 그녀의 가슴에 고통을 주어
사랑하는 마음이 겪는 고통에 대해 알았기에.
속임수를 모르는 사람이 가장 먼저 속아서
그럴듯한 거짓 모습을 곧바로 믿는 법이다.
나쁜 새잡이의 목소리를 알지 못하는 새는
너무도 쉽사리 그자의 감추어진 그물 속에 빠지는 법.

55

그러므로 그녀는 선한 의도를 고백하는
정당한 구애를 무례하게 꾸짖지는 않았다.
사랑을 경멸하거나 점잖은 마음의 요구를
거칠게 멸시하는 것은 커다란 수치였기에.
그래서 할 수 있는 최선의 밝은 표정으로
그녀를 대했다. 하나 속으로는 떠돌이에게
구애하는 그 사랑이 너무 가볍다고 여겼다.
그 여인은 그것을 오해하여, 밖으로 나오는

연기를 보고 내부의 불길도 그와 같을 것이라고 여겼다.

56
그렇게 잠시 그녀는 제 상상을 멋대로 키우며
자신의 욕망을 채울 적절한 시간을 찾았지만,
상처는 아직도 내부에서 새롭게 피를 흘리고,
잘못 스며든 불길은 그녀의 뼈마디를 통해서
제멋대로 퍼져 나갔고 은밀히 독을 키워갔다.
이윽고 식탁들은 모두 주변으로 치워졌으며
모든 기사들과 점잖은 시종들은 손에 흥겹게
입 맞추며 자기 여인들을 선택하기 시작했다.
여인들과 구애의 놀이를 하며 함께 유희를 즐기기 위해서.

57
어떤 이는 춤에, 어떤 이는 도박에 빠지고,
어떤 이는 구애를, 어떤 이는 웃음을 돋웠다,
다양한 재치로 다양한 것들을 들먹이면서.
그러는 동안 내내 어여쁜 말레캐스타는 자신의
은밀한 뜻을 이루려 교활한 계교에 몰두했다.
이즈음에 드높은 조브가 아래 세상을 밝히는
영원한 등불은 이미 절반쯤 기울어져 있었고,
거대한 아틀라스의 물기 젖은 딸들은 지쳐버린
자신들의 무리를 몰아서 깊은 대양 속으로 들어가고 있었다.

4 말레캐스타(Malecasta): 여기서 쾌락의 성을 지배하는 여주인의 이름이 처음 등장한다. 그녀의 이름은 라틴어로 사악하거나 음란함을 나타내는 'malus'와 정결을 나타내는 'chastus'의 합성어로서 브리토마트가 대변하는 정결과 반대의 의미를 갖는다. 그녀의 이름은 또 모든 이방인에게 음란한 눈빛을 보내며 천박한 사랑을 드러내는 그녀의 성격을 드러내기도 한다.

6 조브(Jove): 제우스(Zeus)의 로마식 이름. 여기서는 태양 즉 '영원한 등불'(th'eternall lapes)을 다스리는 신이라는 뜻으로 쓰였다.

8 거대한 아틀라스의 물기 젖은 딸들(the moist daughters of huge Atlas): 히아데스(Hyades), 즉 황소자리(Taurus)에 있는 일곱 별을 가리킨다. 이들은 제우스에 의해 별이 되었다고 하며, 아틀라스의 딸들이라고 불리기도 한다. 이들이 나타나면 비가 내린다고 알려져 있어서 물기 젖은 딸들이라고 부르는 것이다.

58

그러자 거기 있는 이들 모두 필요한 휴식을
취하러 가야 할 시간이 된 것처럼 보였다
곧 손님들을 각자의 침소로 안내하기 위해
밀랍을 먹인 기다란 횃불에 불이 켜졌다.
브리튼 여인은 사람들이 아무도 없는 것을
확인하고 스스로 갑옷을 벗기 시작했으며,
깃털로 된 부드러운 침소에 안전을 맡겼고,
오랫동안의 경계심과 최근의 힘든 과업 후에,
거기서 깊이 잠들었으며, 조심스런 생각을 모두 접었다.

59

이제 온 세상이 온통 깊은 침묵으로 싸이고
생명을 가진 모든 이가 흡사 죽음과도 같은
깊고 깊은 잠에 빠져 허우적거리고 있을 때,

그처럼 혼란스러운 상황에 처해, 비탄에 젖은
영혼이 쉴 수 없었던 아리따운 말레캐스타는
뒤척이던 침대에서 가볍게 일어나 빠져나왔다.
그리고 떳떳하지 못한 밤의 시커먼 장막 속에
진홍색 망토로 제 몸을 둘렀는데, 그 망토는
황금과 흰 담비의 모피로 아름답게 장식된 것이었다.

7-9 여기서 말레캐스타가 밤의 어두움으로 자신을 감싸는 것은 43연에서 브리토마트가 어두움 속에서도 빛을 발하는 존재라는 점과 대조를 이룬다. 담비(Ermines)는 전통적으로 정결의 상징이기도 하지만 동시에 욕정을 나타내기도 한다.

60

그리고 가볍게 숨을 헐떡이며 온몸을 떨면서
두려움에 찬 발걸음을 침실 쪽으로 옮겨갔다.
그곳은 그녀가 어리석게 사랑하는 저 전투적인
처녀를 향한 은밀한 목적으로 배정한 곳이었다.
그녀의 침대로 다가가며 먼저 그녀는 상대가
자는지 깨어 있는지 시험하기 위해, 부드러운
손을 가만히 대어 조금이라도 움직이는지 보고,
신중하게 귀를 기울여 숨소리가 고르게 나는지,
아니면 의식이 있다는 표시를 찾을 수 있는지 알아보았다.

61

아무런 기색이 없자 그녀는 동작을 바꿔서
상대의 잠을 조금이라도 방해할까 조심하며
수 놓인 이불자락을 살그머니 들어 올리고

상대 곁에 자기 자신의 몸을 조용히 눕혔다.
섬세한 손가락 하나도 건드릴까 두려워하며.
아무런 소리도 내지 않고 아무런 말도 없이
속으로 한숨만 지었다. 마침내 왕족의 처녀가
조용히 잠든 상태에서 벗어나서 피곤에 지친
허리를 틀며 돌아누웠다, 좀 더 편한 휴식을 취하려고.

62

거기서 곁에 바짝 웅크리고 있는 자를 느끼자,
그녀는 더렵혀진 침대에서 가볍게 튀어나와
자신의 무기가 있는 곳으로 달려갔다, 그 더러운
호색한을 꿰뚫을 생각으로. 그러자 여주인은
급작스런 공포와 창백한 두려움에 혼비백산하여
크게 비명을 질렀고, 그 소리가 집 안에 울리자,
그 서슬에 온 집 안 전체가 깜짝 놀라 깨어나
모두 자신들의 침대에서 황급히 뛰쳐나왔으며,
무기를 든 채로 문제가 일어난 방으로 다 함께 몰려들었다.

63

저 여인의 수호자였던 여섯 기사들과 또한
레드크로스 기사도 포함하여 절반은 무장하고
절반은 무장 없이 소동이 있는 쪽으로 달려갔다.
그들이 정신없이 그곳에 갔을 때 그들이 본 것은
정신을 잃고 땅에 쓰러진 자신들의 여인이었다.

다른 한편에서 그들은 전투적인 처녀를 보았다,
눈처럼 흰 겉옷을 입고, 머리타래를 늘어뜨린 채,
복수에 맺힌 자신의 칼끝으로 위협하고 있어서,
그처럼 험악한 공포의 분위기에 그들이 모두 놀라워했다.

64

먼저 그들은 자신들의 여인 주변에 모여들어
그녀를 편안한 침대에 눕히고는 오래지 않아
굳은 졸도 상태에서 그녀를 깨워 일으켰다.
그런 후에 그들은 상스러운 비난을 퍼부으며
싸움을 걸기 시작했고, 사나운 분쟁을 일으켰다.
하지만 바로 어제의 패배가 본보기가 되었기에
그 누구도 감히 그녀에게 무모하게 다가서거나
그처럼 영예로운 전리품을 차지하려 들지 못했다.
핏빛 십자가의 수호기사가 또한 그녀를 돕지 아니한가.

9 핏빛 십자가의 수호기사(the Champion of the bloudy Crosse): 레드크로스 기사를 가리키며, 말레캐스타의 수호기사 여섯과 대조를 이루기 위한 것이다.

65

하지만 여섯 기사 중에서 가단테라는 자가
치명적인 활과 날카로운 화살을 끄집어내어,
저 아름다운 처녀를 향한 지극한 경멸감과
잔혹한 의도를 가득 담아서 그것을 쏘았다.
치명적인 살촉은 시위를 떠나, 그녀의 옆구리를

꿰뚫었는데, 그렇지만 상처는 깊지 않았으며,
단지 가볍게 그녀의 부드러운 은빛 피부를 베어
거기에서 보랏빛 피가 울먹이듯 방울지며 나와
그녀의 백합빛 겉옷을 선홍빛 얼룩으로 물들였을 뿐이다.

66

그러자 격분한 그녀가 그들에게 맹렬히 달려가
불타는 듯한 자신의 칼을 자기 주변에 휘둘러
어느 누구라도 끔찍한 불행을 피하지 못했고
모두 그 무시무시한 타격에 아연실색하였다.
이곳, 저곳, 그리고 어디나 분노에 찬 쇠붙이를
온통 휘두르자, 아무도 그것을 견뎌내지 못했다.
또한 레드크로스 기사도 곁에서 큰 힘을 보탰다,
그랬다, 함께 발걸음을 떼며, 나란히 곁에 붙어서.
그렇게 그들은 순식간에 적들을 두려움에 질리게 만들었다.

67

모두를 치욕스럽게 도망치도록 만들고 나서
고귀한 브리토마트는 의복을 갖추어 입었으며
번쩍이는 무구들을 자신의 몸에 착용하였다.
그녀는 점잖은 기사들과 숙녀들이 그토록
방종하고 그토록 무례한 행동을 일삼는 곳에
결단코 더 머무르려 하지 않았기 때문이다.
그리하여 거대한 대지의 어두침침한 그림자가

모두 창공으로 흩어져 사라지기도 전에 일찍
두 사람은 자신들의 말에 올라 갈 길을 향해 나아갔다.

칸토 2

레드크로스 기사는 브리토마트에게
아테걸에 대해서 설명해주다.
놀라운 거울을 통해 그녀는
그를 사랑하게 되었던 것이다.

1

여기서 나는 남성들을 원망한 정당한 이유를
찾았으니, 그들은 여성에게 공평치 못하고,
자신들의 칭송에만 너무 편중되어, 여성에게
어떠한 전투나 기사의 역할을 주지 않으며,
또한 그들의 용맹스런 무용담과 전투적 역량을
기록한 전기를 전혀 만들지 않았기 때문이다.
이들은 겨우 하나, 둘, 혹은 셋 정도의 여성을
자신들의 글에 등장시킨다. 하지만 그 소수는
모든 남성들의 위업보다, 모든 영예보다 훌륭하고 찬란하다.

2

하지만 옛 시절의 기록에서 나는 발견하였다,
여성들이 전투에서 드높은 영향력을 발휘했고
모든 위대한 영웅적 업적을 위해 애썼다는 것을.

이를 통해 그들은 언제나 승리를 쟁취했는데,
결국 시기에 찬 남성들이 제 통치가 무너질까봐
여성의 자유를 막는 엄한 법을 만들기 시작했다.
그러나 여성들은 전투적인 무기를 내려놓은 후,
예술과 공공 행정에서 탁월한 솜씨를 발휘하니
이제 우리 멍청한 남성들은 그런 칭송을 샘내기 시작한다.

3
수많은 세대에 걸친 전투적 위업에 대해서
아름다운 브리토마트여, 그대를 칭송하나니,
모든 지혜에 있어 그대가 모범이 되어주소서
오, 주군이신 여왕이시여, 당신을 칭송합니다.
제 의무감이 부추기는 대로 칭송을 적습니다.
하지만 아, 제 운율은 너무 천박하고 거칠어
그토록 지고하신 대상을 목표로 삼게 되면,
그에 걸맞으려 애쓰나 망칠까 두렵습니다.
폐하 스스로 자신을 칭송하시며, 널리 그것을 알리소서.

4
그녀는 가이언과 길을 떠나 여행을 하면서,
기나긴 여행과 지루한 나날을 단축해줄
적절한 대화거리를 요모조모 찾기 시작했다.
그중에서도 요정 기사의 마음에 다가온 것은
어떤 기묘한 이유로 그녀가 이곳에 왔으며

무엇을 찾아서 남성으로 변장을 했는지를
브리튼 처녀에게 물어보고자 하는 것이었다.
그녀는 성장한 숙녀처럼 예쁜 여성이었지만,
가슴에 갑옷을 두르면, 살아 있는 가장 어여쁜 기사였기에.

1 브리토마트(Britomart)가 함께 길을 떠난 이는 가이언(Guyon)이 아니라 레드크로스(Redcross) 기사인데, 가이언이라고 한 것은 스펜서의 오류이다. 그러나 요정(Faeries)이라는 호칭은 반드시 틀린 것은 아니다. 레드크로스는 사실은 영국인이지만 요정의 나라에서는 요정으로 알려져 있기 때문이다.

5

그러자 그녀는 부드럽게 한숨을 쉬며, 한동안
말을 할 힘도 잃고 쉽사리 대답도 못한 채,
가슴 떨리는 두근거림과 심한 동요를 발하며,
마치 극렬한 열병에 걸린 것처럼 몸을 떨었고
두려움에 사로잡혀 우아한 팔다리를 떨었다.
그리고 마치 번개의 불꽃이 밝은 창공에 가득
퍼져가는 것처럼, 이따금씩 장밋빛 홍조가
그녀의 얼굴 전체를 뒤덮으며 스쳐 지나갔다.
마침내 그러한 격정이 가시자 그녀는 이렇게 대답했다.

6

"훌륭하신 분이여, 내 그대에게 알려드리리다.
나는 유모의 따뜻한 품을 벗어난 그 시간부터
전투적인 싸움으로 훈련을 받으며 자라왔어요.
창과 방패를 휘두르며, 말에 탄 투사들마다

때려눕혀 그들이 지극한 불행을 겪게 했어요.
그때 이후로 나는 내 삶을 숙녀들이 하듯이
섬세한 바늘과 어여쁜 실로 손가락을 놀리며
쾌락의 허망한 무릎 안에서 보내기 싫었어요.
차라리 적병의 창끝에서 죽음을 맞이하기를 원했지요.

7

"내 모든 즐거움은 전투적 행동에서 나오기에
위험한 일들과 힘든 모험을 찾아다녔습니다.
바다든 육지든 모험이 있는 곳이라면 어디나,
명예를 위해, 그리고 드높은 존경심을 위해,
돈이나 보상은 결코 마음에 두지 않았지요.
그런 목적을 품고 나는 이곳에 당도했어요,
나침반도 없이, 그렇다고 지도도 지니지 않고,
위대한 브리튼이라는 이름의 내가 태어난 땅,
그곳에서부터 멀리 떠나 칭송과 명예를 찾아왔답니다.

8 위대한 브리튼(The greater Britaine): 브리토마트가 태어난 곳은 잉글랜드(England)가 아니고 웨일스(Wales)이다. 여기서 위대한 브리튼이라고 표현한 것은 작은 브리튼(The lesser Britaine)이라고 불린 프랑스의 브르타뉴(Bretagne) 지방과 구분하기 위함이다.

8

"여기 요정의 나라에 많은 유명한 기사들과
숙녀들이 살고 있으며, 많은 신기한 모험이
있을 것이며, 여기서 위대한 가치와 명성을

얻을 수 있으리라는 소문이 치솟아 올랐지요.
나는 그것을 확인하려고 여행을 시작했어요.
그러나 예절 바른 기사님, 그대가 알려주세요,
최근에 내게 더러운 불명예와 비난 받을 만한
모욕을 가한 적이 있는 사람에 대한 정보를.
그자를 찾아 벌하겠어요, 그는 아테걸이라고 합니다."

9 아테걸(Artegall): 몬머스의 제프리(Geoffrey of Monmouth)가 쓴 『브리튼 왕 열전』(*Historia Regum Britanniae*)에서 아서 왕의 원탁의 기사 중 하나로 등장하는 이름―"오늘날에는 워익이라고 부르는 가귀어의 아테걸"(Arthgal of Cargueir, that is now called Warwick)―을 스펜서가 차용했는데, 이름의 의미는 '아서와 동일하다'(equall to Arthur)이다. 그는 정의 (Justice)를 대변하는 기사로서 5권의 주인공이기도 하며, 브리토마트와 혼인하여 엘리자베스 1세에까지 이르는 왕조를 세우는 인물이다. 스펜서는 영국사에서 아테걸과 브리토마트가 이루어내는 왕조가 아서(Arthur)의 시대를 대치하는 것으로 보았다. 따라서 아테설은 역사상의 인물인 아서와 동일한 인물이라 할 수 있겠다.

9

말이 나가자, 그녀는 다시 주워 담으려 했다,
그처럼 독설을 한 것을 후회하는 마음으로.
그러나 말이 채 끝나기도 전에 말을 받으며
그가 짧게 말했다. "아름다우신 무사 처녀여,
잘못 아시는 게 틀림없소, 한 훌륭한 기사를
그처럼 기사답지 않은 비난으로 몰아세우시니.
그대는 잘 알게 될거요, 대결과 시합이나
비슷한 무력 시합에 참가한 모든 사람 중에서
숭고한 아테걸은 항상 이름에 합당한 명성을 얻었다는 것을.

10

"그러므로 비난 받을 부끄러움이 한 번이라도
그의 관대한 생각에 깃들거나, 실행된 적이
있었다면 이는 무척 놀라운 일이 될 것이오.
숭고한 용기란 그 이름에 합당치 못한 일을
절대로 염두에 두지 말아야 하는 것이랍니다.
그러므로 아리따운 숙녀분이여, 잘 알아두어
그대의 슬픔을 찾아 너무 멀리 가지 마시오.
나는 그대와 그대의 나라가 잘되기를 바라며,
모두 존중합니다. 서로가 다른 쪽에 걸맞기 때문입니다."

11

왕족의 처녀는 자신의 사랑이 그처럼 드높이
칭송 받는 것을 듣고 속으로 몹시 기뻐했으며
그처럼 훌륭하게 영예를 받고 있는 기사에게
일찍이 자신의 마음을 주었던 것이 즐거웠다.
하지만 그녀는 그것을 교묘히 감추고자 했다.
자신의 어린 아기를 아홉 달 동안 고통스레
배 속에 있는 소중한 방에 담아두고 있다가
아기가 안전하게 나오는 것을 보는 사랑스런
어머니조차도 그때의 그녀만큼은 기쁘지 않았을 것이다.

12

그러나 그에게 더 말을 시킬 핑계를 찾아내

기분 좋은 말을 통해 기분을 돋우기 위하여,
그녀는 짐짓 냉정한 태도로 그에게 트집 걸며
이처럼 대답했다. "기사님, 그대가 제아무리
예의 바른 말로 그자를 칭송한다고 할지라도,
순진한 처녀를 속이고 지독한 고통을 주려고
그런 자를 칭찬하시다니 그대처럼 고귀하신
기사님께는 결단코 어울리지 않은 일이며,
기사도에 대한 수치라고 세상에 널리 알릴 만한 것입니다.

13
"그러니 내 복수심을 만족시키기 위해 어디서
이 못된 사기꾼을 찾을 수 있을지 말해주시오."
"아, 만일에 아름다운 이성이 그대를 설득하여
분노를 가라앉히고 마음을 진정시킬 수 있다면,
(그가 말했다) 어쩌면 그를 찾는 것이 좋겠구려.
왜냐하면 무력을 사용하여 그를 어려운 상태에
빠뜨리거나, 동등한 싸움판에서 그와 대적하기를
바라는 것은 대단히 어려운 일이기 때문이라오,
무력의 화신인 그와 맞설 수 있는 인간은 아무도 없습니다.

14
"그가 지금 이 땅 어디에 있고, 어떻게 찾을지
말씀드리는 것은 정말로 쉽지 않은 일이랍니다.
왜냐하면 그분은 어느 한곳에 머물지 않으며,

정처 없이 온 세상을 떠돌아다니기 때문이지요.
누군가가 권력으로나 또는 힘으로 약한 이들을
핍박하여 난처하게 한다는 소식을 들을 때마다,
그는 숙녀들의 명분과 고아들의 권리를 지키며,
자신의 명예를 드높일 만한 과업을 수행합니다.
그래서 그분의 지극한 명예는 하늘에까지 올라갑니다."

15
그 애틋한 말은 그녀의 여린 감각을 즐겁게
했고, 그녀의 녹은 가슴 속에 조용히 잠겼다.
속으로 상처 입은 가슴은 그것을 치유할 만한
어떤 것을 소망하면 대단히 편안해지는 법.
듣기 좋은 말이란 마치 마법의 기술과 같이
날뛰는 뱀조차 조용히 잠들어 눕게 하나니,
귀한 브리토마트는 몰래 그런 편안함을 느꼈다,
그러나 짐짓 반박하여 그것을 물리치고자 했다.
음악에서는 그런 불협화음이 종종 더 달콤한 곡조를 이룬다.

8 브리토마트는 자신이 느끼는 마음의 편안함과 싸워 그것을 물리침으로써 더 큰 충족감을 얻으려 한다는 뜻이다. 즉 애써 반대하는 척함으로써 마음에 더 큰 기쁨을 얻게 된다는 것이다.

16
그래서 말했다, "기사님, 이런 한가한 이야기는
접어두고, 그자가 있는 곳을 찾기가 어렵다면,
그가 어떻게 생겼는지 특징을 내게 말해주오,

내가 그와 공개적으로 마주칠 경우를 위해서.
결국 한쪽이 상대를 죽이거나 굴복시킬 테니까.
어떤 모습이고, 방패, 무기, 말, 흉터는 무엇이며
다른 무엇을 가지고 그가 자신을 드러냅니까?"
레드크로스 기사는 모든 것을 정확히 설명하고
그 기사의 모습 전체를 묘사하여 그녀 앞에 되살려놓았다.

17
하나 아무리 그녀가 제 지식을 감추려 해도
이미 기사에 대하여 전부를 알고 있었으니,
일찍이 브리튼에 있을 때 어느 거울 속에서
뚜렷이 그녀에게 나타난 그를 본 적이 있고,
마음에 처음 심은 고통은 그때부터 자라났다.
고통의 뿌리와 줄기는 몹시 쓴맛을 냈기에,
더 달콤한 열매를 지니고 있지 않았었더라면,
그녀는 슬픔에 찬 불행한 나날들을 허비하면서
결국 사랑의 기도를 끔찍한 죽음에 내어주고 말았으리라.

18
기묘한 상황에서 그녀는 그를 보게 되었으며,
더 기묘하게 그의 모습을 사랑하게 되었는데,
그에 대해서는 이미 옛 서적들에 쓰여 있다.
지금은 남부 웨일스라고 하는 데후바스 지방에
라이언스 왕이 지배하고 잘 다스리던 시기에,

위대한 마법사 멀린은 매우 신통한 능력을 지닌
거울을 하나 만들었는데, 자신의 심오한 학문과
지옥도 두려워하는 힘을 가지고 만든 것으로서,
그 신통함은 곧 드넓은 세상에 퍼져 나가 칭송 받게 되었다.

3 서적들(bookes): 역사서라기보다는 로망스를 가리킨다.
4 데후바스(Deheubarth): 남부 웨일스 지역을 가리키는 일반적인 용어였으며, 홀린셰드(Holinshed)의 『연대기』(Chronicles)에는 드헨바스(Dehenbarth)로 나온다.
5 라이언스 왕(king Ryence): 여기서는 남부 웨일스의 왕으로 나오지만, 말로리(Malory)의 『아서의 죽음』(The Morte d'Arthur)에서는 아서 왕의 적으로서 북부 웨일스의 왕으로 등장한다.
6 위대한 마법사 멀린(The great Magitien Merlin): 아서 왕 신화에 등장하는 유명한 마법사.
7 거울(a looking glasse): 칸토 1의 8연 9행에서 "비너스의 거울"(Venus looking glas)로 소개된 이 거울은 다음 연에서 설명하듯이 사실 거울이 아니라 유리구이다. 르네상스 시대에는 수정으로 만든 공을 통해서 미래를 볼 수 있다는 예언자들이 인기가 있었다.

19

그것은 대지의 깊은 곳과 높은 하늘 사이
세상에 존재하는 것이면 무엇이든지 간에,
바라보는 사람과 관련이 있는 것이라면,
완벽한 모습으로 보여주는 힘이 있었다.
적이 만들었거나 친구가 감춘 모든 것이
전부 드러나서, 아무것도 피할 수가 없었고
아무것도 비밀로 남아 있을 수가 없었다.
그것은 둥글고 속이 빈 모양을 띠었기에,
그 자체로 세상인 것처럼, 유리로 만든 세상처럼 보였다.

20

그런 엄청난 일을 보고 누가 놀라지 않으리오?
뉘라서 놀라지 않으리, 그 탑에 대해 읽었다면,
거기서 이집트의 파오가 오랫동안 숨어 지내며,
모든 이의 눈을 피했고, 아무도 찾지 못했지만
그녀는 침실 밖 사람을 모두 볼 수 있었으니.
위대한 톨레미는 제 연인을 위해서, 마법의
힘을 사용하여 그것을 온통 유리로 만들었고,
그 안에 그러한 위력을 심어두었던 것이다.
하지만 사랑이 거짓임이 드러나자 그것을 부숴버렸다.

3 이집트의 파오(AEgyptian Phao): 스펜서가 어디서 파오의 신화를 따왔는지는 밝혀지지 않았다. 다만 스펜서는 4권 칸토 2의 49연에서 네레이드(Nereid) 50명 즉 바다의 요정을 열거하는데, 파오라는 이름을 그중 하나로 언급한다.
6 톨레미(Ptolomaee): 프톨레마이우스 2세(Ptolemaeus II)로서 알렉산드리아에 등대와 박물관과 도서관을 지었는데, 아라비아의 전설에 의하면 그에게는 마법의 힘이 있었다.

21

멀린이 만든 것이 바로 그런 유리 구체였으며,
라이언스 왕을 보호하려고 그것을 왕에게 주어,
왕국을 침범하려는 그 어떤 적들에 대해서도
침공 소식을 듣기도 전에 왕이 다 알도록 하여
언제나 그 적들을 물리치도록 하였던 것이다.
그것은 제왕에게 바쳐진 유명한 선물이었으며,
무한한 보상을 베푸는 가치 있는 제품으로서,
반역을 드러내거나, 적들을 지목해주기도 했다.

이후까지 그것이 남아 있었더라면 이 시대는 행복했으리.

22
어느 날 우연히도 아리따운 브리토마트는
그녀의 아버지 방에 들어가게 되었는데,
그녀가 그의 외동딸이며 상속자였기 때문에
왕은 그 어느 것도 그녀에게 숨기지 않았다.
거기서 그녀는 저 아름다운 거울을 보았고,
한참 동안 헛되이 자기 자신을 들여다보았다.
그러다가 그 거울이 가지고 있다는 진귀한
위력을 기억해내고는, 그것이 자신에게
어떤 관련이 있을지를 새삼스레 생각하기 시작하였다.

23
그러나 마치 오만한 사랑이 자신의 왕관을
가장 연약한 마음 속에 드높이 올려놓고서
자신에게 굴복하여 엎드린 사람들을 참담한
곤경에 몰아넣고 폭정을 일삼는 때가 있듯이,
그렇게 이 처녀는 (대체로 처녀들이 그렇듯)
운명이 누구를 제 남편으로 점지하였는지를
생각했는데, 누군가를 연모해서는 아니었다.
그녀는 흠결이 있다는 비난에서 깨끗했지만,
자신의 삶이 결국 그런 연분으로 맺어질 것을 알았다.

24

곧이어 그녀의 눈앞에 멋진 기사가 나타났다.
머리에서 발끝까지 갑옷으로 완전무장을 하고,
높이 치켜져 있는 빛나는 낯 가리개 사이로
남자다운 얼굴이 드러났는데, 적들을 공포로,
동지들을 온화한 화해로 이끄는 모습이었다.
그것은 마치 동쪽에서 얼굴을 드러내는 피버스가
어둑한 두 산등성이 사이로 떠오르는 것 같았다.
그의 모습은 위엄이 가득했는데, 그의 영웅적인
자비심과 영예로운 몸가짐 때문에 위엄이 더욱 크게 보였다.

6 피비스(Phoebus): 대양을 가리킨다.

25

그의 투구 끝은 웅크린 사냥개가 덮고 있었고,
그의 갑옷은 온통 고색창연한 자태가 역력했지만
놀라우리만치 무게가 있었고 견고함이 묻어났다.
황금 장식이 그 주위를 온통 둘러싸고 있었는데,
거기에는 고대 문자로 다음과 같이 쓰여 있었다.
아킬레스의 갑옷, 그것을 아테걸이 쟁취했도다.
또한 일곱 겹으로 둘러싸인 그의 방패 위에는
왕관을 쓴 작은 족제비 하나가 그려져 있었는데,
그 아름다운 점박이 피부가 파란 대지를 배경으로 드러났다.

1 웅크린 사냥개(couchant Hound): 아테걸의 투구 끝 장식은 다리를 접고 엎드려 머리를 치켜들고 언제라도 도약할 태세를 갖춘 사냥개인데, 고대의 대표적 문장으로서 사냥개는 이

방의 적들에게 승리한 것을 알려주는 전령의 역할을 한다.
6 아킬레스의 갑옷(Achilles Armes): 트로이 전쟁에서 그리스군 최고의 용사이며 영웅인 아킬레스의 갑옷은 그의 사후에 많은 용사가 서로 갖겠다고 다툰 것인데, 여기서는 아테걸이 아킬레스에 버금가는 용사임을 드러내기 위한 장치로 사용되었다.
7 일곱 겹으로 둘러싸인 그의 방패(his shield enveloped sevenfold): 고전적인 방패로서 2권의 기사 가이언도 같은 방패를 지녔다.
8 왕관을 쓴 작은 족제비(a crowned litle Ermilin): 문장으로서 하얀 피부에 검은 반점이 있는 족제비는 전통적으로 정결의 상징이며, 왕관을 쓴 것은 처녀 여왕인 엘리자베스로 대변되는 영국의 왕족을 상징한다. 배경이 되는 파란 대지(azure field)는 정의의 천상적 특성을 상징한다.

26

그 여인은 그 기사의 모습을 잘 살펴보았으며,
매우 좋아했으나, 더 이상 그를 생각하지 않고
자신의 길을 갔다. 순진한 나이의 그녀로서는
그 즉시 알 수 없었다. 불운한 운명의 점괘가
그 항아리의 밑바닥에 숨겨져 놓여 있다는 것을.
가장 큰 위험은 알지 못하는 상처에서 오는 법.
그러나 저 거짓된 궁사는 화살을 아주 교묘하게
쏘았고, 그녀가 아무런 아픔을 느끼지 못하자,
남모르는 그녀의 서글픈 곤경에 한입 가득 미소를 지었다.

7 거짓된 궁사(false Archer): 비너스의 아들 큐피드를 가리키는 것이지만, 여기서는 신 큐피드가 아니라 그의 희생자인 브리토마트를 드러내기 위해 사용된 장치이다. 브리토마트와 아테걸은 서로 맺어질 운명이며, 여기서 큐피드는 그리스 신화 속의 제멋대로 행동하는 존재가 아니라 섭리(Providence)에 의해 조종되는 존재이다.

27

그때부터 그녀의 높은 투구 꼭대기 장식 깃털은

사랑으로 헝클어져 낮게 떨어져 내리기 시작했고,
그녀의 자부심 넘치는 태도와 제왕 같은 풍모는
이전엔 그녀의 자랑이었으나, 이젠 수그러들었다.
슬픔, 우울함, 비통함, 그리고 온통 나약한 상상에
그녀는 빠져들었다. 하나, 왜, 어떻게 그리 됐는지,
무엇이 자신을 괴롭히는지 순진한 처녀는 몰랐고,
다만 자신이 정말로 편치 않다는 것은 알았지만,
사랑이 아니라 그것이 일종의 우울증이라고 생각했다.

28
이윽고 밤이 자신의 윤기 없는 혈색으로
빛나는 하늘의 아름다움을 완전히 가려버리고
사람들에게서 바람직한 세상 모습을 앗아가자,
그녀는 자려고 유모와 함께 자리에 누웠다.
그러나 잠은 그녀에게서 아주 멀리 달아났다.
그 대신에 구슬픈 한숨과 깊은 슬픔이 거기서
그녀 주변을 지키고 그녀를 감시하며 경계하여,
그녀는 단지 울부짖을 수밖에 없었고, 이따금
남몰래 우는 바람에 말쑥한 침대를 눈물로 적시곤 했다.

29
그리고 연약한 본성이 그녀를 압박하게 되어,
어쩌다가 나른한 휴식이 다만 한 조각이라도
잠깐 동안 그녀의 피곤한 영혼에 깃들게 되면,

그 즉시 꿈속에서 환상적인 끔찍한 것들의
모습이 휴식을 쫓아내 도망치도록 했기에
그녀는 종종 기겁을 하며 침대에서 뛰쳐나왔다,
마치 끔찍한 악마를 보고 두려워하는 사람처럼.
그녀는 다시 이전의 고뇌를 되살리기 시작했고,
자기 가슴에 새겨진 저 아름다운 얼굴을 생각하는 것이었다.

30

어느 날 밤에, 그녀가 같은 걱정에 뒤척이자,
글로우스라 불리는 그녀의 나이 많은 유모는
그녀가 잠자리가 싫어서 뛰쳐나오는 걸 보고
자신의 두 팔 사이로 잽싸게 그녀를 붙잡아
그녀를 다시 그녀의 따스한 침대에 앉혔다.
그리고 말했다, "아, 내 사랑하는 딸, 아, 가장
사랑스런 두려움이여, 그 어떤 기묘한 발작과
악한 곤경이 그대를 짓누르고, 지극한 슬픔으로
그대의 활기찬 모습을 바꾸어 산송장을 만들어버렸는가?

2 글로우스(Glauce): 사냥과 처녀의 여신 다이애나(Diana)의 어머니를 가리키는 이름, 또는 올빼미를 뜻하는 그리스어일 수도 있다. 브리토마트를 전쟁의 여신 미네르바(Minerva)에 비유하는 것처럼 그녀의 유모를 전통적으로 미네르바의 동반자인 올빼미(owl)에 비유한다는 주장도 있다. 한편 이 이름은 회색을 뜻하는 그리스어에서 나왔다는 학설도 있는데, 글로우스가 늙었다는 것을 드러내는 말이다.

31

"어디서 온지 모를 갑작스런 끔찍한 두려움이

밤새도록 그대의 자연스런 휴식을 괴롭히고,
하루 종일, 그대 또래의 동무들은 힘을 다해
흥겨운 기쁨으로 장난치며 놀고 있는 이때에,
그대는 자신을 음울한 구석에 가두어놓고서
제왕의 즐거움도 맛보지 않고, 그대의 신선한
젊음의 아리따운 꽃을 널리 뿌리지도 않은 채,
너무 일찍 시든 잎사귀와 과실을 둘 다 잃고서
마치 스스로를 비탄 속에 영원히 묻은 이처럼 살고 있다니.

32

"이 시간은 유한한 인간들이 지겨운 염려들을
젖혀두고, 모든 야생의 짐승들도 휴식하며,
모든 강들도 또한 갈 길을 재촉하지 않는데,
이 사악한 불행은 마구잡이로 그대를 범하여
구멍 난 가슴을 수천 번 박동으로 쥐어짜누나.
깊은 슬픔에 잠긴 거대한 에트나 화산처럼,
슬픔이 그대의 텅 빈 가슴 속에 가득 들어차,
가득 찬 고뇌나 한숨으로 그것이 터져 나온다,
마치 혼돈스런 격정이 뒤섞인 연기와 유황이 터져 나오듯.

   6 에트나(Aetn'): 이탈리아 시칠리아 섬에 있는 활화산으로 로마인들은 불의 신이 이곳에 있
      다고 믿었다.

33

"아, 그게 사랑일까봐 내 얼마나 두려워했던가.

하지만 그것이 사랑이라면, 드러난 표식들과
격정들을 내가 보기에는 사랑임이 틀림없는데,
그대의 혈통과 제왕적 신분에 걸맞은 자일지라.
그러면 내 사랑하는 수양딸의 지극히 성스러운
머리에 맹세하노니, 그대의 슬픔을 덜어주고
그대의 뜻을 이루어주마. 그러니 두려워 말라.
죽음이건 위험이건 그대를 구하려는 나를
막지는 못할 것이니, 그러니 지극한 사랑아 내게 말해다오."

34
그렇게 말하고 유모는 그녀의 두 팔 사이로
손을 넣어 바로 일으키고 부드럽게 안았다.
그리고 떨고 있는 모든 뼈마디와 혈맥에
부드럽게 손을 대고, 열심히 문질러주었다,
얼어붙은 차가움을 멀리 쫓아내기 위해서.
또한 유모는 그녀의 아름다운 젖은 눈에 자주
애틋한 입맞춤을 퍼부어 눈물을 닦아주었다.
그리고 자기에게 그녀의 마음속에 있는 비밀을
드러내기를 두려워 말라고 그녀에게 끈질기게 사정했다.

35
처녀는 망설이다가 두려워하며 이렇게 말했다,
"아, 유모, 왜 내 고통을 더 키우려 하시오?
나 혼자 죽으면 그만인데, 그것도 부족하여

둘의 죽음으로 두 배가 되어야 한단 말이오?
내게는 죽음 말고는 아무것도 남은 게 없다오."
"오 사랑하는 딸, (유모가 말했다) 절망치 마라.
치유를 얻을 수 없는 상처는 결코 없는 법.
네게 마구 화살을 쏘아 맞힌 저 눈먼 신은
네 사랑의 가슴을 맞힐 다른 화살을 가지고 있단다."

36
"내 상처는 (그녀가 말했다) 다른 것과 다르오.
어떤 이성으로도 치유 방법을 찾을 수 없다오."
"비슷한 경우를 찾을 수 없는 것은 결코 없단다.
(유모가 말했다) 어떤 이성으로도 그대의 상처를
치유할 수 없지만, 사랑은 이성이 미치지 못하는
높은 곳에 오르며, 종종 기이한 일을 해왔단다."
"하지만 사랑의 신도, 하늘의 신도 할 수 없소,
(그녀가 말했다) 그것이 가능한 일이 아니라면."
"해보기 전에는 (유모가 말했다) 불가능한지 알 수 없단다."

37
"이런 한가로운 말들은 (그녀가 말했다) 내 끈질긴
아픔을 가라앉히지 못하고, 괴로움을 더할 뿐이오,
알아두시오, 그것은 보통 불꽃이나 격렬함이
아니오, 오, 유모, 그것은 내 목숨을 갉아먹고
내 피를 빨아, 그로 인해 심장이 피를 흘리오.

하지만 유모의 신실한 열정이 (그것이 죄라면)
내 죄를 숨기지 못하게 하니 내가 말하겠소.
사랑이 최근에 내 연약한 가슴을 꿰뚫어버렸고
이 커다란 상처를 남긴 대상은 군주도 귀족도 아니라오.

38
"남자도 아니고 살아 있는 사람도 아니오.
그랬다면 내게 조금은 희망이 있었을 것이오,
하지만 단지 어떤 기사의 영상과 환영뿐이며,
아직 그의 생김새나 인간됨을 본 적도 없는데,
나를 사랑의 잔인한 법 안에 굴복시켜버렸소.
나를 불행으로 이끌어간 바로 그 어떤 날에
나는 아버지의 신비한 거울 속에서 바로 그
멋있는 모습을 보게 되었고 마음이 즐거웠소.
미끼에 낚시 바늘이 숨겨진 것도 모르고 그냥 삼켜버렸소.

39
"그때부터 사랑은 나의 피 흐르는 창자 안에
단단히 붙어버렸으며, 이제는 바로 이 연약한
육신의 거푸집 안에서 너무 심하게 곪아 터져,
내 모든 창자에는 독 있는 피가 흐르고 있고,
궤양이 매일같이 더욱더 크게 자라고 있다오.
고름이 나오는 나의 상처는 치유책이 없으니,
나는 다만 내 각박한 운명을 애통해하며, 마치

나무에서 떨어진 나뭇잎처럼 시들어가다 보면,
언젠가는 죽음이 내 삶과 비참함에 종지부를 찍게 되리다."

1-4 2권에 등장하는 알마의 성(Castle of Alma)에서는 절제의 기사 가이언이 감정을 다스리는 것에 초점을 맞추어 인간의 몸을 허리 윗부분에 한정하여 묘사한 데 반하여, 여기서는 브리토마트의 사랑과 연민을 강조하기 위하여 인간의 몸을 허리 아랫부분으로 본다. 여기서 창자는 인간의 몸 안에서 사랑과 연민이 깃든 장소이다.

40

"딸아 (유모가 말했다) 낙담할 필요가 무엇이며,
어째서 마음속에 그런 괴물을 만든단 말인가?
나는 훨씬 더 괴상한 것이 아닐까 걱정했단다.
다정한 것과 반대되는 지저분한 욕정일까봐.
하지만 이런 연민은 결코 이상한 것이 아니란다.
이성을 가진 이라면 누가 그대를 비난하겠는가,
그대 마음에 가장 멋져 보이는 모습을 사랑하고
사랑을 지울 수 없는 마음을 주었다는 이유로.
죄는 그대에게 있는 것이 아니라 사랑의 폭정에 있단다.

41

"아라비아의 머르는 그렇게 마음먹지 않았지.
비블리스도 그리운 마음을 다스리지 못하고
모든 이들을 제쳐두고 제 친족을 사랑했으며
그 목적을 이루기 위해 악한 사술을 이용했지.
하지만 파시페는 더 흉측한 역할을 수행했는데,
황소를 사랑하여 스스로 짐승이 되어버렸단다.

그처럼 자연과 정숙함의 도리에서부터 벗어난
치욕스런 욕정을 그 누가 끔찍해하지 않겠는가?
다정한 사랑은 멋진 동반자에게 그런 음란함을 금하는 법.

1 아라비아의 머르(th'Arabian Myrrhe): 오비드(Ovid)의 『변신』(*Metamorphoses*)에 나오는 머라(Myrrha). 그녀는 아버지 시니라스(Cinyras)를 속여 자신과 동침하도록 유인하였고 아도니스(Adonis)를 낳았다. 이후에 등장하는 부자연스러운 사랑을 대변하는 여성들도 모두 오비드에서 따온 것이다.
2 비블리스(Biblis): 그녀는 자신의 오빠 카우누스(Caunus)를 사랑했다.
5 파시페(Pasiphae): 그녀는 황소를 사랑하여 암소의 모형 안에 들어가 황소와 사랑을 나누었고 미노타우르(Minotaur)를 낳았다.

42

"하나 네 사랑은 (부디 마음을 편히 가지렴)
비록 기이하게 시작되기는 했지만, 가치 있어
보이는 한 사람에게 고정되어 있는 것 같구나.
또한 분명코 헛되이 사랑하는 것 같지 않으니,
너는 그로부터 기쁨과 영원한 축복을 얻으리."
그러면서 유모는 그녀의 연약한 팔을 받쳐 들고
그녀의 석고처럼 흰 가슴에 부드럽게 입 맞췄다.
그동안 내내 그녀의 가슴은 지진처럼 헐떡이며
떨고 있는 것이 느껴졌다. 마침내 그녀가 이렇게 말했다.

43

"어머니, 당신의 말씀은 날 위로할 수 없다오.
비록 내 사랑이 그대가 비난하던 여성들처럼
음탕하진 않지만, 그런 말은 격렬한 괴로움을

달래지 못하고, 화염을 누그러뜨리지도 못하며,
오히려 어쩔 수 없는 내 슬픔을 키울 뿐이오.
그 여성들은 아무리 치욕스럽고 냉혹하다 해도
결국에는 자신들의 끔찍한 목적을 이루었지요.
그렇게 그들은 슬픔을 곧바로 멈출 수 있었소.
그들은 마음이 사악했지만 그처럼 좋은 운명을 타고났지요.

44

"하나 비록 의도가 선해도 내 사악한 운명은
끝날 수도 없고, 내 소망을 이룰 희망도 없이
그림자만 먹는다오. 나는 기아로 죽어가는데
그래서 나는 아무 흠 없는 연민을 가지고서도
마치 그림자처럼 되어 사그라지고 죽어갑니다.
나는 어느 맑은 샘물에 비친 제 얼굴을 보고
그 모습에 현혹되어 그것과 사랑에 빠져버린
세피서스의 어리석은 아들보다 더 어리석어요.
더 어리석게도 육체가 멀리 추방된 그림자를 사랑한다오."

8 세피서스의 어리석은 아들(Cephisus foolish child): 나르시서스(Narcissus)를 가리킨다. 나르시서스는 물에 비친 자신의 모습을 실체라고 믿고 사랑했지만, 브리토마트는 자신이 실체가 없는 그림자를 사랑한다고 믿는다.

45

"그렇지 않아 (유모가 말했다) 그 불쌍한 애는
자기 자신을 허망한 연인으로 삼았기 때문에,

제가 제 연인이었기에 즐거움을 바랄 수도 없이
물속에 핀 한 송이 꽃으로 사그라졌던 것이다.
하지만 그대의 운명과 인생은 더 나은 것이니,
그림자가 아니고, 그것을 다스리는 육체가 있는
한 전투적인 기사의 모습을 사랑하기 때문이다.
그 육체가 어느 곳이든 머물고 있기만 하다면
암호나 마법의 힘을 통해서 알 수 있을 것이다.

9 암호(cyphers): 천문학적인 표시이거나 지리학적인 문자들, 혹은 마법의 기호나 문자를 가리킨다.

46

"그러나 만일 점점 커지는 재앙이 힘을 얻어
홀로 버려진 그대를 모두 점령해버리기 전에,
이성을 발휘하여 그놈을 제어할 수 있다면,
그대가 정당한 전투에서 맞아 쓰러질 때까지
그에게 강력히 대항하고 결코 항복하지 말라.
하나 열정이 그대의 연약한 힘을 굴복시켜서
사랑 아니면 죽음만이 그대의 숙명이 된다면,
내 그대에게 맹세컨대, 정당하게든 부당하게든
그대의 갈망을 달성하여 그 사랑하는 기사를 찾으리라."

1-3 이 대목은 브리토마트가 사랑의 신 큐피드 즉 악령에게 점령당한다는 의미로서 "점점 커지는 재앙"(growing evill)은 큐피드가 브리토마트의 가슴에 심어놓은 사랑, 혹은 큐피드 자신을 가리킨다.

47

용기를 북돋우는 그녀의 말은 상처 입은 처녀의
연약한 영혼을 크게 위로했고, 유모는 그녀가
잠들도록 따뜻한 침대에 눕혔다, 잠들 수 있다면.
그리고 그 노부인은 도움의 손길을 바삐 움직여
그녀 주위를 빙 둘러 휘장을 조심스레 쳐놓았다.
그렇게 하여 마침내 스멀스멀 대는 작은 수면이
그녀의 감각을 덮쳤다. 그러자 유모는 만족했고,
술 취한 등잔을 기울여 심지를 기름에 담그고는
그녀 곁에 앉아서 지켜보았고, 그녀 곁에 앉아서 울었다.

8 술 취한 등잔(drunken lampe): 등잔이 기름을 마시며 다오르는 깃을 가리키며, 유모는 등잔불을 불어서 끄면 나쁜 운을 불러들인다는 속설에 근거하여 등잔을 기울여서 불을 끈 것이다.

48

이튿날 아침 일찌감치 낮이 자신의 기쁨에 찬
얼굴을 온 세상에 드러내기 전에, 두 사람은
일어나자마자 즉시 교회를 향해 길을 잡았다,
크나큰 신앙심을 가지고 기도를 드리기 위해,
그렇지만 두 사람 모두 열의가 거의 없었다.
아리따운 여인은 사랑에 병든 마음 때문에
성스런 의식보다는 다른 생각에 몰두했으며,
저 노부인은 무의미한 주문을 수없이 되뇌어
딸의 마음에 깃든 애틋한 환상들을 되돌리려 했기 때문이다.

49

집에 돌아오자 저 왕족의 공주는 다시 예전의
발작에 빠져들었다. 왜냐하면 자신을 인도하고
다스릴 힘이 더는 남아 있지 않았기 때문이다.
그러나 늙은 유모는 그녀를 자기 방으로 불러
자신이 구해놓은 운향과 사비나향나무, 그리고
녹나무 꽃과, 칼라민트와 소회향을 모두 모아서,
이것들을 모두 흙으로 빚은 도가니에 쏟아 붓고,
콜트나무를 가장자리까지 넘치도록 채워 넣고
그 속에 우유와 피를 수없이 많이 방울방울 흘려 넣었다.

5-9 여기 등장하는 여러 가지 약초는 성욕을 감퇴시키고 불임을 유도하는 약재로서, 브리토마트의 사랑이 영국 왕실의 가문을 이루고 궁극적으로 엘리자베스 1세를 낳을 것임을 고려하면 유모의 행위는 지탄할 만한 것이다. 운향(Rew)은 약초이며, 사비나향나무(Sauine)는 인간의 내부와 장기에 있는 슬픔을 치유하는 데 도움이 된다고 알려져 있다. 녹나무 꽃(the flowre of Camphora)은 장뇌목이라고도 하며, 칼라민트(Calamint)는 박하 종류로 모든 부기를 가라앉히는 데 도움이 된다. 소회향(Dill)은 출산을 억제하는 효과가 있으며, 콜트나무(Colt wood)는 머위로서 처녀들의 사랑의 열정을 식혀주는 데 사용된다고 한다. 우유와 피(milke and bloud)는 지옥을 지배하는 악한 마법의 수호 여신 헤카테(Hecate)의 분노를 진정하는 효과가 있다고 알려져 있다.

50

그리고 그녀의 머리카락 세 가닥을 세 번 뽑아
세 가닥으로 꼬아서 세 겹의 끈을 만들어서는
도가니의 주둥이 부분에 두르고 끈을 묶었다.
그리고 잠시 사이를 두고 어떤 심오한 말들을
속삭인 후에, 나지막하면서도 공허한 목소리로

그 처녀에게 전했는데, 그녀는 세 번 말했다.
"와라, 딸아 와라, 와라. 내 얼굴에 침을 뱉어라,
세 번 침을 뱉어라, 내게 세 번 침을 뱉어라.
그러한 홀수가 이런 일에는 가장 적합한 것이란다."

51

그리고 유모는 그녀를 자기 주위로 돌렸는데,
태양의 진행과 반대 방향으로 그녀를 돌렸다.
반대 방향으로 세 번 돌린 후, 다시 거꾸로
세 번을 돌렸는데, 유모가 옳은 방향을 피해서
처녀가 했던 모든 것을 되돌려놓기 위함이었다.
그렇게 유모는 딸의 사랑을 없애려고 생각했다.
그렇지만 온유한 가슴에 들어가버린 사랑은
어떤 허망한 주문으로도 가볍게 없앨 수 없으니,
경험을 통해 그것을 검증해본 사람이 잘 입증해줄 것이다.

4 옳은 방향(the right): 태양의 진행과 같은 방향 즉 오른쪽으로 돌리는 것을 가리킨다. 유모는 오른쪽이 아니라 왼쪽으로 그녀를 돌렸다는 뜻인데, 전통적으로 오른쪽은 옳은 방향이며 왼쪽은 틀린 방향이라는 인식이 있었다.

52

그것은 귀한 처녀에게 아무 도움도 되지 않았고,
그녀의 잔혹한 불길의 격정을 달래지도 못하여,
그녀는 여전히 야위어가고, 여전히 울부짖었다.
오랫동안의 고뇌와 심장이 타는 듯한 갈망으로

칸토 2

머지않아 그녀는 스티지언 강 가에서 오랫동안
기다리고 있는 초췌한 유령의 모습처럼 변했다.
늙은 글로우스는 그것을 보고, 자신의 잘못으로
그녀가 잘못되었다는 원망을 들을까 두려웠지만,
이를 어떻게 고쳐야 할런지, 어떻게 견뎌야 할지 몰랐다.

5 스티지언(Stygian): 하데스(Hades) 즉 죽음의 땅인 지옥에 흐르는 것으로 알려진 스틱스 (Styx) 강의 형용사 형태. 그리스 신화에 의하면 스틱스 강은 하데스로 들어가는 경계가 되는 곳인데, 그리로 들어가려는 자는 강기슭에서 카론(Charon)이 노를 젓는 나룻배를 타고 건너가야만 한다. 죽어서 육체가 땅에 묻히거나 억울한 죽음에 대한 복수가 이루어진 자만이 이 강을 건널 수 있기 때문에 브리토마트의 모습에 비유되는 초췌한 유령은 아직 강을 건너지 못하고 오랫동안 기다리고 있는 것이다.

칸토 3

멀린은 브리토마트에게
아테걸이 누구인지 알려준다.
그리고 둘 사이에서 태어날
위대한 후손들을 밝혀준다.

1

살아 있는 가슴 속에 힘차게 붙타는 숭고한
불길은 태초에 천상에서 영겁의 천체와
찬란한 하늘을 밝혔고, 그로부터 인간에게
퍼부어져 사람들은 이를 사랑이라 부르니.
야비한 마음에 저급한 감정들을 부추기고
더러운 욕정을 타오르게 하는 감정과 달리,
진정한 아름다움을 흠모하고 미덕을 소중한
연인으로 선택하는 달콤한 열정을 가리키는데,
모든 숭고한 행동과 영원한 명예가 그로부터 솟아나온다.

2

선인들이 그대를 신으로 여긴 것은 마땅하다,
유한한 인간 마음에 그토록 큰 힘을 발휘해,
그대의 품성에 잘 어울리게 인간을 다스리고

인간들의 모든 행동을 바르게 인도하나니.
그대는 신성한 예지가 갖는 운명적인 목적을
그대의 은밀한 힘에 깃든 깊은 감동을 통해
그렇게 운명 지워진 후손들 안에 실현하니,
그 영웅들의 드높은 의지를 부추겨 올려서
후대의 세상이 놀라운 업적들을 기릴 수 있도록 하였다.

1 신(a God): 사랑의 신 에로스(Eros)를 가리키지만 그리스 신화의 에로스보다는 더 큰 개념이다. 플라톤의 『향연』(*Symposium*)에서 파에드러스(Phaedrus)는 사랑이 위대한 신이라고 주장한다.

3

그대의 무서운 화살로 정복한 사람 중에
그 위력을 이 고대 왕족의 처녀에게보다
맹렬하게 보여준 사람은 일찍이 없었으니,
쓰린 역경을 겪으며 수없이 알지도 못하는
연인을 찾아 세상 끝까지 헤매게 하였기에.
그대는 두 사람의 후손들을 훗날 혼인 침실의
산물 중에서 가장 유명하게 키워주었으니,
그들에 대한 활발한 칭송을 온 세상에 퍼뜨려
그 명성이 황금 나팔을 통해 영원히 퍼져나가게 하였다.

4

그러면 시작하라, 친애하는 신성한 여인이여,
피버스와 메모리의 딸이여, 그대는 옛적부터

전투적 영웅들에게 시들지 않는 이름을 주어
그대의 위대한 불멸의 책에서 칭송 받게 하나니.
시작하라, 클리오여, 설명해다오, 내 영광스런
군주의 훌륭하신 가문이 어디서 시작되었고,
그 어떤 응당한 과정과 길고 긴 시간을 거쳐
마침내 그대가 가문의 영광을 여왕 폐하에 이르게 했는지.

> **2-5** 클리오(Clio): 아홉 뮤즈(muses) 중에서 역사를 관장하는 뮤즈이다. 다른 뮤즈들과 마찬가지로 그녀는 제우스(Zeus)와 메모시네(Mnemosyne)의 딸인데 스펜서는 그녀를 태양(Phoebus)과 기억(Memorie)의 딸로 부른다. 4행의 "불멸의 책"(volume of Eternitye)은 역사서 즉 정사(chronicle)를 가리킨다. 여기서 스펜서가 서사시를 주관하는 뮤즈인 칼리오페(Calliope)를 부르지 않고, 역사를 관장하는 뮤즈를 부르는 것은 이제부터 그가 다룰 주제가 자신의 이야기가 아니라 영국의 역사이기 때문이다.

5

늙은 글로우스는 처녀의 슬픔을 치유하려고
마음을 쥐어짜며 여러 방법을 생각해보았다.
많은 방법을 찾아봤지만 별 대책이 없었고,
어떤 약초나, 주술이나, 상담도 병든 마음을
치유할 만한 최선의 치료약이 될 수는 없었다.
유모는 크게 근심했고, 더더욱 두려워했다,
만일 처녀의 다정한 아버지가 애지중지하는
딸의 힘겨운 불행에 대해서 듣게 된다면,
극심한 꾸중과 비난이 자신에게 돌아오게 될 것이었다.

6

마침내 유모는 생각했다. 상처 입은 그 처녀가
기이한 연인의 형상을 보았던 바로 그 거울을
만든 이라면, 바로 멀린이었는데, 그 남자가
하늘 아래 어느 땅에서 살고 있는지, 그리고
어떤 방법이 그 남자의 사랑을 얻을 수 있는
최선책이 될 것인지 잘 알고 있을 것이라고.
그가 만일 이스마엘 아프리카나 인도의 페루
너머에 있다고 해도 그녀는 끊임없이 노력하여
기어코 그를 찾아내고야 말겠다고 생각했기 때문이다.

7 이스마엘 아프리카(Africk Ismaell)나 인도의 페루(Indian Peru): 아프리카 북부에 사는 이
슬람 종족은 이슈마엘(Ishmael)의 후손이라고 여겼기 때문에 이스마엘 아프리카라고 불리
는 것이며, 페루는 남미 대륙의 서남쪽 끝에 있는 지역으로 간주되어 아메리카 대륙을 인도
로 여긴 당대의 관례에 따라 인도라고 부르는 것이다.

7

그래서 두 여인은 아무도 알아보지 못하도록
기이하고 남루한 옷차림으로 변장하고, 지금은
그 이름이 바뀌어서 케이머딘이라고 불리는
마리두넘 지역을 향하여 길을 떠나게 되었다.
현자 멀린은 (사람들이 말하기를) 옛날부터
그 장소를 거처로 삼았는데, 깊숙한 동굴로서
땅속 깊이 있어 빛이 미치지 못하는 곳으로,
그가 주변에 있는 자신의 정령들과 논의할 때
살아 있는 사람은 누구도 그를 발견할 수 없는 장소였다.

3-4 케이머딘(Cayr-Merdin)이라고 불리는 마리두넘(Maridunum): 웨일스 지방의 도시 카마 던(Carmarthen)을 가리키는데, 브리튼인들은 이 도시를 마리두넘(Maridunum)이라고 불렀다.

8

만일 그대가 우연히 그쪽으로 여행하게 되면
그 무시무시한 장소를 한번 찾아볼 일이다.
그곳은 (사람들이 말하기를) 디네부르 성의
숲을 굽이쳐 흘러넘치는 가파른 배리 강에서
조금 떨어진 지역에 자리하고 있는 어떤 바위
아래쪽에 있는 어느 끔찍하고 퀭한 동굴이다.
하지만 내 명령컨대 그대는 어떤 경우도 감히
그 무서운 침소에 들어가려고 하지 말지어다,
잔혹한 악귀들이 부지불식간에 그대를 삼킬까 두렵기에.

3 디네부르(Dynevowre): 디네보 성(Dynevor Castle)은 남부 웨일스의 왕가가 자리 잡은 지역이다.
4 배리 강(Barry): 웨일스에 있는 케이독스턴(Cadoxton) 강을 가리킨다.

9

다만 높은 곳에 서서 나지막이 귀 기울여보라,
거기서 쇠사슬과 황동 가마솥이 우르릉거리는
끔찍한 소리를 그대가 들을 수 있을 것인데,
수천의 정령들이 길고 끝없는 고통으로 내뱉는
그 소리는 그대의 약한 두뇌를 마비시킬 것이며,
너무도 엄청난 노역과 고통이 그들을 짓누르면

때때로 엄청난 신음과 처참한 괴성을 뱉어낸다.
또 바위 아래 깊은 곳에서 울려나오는 소리와
커다란 타격 음은 때때로 가장 무시무시하게 울려 퍼진다.

10

어떤 사람들에 의하면 그 원인은 이러하다.
멀린이 죽기 얼마 전에 마음에 다짐하기를
케어머딘 지역 주변을 빙 둘러싸는 황동의
성벽을 건설하겠다고 하고서 이 정령들에게
그 작업을 완벽하게 끝마치라고 명령하였다.
그 일을 하는 중에 그가 오랫동안 사랑해온
호수의 여인이 황급히 그를 부르러 보냈고,
이에 따라 그는 먼저 일꾼들을 두고 가면서
자신이 돌아올 때까지 일에 게으르지 않도록 일러두었다.

7 호수의 여인(the Ladie of the Lake): 아서 왕의 신화에 등장하는 호수의 여신을 가리킨다.

11

그런데 그 가증스런 여인의 흉계에 말려들어
그는 기습을 당해 무덤 아래 묻히게 되었고
다시는 자신의 일터로 돌아갈 수 없게 되었다.
그래도 그 악귀들은 작업을 멈출 수 없었는데,
그만큼 멀린의 명령을 두려워했기 때문이니,
그곳에서 밤낮으로 노역하고 온갖 애를 써서
마침내 그 황동의 성벽을 세우기에 이르렀다.

왜냐하면 멀린은 마법에 있어서 그 이전이나
이후에 살았던 그 누구보다도 더 깊은 조예가 있었기에.

12
그는 언어를 통해 해나 달을 둘 다 하늘에서
불러내어 자신에게 복종하게 할 수 있었으며,
대지를 바다로, 또는 바다를 메마른 대륙으로,
깜깜한 밤도 또한 대낮으로 바꿀 수 있었다.
그가 혼자서 거대한 무리의 인간을 무찌르고,
적들을 공격하겠다고 마음을 먹기만 한다면
아무거니 기지고 큰 군대를 만들 수 있었다.
오늘날까지 악귀들이 그의 명성을 두려워하고
누구라도 그 이름을 부르면 벌벌 떠는 이유가 그것이다.

13
사람들은 말하기를 그는 유한한 아버지나
어떤 인간의 자식으로 태어나지 않았으며,
교활한 정령이 만든 거짓 환영에 의해서
아름다운 수녀의 몸에 경이롭게 잉태되고
태어났다. 그녀는 예부터 마틸다라고 불렸으며,
퍼비디우스의 딸이었는데, 이 퍼비디우스는
마스라발의 영주로 태어났을 뿐만 아니라
암브로시우스의 왕과는 혈연관계에 있었다.
그래서 멀린은 그토록 놀라운 재주를 물려받은 것이었다.

1-5 몬머스의 제프리(Geoffrey of Monmouth)에 의하면 멀린은 아버지가 없으며 꿈에서 젊은 남성의 형상이 그의 어머니를 덮쳐서 태어났는데, 그때 그의 어머니는 수녀들과 함께 지내고 있었다. 스펜서는 그녀를 마틸다(Matilda)라고 부르는데, 고귀하고 명예로운 처녀라는 의미이다.

6-8 퍼비디우스(Pubiduis), 마스라발(Mathrauall), 암브로시우스(Ambrosius): 퍼비디우스는 웨일스의 도시인 마스라발 지역을 통치하는 왕의 이름으로 스펜서의 창작이다. 암브로시우스는 아서의 아버지 우서(Uther)의 형으로서 우서 직전에 왕이던 전설적 인물이다.

14

두 여인은 이곳에 도착하여 잠시 밖에 머물며
무모한 모험을 감행하여 들어가려 하지 않고,
그곳이 예고하는 위험에 대한 두려움 때문에
처음 의도에 대해서 다시 생각하기 시작했다,
마침내 굳센 처녀가 (유모를 사랑하기 때문에)
먼저 들어갔는데, 그곳에서 무서운 마법사가
알 수 없는 어떤 일에 깊이 몰두하고 있으면서
땅에 기묘한 문자들을 쓰고 있는 것을 보았다,
그것으로 그는 억센 악귀들을 자기 뜻대로 부리고 있었다.

15

그는 이미 그들이 올 것을 잘 알고 있었기에
이들의 대담한 등장에 전혀 동요치 않았다.
하지만 그들이 스스로 이유를 말하도록 했다,
세상 어느 은밀한 곳에 그가 알지 못하도록
감춰지거나, 태초부터 몰랐던 것이 있다는 듯.
그러자 글로우스가 말했다, "부디 용서하세요,

이처럼 갑작스레 당신 거처의 어두운 문을
느닷없이 밀치고 들어온 것을. 운명의 장난이나
아니면 다른 커다란 원인이 우리를 이곳으로 인도했답니다."

16
그는 계속하라고 일렀고, 그녀는 말을 이었다.
"이 총명한 처녀를 괴롭혀 그녀를 애달픈 곤경에
빠뜨려버린 지독한 재앙이 처음 닥쳐온 이후로
벌써 세 달이 제 오라버니에게서 빌려온 빛으로
세 번 아름답게 빛나고 세 번 시들어버렸네요.
그런데도 나는 그 재앙이 과연 무엇인지, 또는
어디서부터 온 것인지 정확히 짐작할 수 없어요.
하지만 내 이건 알고 있어요. 그대가 그녀를
구해주지 않으면 나는 그녀가 곧 죽는 걸 보게 될 거예요."

4-5 아홉 달이라는 뜻. 달의 오라버니(brother)는 태양을 가리킨다.

17
그러자 마법사는 그녀의 부드러운 말을 듣고
그녀가 여성의 교활함으로 자신을 속이는 것을
잘 알고 있었기에 조용히 미소 짓기 시작했고,
그녀에게 말했다, "할멈, 당신의 말대로라면
아가씨에게는 내 기술보다 의사가 더 필요하니,
공연히 마법의 주문에서 효험을 찾으려 말고
다른 데서 도움을 구하는 것이 좋을 것이오."

늙은 여인은 그 말을 듣고 반쯤 하얘졌지만
여전히 자신의 목적을 분명하게 드러내기를 꺼렸다.

18
그리고 그에게 계속했다, "어떤 의술이나
현명한 방법으로 여기 내 사랑하는 딸에게
깊이 새겨진 병을 고칠 수 있기만 했다면
결코 당신을 귀찮게 하지는 않았을 겁니다.
그러나 그녀를 감싸고 있는 끔찍한 재앙은
자연적 인과 과정을 훨씬 더 넘어 존재하며,
그녀의 빈 가슴 속에 집을 짓고 들어앉아서
저주 받은 마녀나 사악한 정령의 소행처럼
그녀의 마음에 그토록 엄청난 고통을 주고 있답니다."

19
마법사는 더는 그녀의 넋두리를 참지 못하고
갑자기 웃음을 터뜨리면서, 그녀에게 말했다.
"글로우스, 이미 뻔히 아는 원인을 감추려고
말을 빙빙 돌려 할 필요가 무엇이란 말이오?
또한 어여쁜 브리토마티스, 그렇게 입었다고
구름 장막 속의 태양보다 덜 드러날까 보냐.
그대의 훌륭한 운세가 그대를 운명에 복종시켜,
도움을 요청하기 위해 이곳으로 데려왔으니.
권능을 가진 자가 기꺼이 그대에게 그것을 내보이리라."

20

미심쩍은 처녀는 제 정체가 드러난 것을 알고
매우 당혹스러워했고, 순결한 상아빛 얼굴은
갑작스레 맑은 카네이션 빛깔로 물들어버렸다.
마치 급히 떠오르고 있는 아리따운 오로라가
얼굴을 붉힘으로써 자기 자신이 밤새도록 늙은
티토누스의 언 침대에 누워 있었다고 말하면서,
속으로는 그 사실을 수치스러워하는 것처럼.
하지만 늙은 유모는 전혀 낙담하지 않았으며,
오히려 그것을 기회로 이용했고, 멀린은 이를 간파했다.

4-6 오로라(Aurora)와 티토누스(Tithonus): 그리스 신화에 의하면 새벽의 여신 오로라는 제우스에게 자신의 연인 티토누스가 영원히 살 수 있게 해달라고 청했지만 영원히 젊음을 유지하게 해달라는 말을 빠뜨려 티토누스는 늙어가며 영원히 살게 되었다.

21

유모가 말했다, "당신이 우리 고통을 다 아시니
(당신이 모르는 게 있겠어요?) 자비를 베풀어
우리 처지를 동정하여 적절한 해결책을 주세요."
그러자 그 예언자는 잠시 침묵을 지키다가
자신의 속내를 이런 말로 드러내기 시작했다.
"운명의 가르침을 통하여 사랑을 배우게 된
가장 고귀한 처녀, 시작이 험난하다고 해서
전혀 낙담치 말라, 험난함이 먼저 그대를 찾아
예리한 고통으로 그대의 약한 가슴을 심히 짓누르고 있지만.

22

"훌륭한 것은 모두 그렇게 시작되는 법이며
또한 깊이 뿌리내린 나무만이 거대한 몸통에
붙은 가지들을 쉬지 않고 뻗어내어 마침내
가지가 하늘에 닿을 때까지 자라나는 법이다.
그대의 배에서 고대 트로이인의 혈통을 받은
한 유명한 가문이 태어날 것인데, 이 가문은
그동안 잠들어 있던 고대 조상들이 이루어낸
업적을 되살려낼 것이다. 그리스와 아시아의
강들을 자신들의 피로 물들인 그들은 하늘의 종족이었지.

9 하늘의 종족(the heaven's brood): 고대 트로이인을 가리키는 것으로, 영국인들은 자신들의 선조인 브루트(Brute)가 트로이의 왕자인 아에니우스(Aeneas)의 증손자라고 믿는다.

23

"명성을 떨친 왕들과 성스런 황제들은 그대의
풍성한 자손들이며 그대로부터 이어질 것이다.
용맹스런 장군들과 가장 위력 있는 전사들은
모든 대지에 뻗어나가 그곳을 정복할 것이며
쇠약해진 자신의 왕국들을 다시 세울 것이다.
오랜 전쟁으로 허물어진 연약한 브리튼 왕국을
그들이 다시 일으켜 세우고, 멀리서 닥쳐오는
외국의 적들과 마주하여 담대히 지켜낼 것이다,
마침내 모든 문명에 속한 만민에게 평화가 정착할 때까지.

24

"브리토마트여, 그대가 자기도 모르게 마법의
거울을 보게 된 것은 그대의 잘못이 아니라,
영원한 섭리가 조정하는 천상의 운명에 의한
올바른 과정이었다. 바로 그것이 그대의 시선을
인도하여 그 뜻을 이루도록 한 것이었느니라.
그 누구보다도 용맹한 기사를 사랑하는 것은
나쁜 운수도 아니오, 악한 운명 때문도 아니다.
그러니 그의 뜻에 그대의 미래를 맡길 것이며,
그러니 온갖 필요한 방법을 써서 그대의 숙명을 이루어라."

8 그의 뜻(his will): 여기서는 하늘의 섭리(heavenly destiny)를 가리키지만, 동시에 장차 브리토마트의 남편이 될 아테걸(Artegall)의 뜻을 가리키는 것으로 볼 수도 있다.

25

(글로우스가 말했다) "마법사여 말해주시오,
그 남자를 어디서 찾고, 어떤 방법으로 찾으며,
어디로 가야 하는지, 어떻게 알아볼 수 있는지.
또한 운명이 이미 스스로 이루어야 할 목적을
정해놓았다면, 그녀가 애쓸 필요가 무엇이오?"
멀린이 말했다. "과연 운명은 고정된 것이며
온 세상이 흔들린다 해도 움츠러들지 않는다.
그래도 인간의 선한 노력으로 그를 확정하여
천상의 목적이 지속적으로 이루어지도록 해야 하는 법.

26

"하늘이 브리토마트의 배우자가 될 것으로
지정한 남자는 바로 아테걸이라는 자이다.
그는 요정의 나라에 살고 있기는 하지만
요정으로 태어나진 않았고, 엘프의 친척도
전혀 아니며, 속세의 자손으로 태어났지만
갓난아기의 요람에서 기어 다니고 있을 때,
나쁜 요정이 그를 그곳에서 훔쳐낸 것이다.
오늘날까지도 그는 자신이 엘프에 의해서
페이의 몸을 통하여 태어난 존재라고만 알고 있단다.

* 1권의 주인공 레드크로스의 출생과 마찬가지로 아테걸은 요정(fairy)이 아니라 영국인이다. 요정의 나라, 또는 선녀의 나라는 스펜서의 창작이므로 실제로 엘리자베스 여왕의 선조라고 스펜서가 주장하는 브리토마트와 아테걸을 요정이라고 할 수는 없었을 것이다. 요정의 나라에서 남성은 엘프(Elfe)라고 부르며 여성은 페이(Fay)라고 부른다. 2권의 칸토 10에 설명되어 있는 요정의 역사를 참조할 것.

27

"그러나 사실상 그는 골로이즈의 아들이며
콘월 지역의 왕인 카도어와는 형제지간이다.
태양이 바다에서 솟구치는 지역으로부터
그날의 저녁이 저무는 지역에 이르기까지
그의 전투적인 명성은 드넓게 퍼져 있단다.
거기서 성실한 맹세로 그를 단단히 붙잡아
그가 태어난 이곳으로 다시 데려올 것이며,
전력으로 그의 나라를 도와서 그대의 땅을

침범하는 외국 이방인들의 세력과 맞서도록 하여라.

* 27연부터 50연까지 이어지는 영국사에 대한 멀린의 설명은 역사적 인물인 아테걸에서 시작해 엘리자베스 여왕의 출현을 예고하는 예언으로 끝난다. 42연까지 16연은 브리튼족과 색슨족의 투쟁을 다루는데, 색슨족의 승리로 종결된다. 그 다음 8연은 브리튼족이 튜더 왕조를 통해서 다시 통치권을 회복하는 800년의 과정을 다룬다. 처음 200년은 색슨족의 통치, 다음 200년은 노르만(Norman)족의 통치를, 마지막 400년은 튜더 왕조가 등장하는 과정을 그린다.
1 골로이즈(Gorlois): 콘월(Cornwall) 지역의 영주로서 이그레나(Igerna)이나 이그레인(Igrayne)이라고 부르는 여성을 아내로 두었다. 2권에 서술된 요정의 나라 역사는 우서 펜드래곤(Uther Pendragon)에서 끝이 나는데, 아서 왕의 신화에 의하면 우서는 이그레인을 탐하여 멀린의 도움으로 골로이즈의 모습으로 변하여 이그레인과 동침하였다. 그로 인해 태어난 아기가 아서이다. 아테걸이 골로이즈의 아들이라면 그는 아서와 이부형제인 셈이며, 그래서 아테걸(Art-egall), 즉 "아서와 동등하다"는 뜻의 이름을 얻게 된 것이다.
2 카도어(Cador): 몬머스의 제프리(Geoffrey of Monmouth)에 의하면 콘월의 영주는 아서를 도와주었고, 아서는 자신의 왕관을 카도어의 아들인 콘스탄틴(Constantine)에게 물려주었다. 이 때문에 스펜서가 아테걸과 카도어를 형제간이라고 부른 것으로 보인다.

28

"그의 막강한 위력에 커다란 힘을 보태주고
무서운 이름을 그 참혹한 날에 떨칠 것인데,
그곳에서 그대는 자신의 용맹무쌍한 위용을
증명하듯 연인과 함께 많은 적을 죽이리라.
너희 둘은 오랫동안 치열한 전투를 겪는데,
그대는 배가 불러 전투에서 물러나게 되며,
마지막 운명이 그를 너에게서 앗아가리라.
숨은 적들이 꾸민 흉악한 음모가 그를 곧
고립시키고 그를 지독한 곤경에 빠뜨리게 될 것이다.

29

"하지만 그는 그대와 이전의 위력에 대한
기억을 되찾을 것이고, 죽어서도 그 모습은
산 자의 행동을 통해서 그대에게 온전히
드러날 것이다. 그의 아들은 두려움 없이
제 사촌인 콘스탄티우스의 머리에서 왕관을
빼앗으리라. 그것은 그의 아버지의 것이었고,
다른 자를 제치고 자신이 왕관을 쓸 것이다.
그런 후에 그는 무시무시한 힘을 발휘하면서
색슨족 적들을 상대로 피비린내 나는 전투를 벌이게 된다.

4 스펜서는 여기서 의도적으로 아테걸의 아들 이름을 밝히지 않고 있다. 하지만 몬머스의 제프리(Geoffrey of Monmouth)에 의하면 아서는 조카인 모드레드(Modred)와 치른 전쟁에서 치명적인 상처를 입고 왕국을 콘스탄틴에게 물려주었는데, 콘스탄틴은 왕국을 3년간 통치한 후 조카인 코난(Conan)에게 살해당했다.

30

"마치 졸린 동굴 안에서 오랫동안 잠자던
사자 한 마리가 스스로 잠에서 떨쳐 일어나
돌진해 나오는 것처럼, 그는 자신의 용맹스런
깃발로 혼란에 빠진 남부 지역을 덮을 것이고
전투적인 머시아족은 두려움에 벌벌 떨리라.
그는 세 번 그들과 싸워서 모두 이길 것이고,
세 번째에는 적절한 타협을 이루어낼 것이다.
그리고 나면 그는 승리를 안고 떠날 것이며,
이 생에서의 나머지 날들을 평화롭게 마치게 될 것이다.

5 머시아족(Mertians): 남부의 머시아(Mercia) 지역에 살던 종족. 전투적인 종족이라는 것은 그 이름의 어원 즉 전쟁을 뜻하는 'mart' 때문이다.

31

"보티포어라고 불리는 그의 아들이 대를 이어
왕국을 다스리겠지만 행복하지는 못할 것이다.
하지만 그는 오랫동안 전쟁에서 승리를 얻고
수많은 전투를 치르면서 큰 명예를 얻게 된다.
그러다 마침내 그는 적대적인 운명의 요구에
자기 자신을 내어줄 수밖에 없게 될 것이다.
그러나 그의 아들 말고가 막강한 힘을 발휘해
창과 방패를 가지고 아버지의 패배를 되갚고,
승리의 전장에서 교만한 적들을 완전히 무찌를 것이다.

* 여기서부터 50연에 이르기까지 스펜서는 영국의 역사를 비교적 충실히 따른다. 색슨족은 브리튼족을 웨일스 지방으로 몰아내고 영국을 다스리는데, 웨일스 지방은 전통적으로 아서의 고향이며 튜더 왕조의 고향이다. 색슨족은 200년을 다스리다가(44~46연) 오늘날 덴마크 지역의 데인족(Danes)에게 패배한다. 그리고 두 종족 모두는 뉴스트리아(Neustria)의 사자라고 불린 노르만의 정복자 윌리엄(William the conqueror)에게 패배한다. 그리고 400년 후에 튜더 왕조의 설립자인 헨리 7(Henry VII)세가 등장하는 것이다.
7 말고(Malgo): 몬머스의 제프리(Geoffrey of Monmouth)에 의하면 그는 엄청난 힘의 소유자였으며 동시에 가장 아름다운 남성이었다.

32

"이 남자를 보고 내게 말하라, 브리토마트여,
그대는 이보다 더 훌륭한 자를 본 적이 있는가.
사나이다운 그의 지체는 얼마나 거인 같으며,
얼마나 위풍당당한 위엄을 지니고 있는지,

흡사 옛날 영웅들 중 한 사람처럼 보이는구나.
옛적에는 모두 위대한 브리튼에 속해 있었던
여섯 개의 섬들을 그가 모두 복속시켜 다시
하나의 국가로 만들겠고, 각각의 섬을 통치하는
여러 명의 왕들은 모두들 그에게 충성을 맹세할 것이다.

7 여섯 개의 섬들(six Islands): 아이슬랜드(Iceland), 노르웨이(Norway), 오크니 지역(Orkneys), 아일랜드(Ireland), 고트랜드(Gotland)와 덴마크(Denmark)를 가리킨다.

33

"이 모든 것을 한동안 그의 아들 카레티커스가
잘 지켜낼 것이며, 색슨족의 힘을 제압하리라.
그러다가 알지 못하는 땅에서 그곳에 도착하는
왕이 다수의 힘을 가지고 그를 압도하게 된다.
위대한 고몬드는 엄청난 위세를 가지고 섬을
정복하고서, 그곳에 자신의 왕국을 세우는데,
마치 허공을 가르고 떨어지는 날렵한 수달처럼
그의 종족인 수많은 노르웨이 족속들이 모두
바다를 건너 헤엄쳐 와서 브리튼의 적들을 도울 것이다.

1 카레티커스(Careticus): 몬머스의 제프리(Geoffrey of Monmouth)는 그를 케레딕(Keredic)이라고만 언급한다. 다른 내용은 스펜서의 창작이다.
5 고몬드(Gormond): 아프리카의 왕으로도 알려져 있으며, 스펜서는 그 이름의 어원 즉 탐욕(gourmand, glutton)을 부각하려는 듯 보인다.

34

"그는 분기탱천하여 모든 것들을 황폐화시키고

신앙이 없는 손길로 성스러운 교회를 파괴하여,
그대의 가엾은 국민들은 너무도 지치고 힘들어
아주 높은 산으로 황급히 도망치게 될 것이다.
그처럼 심하게 황폐한 곳은 어디에도 없었으며
누구도 그처럼 지독하게 유린한 적이 없었다.
그들은 그대의 도시 전부를 약탈하고 파괴하며
자라나는 녹색의 초목들까지도 불태워버려서
심지어 들짐승들도 자신들의 굴에서 굶어 죽을 것이다.

35

"이처럼 그대의 브리튼인들이 힘들고 지칠 때,
어거스틴의 야심찬 외지를 수행할 목적을 품은
당당한 에텔드레드가 북쪽에서 봉기할 것인데,
그는 험난한 수고를 거쳐서 디 강을 건너서
용감한 브록웰을 두 번이나 물러가게 하고는
살육당한 순교자들로 뱅거를 가득 채우리라.
하나 세 번째에는 자신의 무모함을 통탄하리니,
자기 백성들의 고통을 가엾이 여긴 캐드완이
단호하게 그를 무찌르고 수천의 색슨인들을 죽이리라.

2 어거스틴(Augustine): 신학자 어거스틴이 아닌 캔터베리의 어거스틴으로서, 교황 그레고리
  1세(Pope Gregory I)는 앵글스족(Angles)을 교화하기 위하여 그를 영국으로 파견하였다.
4 디 강(Dee): 웨일스 북부와 잉글랜드의 서쪽을 지나는 강이다.
6 뱅거(Bangor): 웨일스 북부에 있는 도시 이름.

36

"하지만 그가 죽은 후 캐드왈린은 힘을 가지고
그의 아들 에드윈에게 잘못한 값을 치르게 한다.
거짓된 펠리트의 사악한 마법을 가지고도 그가
목적하는 바를 막을 수 없게 되며, 그는 결국
에드윈을 살해할 것이고, 싸늘한 교수대 위에서
마법사에게 자신의 죗값을 치르게 할 것이다.
그러면 그동안 억눌리고 약해진 브리튼 인들은
오랜 노예 생활에서 벗어날 용기를 회복하면서
마음에 사무친 분노를 가지고 이방의 적들에게 복수할 것이다.

1 캐드왈린(Cadwallin): 그는 캐드완(Cadwan)의 아들인데 에텔드레드(Etheldred)의 아들인 에드윈(Edwin)을 죽인다.

37

"하지만 아직도 그의 분노는 가라앉지 않으며,
결국 그는 에드윈의 아들인 오프릭과 오스릭을
모두 살해하게 되는데, 불행한 두 쌍둥이는
전투 중에 레이번 평원에서 살해당할 것이다.
거기서 아딘이라는 이름으로 불리던 루시안의
왕과 오크니의 왕이 그들과 함께 죽음으로써
죽음에 이르는 그들의 고통에 동반자가 되리라.
하지만 펜다는 같은 운명에 처해질까 두려워서
스스로 그의 부하가 되겠다며 항복하고 충성을 맹세한다.

5   루시안(Louthiane): 스코틀랜드를 가리킨다.

38

"그는 펜다를 자신의 치명적인 도구로 삼아서
굴복하지 않은 다른 색슨인들을 괴롭히리라.
그는 거만한 격정을 가지고 앞으로 진군하여
훌륭한 왕 오스왈드와 마주쳤는데, 이 왕은
천상의 힘이 있고, 천사들의 보호를 받으려고
모든 군대가 두 손 높이 십자가를 들게 하여
피 한 방울 흘리지 않고 그를 격퇴할 것이다.
그리하여 그 전장은 영원히 기억에 남을 것이며
후손들이 그곳을 가리켜 천상의 들판이리고 부를 것이다.

39

"이에 대노한 캐드왈린은 진군 명령을 내리고
엄청나게 많은 군대가 노섬버 지역으로 몰려가,
신앙심 깊은 오스왈드를 정복하게 될 것이며
신성한 그의 머리에 순교의 왕관을 씌울 것이다.
그의 아우 오스윈은 그러한 두려움에 사로잡혀
은을 지불하고 자신의 왕국을 매수하게 되고,
펜다는 캐드왈린을 짓밟을 방도를 찾으려다가
자신이 짓밟히고 처참하게 죽음을 맞게 되는데,
오스윈은 선물을 바쳐 주군인 캐드왈린을 진정시키리라.

7   펜다(Penda)와 캐드왈린(Cadwallin): 몬머스의 제프리(Geoffrey of Monmouth)에 의하면

펜다가 오스왈드(Oswald)를 죽이는데, 작품에서 스펜서는 펜다가 캐드왈린에게 죽는 것으로 서술한다.

40

"그 후에 캐드왈린은 죽을 것이며, 그와 함께
브리튼에 대한 그의 통치도 끝나게 될 것이다.
훌륭한 캐드왈라더가 온갖 노력을 해보지만
그의 힘으로 대세를 돌이킬 수 없게 되리라,
운명에 의해 이미 정해진 기한이 된 것이고,
브리튼 정복은 그것으로 시효가 다하게 된다.
왜냐하면 바로 하늘이 이들의 성공을 시샘하여
전염되는 역병과 흑사병을 창궐케 하여 그들을
소탕하고, 마침내 그들의 전투적인 위력이 소진되기에.

3 캐드왈라더(Cadwallader): 캐드왈린의 아들로서 실제로는 12년간 영국을 통치하지만 스펜서는 이를 무시한다.

41

"하지만 이 모든 괴로움과 죽어가는 사람들이
커다란 산처럼 쌓이는 팔 년의 기간 동안에도,
캐드왈라더는 제게 닥친 불행에 굴하지 않고
자신이 오랫동안 비참하게 살았던 아모릭에서
자신이 태어난 곳으로 되돌아가려 하겠으나
환상 때문에 뜻을 이루지 못하고 있을 것이다.
하늘이 브리튼인들의 죄에 대한 응분의 처벌로
그들을 추방하도록 명하였으며, 색슨인들에게

그들에 대한 통치권을 넘겨주도록 정하였기 때문이다.

4 아모릭(Armoricke): 브리타니(Brittany) 즉 영국을 가리킨다. 캐드왈라더가 태어난 곳은 색슨족의 고향인 북유럽이다.

42

"슬프고 슬프도다, 영원한 슬픔이 도래하나니,
앞으로 태어나게 될 브리튼의 아기들은 모두
자기 아버지의 적들에게 속박된 채 살리라.
왕이 이제는 포로가 되고, 군주가 버림받으며
세상의 치욕이며 잔혹한 승자의 조롱거리가 되어
제왕의 침실에서 쫓겨나 황량한 숲으로 가누나.
오, 누가 있어 나와 함께 통곡하고, 슬퍼할거나,
자신들의 왕국을 가장 오랫동안 이곳에 건설한
고대 트로이의 혈통을 타고난 제왕의 후손들을 위해서."

43

그 처녀는 마음 깊이 감정이 솟구쳐 일었다,
멀린의 슬픔과 그가 분명히 제시해준 것처럼
미래에 고난을 받을 자신의 백성들 때문에.
그리고 슬피 한숨 쉬며 마침내 이렇게 말했다.
"아, 하지만 하늘의 분노가 결코 시들지 않고
엄청난 처벌도 끝내 완화되지 않는 법인가요?
기나긴 재난이 끝내 자비로움을 낳지 못하고
그들의 이름이 영원무궁토록 손상될 것이며

그들에 대한 기억은 세상에서 아주 지워진단 말입니까?"

44

(그가 말했다) "아니지, 다만 조건이 까다로워,
브리튼인들은 이러한 속박 속에서 살게 되리라.
그리고 또한 완전한 혁명이 일어나게 되어 있어
오히려 그들이 이방인인 것처럼 알려질 것이다.
왜냐하면 그들이 원래의 통치권을 되찾게 되고
잔인한 이전의 운명을 모두 충족하기까지는
사백 년의 세월이 두 번 지나야 하기 때문이다.
그렇지만 이처럼 가장 미천한 시기에도 때때로
그들 중에서 광채가 퍼져 나와 사람들이 똑똑히 보리라.

7 사백 년의 세월이 두 번(twise foure fundreth yeares): 캐드왈라더의 죽음부터 헨리 7세가 즉위하기까지는 800년이 걸렸다. 이는 앵글로 색슨(Anglo-Saxon)족의 침략이 있었던 600년부터 헨리 7세가 장미전쟁을 끝내고 영국을 통일한 1400년대까지를 의미한다.

45

"이름 앞에 위대함이라는 말이 붙을 로더릭은
스스로를 용감함의 표본으로 과시할 것이며,
색슨의 왕들이 그와 친구가 되기를 청하리라.
또한 호웰다는 정의와 진리에 대한 지식과
남을 배려하는 깊은 마음을 부여 받게 되리라.
그리고 그리피스 코난은 남들이 두려움에 떠는
자신의 머리를 높이 들고 원주민의 용기라는

옛날의 불꽃을 다시 켜서, 그의 적들은 그가
자신의 왕국을 다시 되찾아갈까봐 두려워할 것이다.

1-6 로더릭(Rhodoricke), 호웰다(Howell Dha), 그리피스 코난(Griffyth Conan): 세 사람 모두
웨일스의 왕들이다. 로더릭은 844년경 웨일스를 다스렸고, 호웰다는 948년에 죽었으며,
그리피스 코난은 1136년에 죽었다.

46

"색슨족도 자신들이 브리튼인에게서 빼앗아
처음엔 서툴게 후에는 사악하게 통치하게 된
왕위를 끝까지 평화롭게 누리지는 못할 것이다,
왜냐하면 이백 년의 기한이 채 소진되기도 전에
해가 뜨는 머나먼 곳에서 길가마귀 한 마리가
양 날개를 넓게 펼치고 흉포하게 그들을 덮쳐,
신앙심 없는 제 새끼들로 하여금 풍성한 들판을
마구 헤집고 다니면서 극심한 잔혹함을 가지고
승리자의 허영심을 마구 짓밟아 이들의 복수를 하게 했으니.

5 갈가마귀(Rauen): 덴마크인(the Danes)을 가리킨다. 이들은 이교도들로서 787년경 갈가마
귀가 그려진 깃발을 내세우며 영국을 침범하였다.

47

제삼자가 두 종족과 그대 자손들을 정복한다.
맞은편 해안의 숲에서 뉴스트리아의 사자가
포효를 지르며 닥쳐올 것인데, 그의 부하들은
굶주린 개처럼 호전적이고 용맹한 족속이다.
이들은 그보다 전에, 마치 나무라도 되는 듯이

덴마크 폭군의 머리를 쪼개고, 왕관을 탈취해
거기서 나온 엉긴 피에 발톱을 담근 자들이다.
이 사자는 정복한 나라에서 탈취한 전리품을
제멋대로 아무렇게나 제 자식들에게 나누어줄 것이다.

2 뉴스트리아의 사자(Lyon … of Neustria): 1066년 영국을 침공한 노르만족의 윌리엄 1세(William I)를 가리킨다.

48

"그렇지만 그 정해진 기한이 다 찰 때가 오면,
불씨 한 덩이가 오랫동안 스스로 잿더미 속에
몸을 감추고 있다가 갈퀴에 걸려 나올 것인데,
그가 추방을 당해 웅크리고 있던 풍요로운
모나 섬에서부터 다시 불붙어 피어날 것이다.
그 불꽃은 활활 타오르는 밝은 불길로 일어나
집안 전체를 불태우게 될 것이며, 위엄 있는
왕가의 지위와 군주의 이름을 얻게 될 것이니.
그렇게 해서 브리튼 혈통은 자신의 왕관을 되찾으리라.

5 모나(Mona): 북부 웨일스의 앵글시 섬(Anglesey Island)를 가리키는 것으로, 이 섬은 헨리 7세가 태어난 곳이다. 랭커스터(Lancaster) 가문 출신인 헨리 7세는 왕위를 차지하자 적이던 요크(York) 가문의 딸을 왕비로 맞음으로써 100년을 이어오던 장미전쟁을 종식시켰다.

49

"그때부터 국내에서 서로 대치하던 집단끼리
항구적인 결속이 이루어질 것이며, 신성한
평화는 전투적인 마음들을 따뜻하게 설득하여

자신의 선한 지식을 배우도록 해서, 더 이상
백성끼리 서로 싸우는 일을 못하도록 하리라.
그 후에 한 왕족의 처녀가 통치하게 될 텐데,
자신의 흰 지팡이를 벨기에 해변에 이르도록
뻗쳐서, 거대한 성채를 아주 심하게 내리쳐
그것이 벌벌 떨다가 곧바로 무너지도록 만들 것이다.

5 백성끼리 서로 싸우는 것(civile armes): 잉글랜드 내부, 혹은 잉글랜드와 웨일스 사이의 불화를 말한다.
6 한 왕족의 처녀(a royall virgin): 엘리자베스 여왕을 가리키는데, 그녀는 네덜란드와 화친했으며, 무적함대를 격파하여 스페인의 필립 2세(Philip II)를 굴복시켰다.
7 흰 지팡이(white rod): 엘리자베스 여왕이 가진 권위의 상징이다.
8 거대한 성채(the great Castle): 스페인 캐스틸(Castile) 지방 필립 왕의 무적함대(Armada)는 흔히 거대한 성채라고 불렀다.

50

"하지만 아직도 끝은 아니다." 여기서 멀린은
흡사 영혼의 힘에 압도당했거나, 자기 자신은
은밀하게 보았지만 남에게 보여줄 수는 없는
다른 무서운 광경에 놀란 것처럼 말을 멎었다.
반쯤 무아의 황홀경에 빠진 갑작스런 발작을,
두려움에 사로잡힌 두 여인이 보게 되었을 때,
그들은 어쩔 줄 모르고 매우 혼란스러워했다.
마침내 격정이 지나가자 멀린은 다시 원래의
낯빛으로 되돌아왔고 처음의 유쾌한 표정을 드러냈다.

51

그런 후에 두 여인은 그들이 물어볼 필요가
있었던 모든 사안에 대해 낱낱이 배우고 나자,
두 사람 모두 즐거운 위안에 대한 희망을 품고
가벼워진 마음으로 집으로 돌아오게 되었다.
거기서 그들은 꼭 붙어서 은밀히 논의했다,
어떻게 하면 그처럼 난감한 과업을 성취하고
원하는 목표물을 손에 잡을 수 있을지를.
두 여인은 이렇게 혹은 저렇게 궁리를 했고,
타국인으로 변장하기 위해 다양한 방책들을 고안해냈다.

52

결국 유모는 대담한 기지를 발휘하여 과감한
방법 하나를 생각해내고는 이렇게 말했다.
"딸아, 내 생각에 언제나 가장 적절한 방법은
필요한 만큼 그 시대를 이용하는 것일 것이다.
알다시피 지금 훌륭하신 왕 우서가 이방의
형제들을 상대로 격렬한 전쟁을 벌이고 있는데,
최근에 케어 베롤레임 싸움에서 승리하여
옥타와 오자라고 불리는 저 이방의 형제들을
쳐부숴 현재 빛나는 무장들로 온 브리타니가 불타고 있다.

7 옥타(Octa)와 오자(Oza): 몬머스의 제프리(Geoffrey of Monmouth)에 의하면 헹기스트(Hengist)의 아들 옥타와 그의 친척인 오자는 470~480년경 우서 펜드레곤(Uther Pendragon)을 공격했다. 이 시기는 역사적으로 아서가 처음으로 등장하는 때이다.

8 케어 베롤레임(Cayr Verolame): 베룰람(Verulam)이라는 이름의 고대 도시이며, 현재의 영국 잉글랜드 하트퍼드셔 주 세인트올번스(St. Albans) 지역이다.

53

"그러니 아무도 우리 갈 길을 방해하지 못하게
우리 자신을 거짓 무장으로 위장하도록 하고,
연약한 우리 손에 (필요가 새 방도를 제공하니)
무시무시한 창과 방패를 들려 사용하도록 하자.
아직까지 어떤 여성도 전투적인 복장을 하기에
너만큼 적합한 처녀는 없었단다. 커다란 키에
기다란 팔다리는 험난한 과업을 이룰 만하고
약간의 기술 외에는 부족한 게 없는데, 그것도
조금만 연습하면 곧 처녀 투사가 되기에 손색이 없으리.

54

"사실상 네가 들어서 용기를 불태울 말이 있다.
너도 그보다 전혀 뒤지지 않는 가문 출신이지만,
저 왕족 가문에서 종종 들려오는 이야기인데,
방랑 시인들은 용감무쌍한 남성들과 겨루어서
수많은 모험적인 결투를 치러낸, 수없이 많은
용맹한 여성들에 대한 이야기를 하곤 한단다.
승리의 업적을 통해서 로마를 벌벌 떨게 한
대담한 번두카가 있고, 막강한 구엔돌린이나,
저 유명한 마시아가 있는가 하면, 가공할 에밀린이 있다.

8-9 번두카(Bunduca)는 타시터스의 보우디카(Boudicca of Tacitus)를 가리키는 이름으로서, 그녀가 기원후 60년경 로마인들을 상대로 싸운 이야기는 영국에서 아직도 인기 있는 설화 중 하나이다. 그녀는 2권 칸토 10의 54~56연에도 등장한다. 구엔돌린(Guendolen)은 콘월의 왕이었던 코리네우스(Corineus)의 딸인데, 부정을 저지른 남편 로크린(Locrine)을 죽이고 후에 15년간 콘월 지역을 통치하였다. 2권 칸토 10의 17~19연을 참조할 것. 마시아(Martia)는 귀들린(Guitheline)의 부인이었는데 생전에 큰 칭송을 받았다. 2권 칸토 10의 42연을 참조할 것. 에밀린(Emmilen)은 아마도 콘월 지역의 여왕으로서 트리스트람(Tristram)의 어머니이거나 샤를르마뉴(Charlemagne) 황제의 딸로 추정된다.

55

"그리고 다른 모든 이들을 합친 것보다 강한
최근의 본보기가 있다, 두 눈으로 직접 봤지.
우서가 저 외국의 이교도들을 상대하여 싸운
메네비아 지역의 전투가 있기 바로 전 전장에서
내가 본 색슨의 처녀는 피비린내 나는 전장에서
막강한 울핀을 세 번이나 무찔렀으며, 만일에
카라도스가 그녀의 손을 붙잡아 성급한 복수를
막지 않았더라면 분명히 그를 죽였을 테지만,
정작 카라도스 그 자신은 힘겹게 그녀에게서 탈출했다.

4 메네비아(Menevia): 오늘날의 영국 웨일스 디버드 주의 세인트데이비즈(St. David's)를 가리킨다.
6 울핀(Ulfin): 울피우스 경(Sir Ulfius)은 우서의 친구로서 우서가 이그레인을 유혹하도록 부추긴 장본인으로 알려져 있다.
7 카라도스(Carados): 말로리(Malory)에 의하면 카라도스는 스코틀랜드의 왕인데, 여기에서 등장하는 카라도스와 이 사건은 출처를 찾을 수가 없다.

56

(브리토마트가 말했다) "아 누구인지 말해주오,"

(유모가 말했다) "아름다운 안젤라라고 부른다.
전투에서 무서운 만큼 또한 아름답기 때문에.
그녀는 한 군대를 통솔하지만, 많은 사람들은
다른 모든 색슨인보다 그녀를 더 두려워하여
그녀의 사랑과 호감을 얻으려고 애를 쓰면서
그 이름을 따서 자신들을 앵글스라고 부른다.
그러니 어여쁜 아가야, 그녀의 본보기를 따라
네 자신이 그렇게 되고 그와 같은 용기를 갖도록 해라."

2 아름다운 안젤라(Faire Angela): 스펜서가 창조한 이름이며, 후에 잉글랜드라는 이름의 근원이 되도록 의도한 것이다. 원래 '앵글스'(Angles)는 약 600년부터 색슨족과 함께 영국을 정복한 북구 바이킹의 부족을 뜻한다.

57

유모의 진심 어린 말은 젊은 처녀의 마음에
아주 깊이 박혀서 곧바로 전투적인 무장을
하고자 하는 격렬한 욕구에 불을 지폈으며
숭고하고 강건한 용기를 불러일으켰기에,
아버지 몰래, 그녀는 모험을 찾아 나서는
기사의 모습을 갖추기로 스스로 결심하였다.
그리고 유모와 상의하여, 그녀는 숙녀의
복장을 육중한 사슬 갑옷으로 바꾸어 입고
유모에게 모든 것을 즉시 대기시켜 달라고 일렀다.

58

늙은 여인은 필요한 것을 빠짐없이 갖추고,
모든 것을 유효적절하게 잘 배치하였다.
때마침 (시대가 그들의 의도에 맞춘 것처럼)
며칠 전에 브리튼족 한 무리가 말을 달려
기습을 감행하여 색슨족의 물건들을 잔뜩
강탈한 적이 있었는데, 그러한 물건들 중에
매우 호화롭게 장식된 멋진 갑옷이 있었다.
그것은 색슨족의 여왕인 안젤라의 소유로서,
온통 황금 장식으로 둘려 있었으며 아주 멋지게 보였다.

59

그 갑옷은 그에 딸린 모든 장식물과 함께,
라이언스 왕이 자신의 성공과 승리를 자축하며
영원한 상징으로 기념될 수 있도록 자기 지역
교회당에 높이 걸도록 했던 바로 그것이었다.
그 갑옷이 바로 가까이에 있다는 것을 알고,
늦은 저녁에 늙은 글로우스는 그리로 아름다운
브리토마트를 데리고 갔으며, 바로 그 갑옷을
꺼내 와서 자신이 할 수 있는 최선을 다해
그녀에게 입혀주었고, 휘황찬란한 어깨띠로 장식하였다.

9 어깨띠(bauldric): 어깨부터 걸치는 띠로서 칼을 차기 위한 것이다.

60

그곳에는 갑옷들 외에도 거대한 창이 있었는데,
그것은 블라더드 왕이 고대의 마법으로 만들어
전투 때마다 항상 곁에 지니고 다니던 것이었다.
바로 그 창이 이곳에 들어와 보관되어 있었다,
그 위력이 이미 오래전부터 검증되었기에.
그 창과 마주치면 그 위력에 누구라도 안장에
굳건히 앉아 있지 못하고 땅에 나둥그러졌다.
그녀는 그 창과 곁에 걸린 방패를 둘 다 챙겼다.
큰 위력의 창과 방패는 모두 그녀의 목적에 적합했기에.

2 블라더드(Bladud): 브리튼의 왕으로서 마법에 능한 것으로 알려져 있다. 2권 칸토 10의 25~26연을 참조할 것.

61

유모는 그렇게 처녀를 모두 치장해주고 나서
근처에 걸려 있었던 또 하나의 갑옷을 꺼내어
자신이 차려입었다. 그렇게 함으로써 자신도
같은 무장을 하고서 그녀와 동행하기 위하여,
젊은 처녀의 시종으로 그녀를 보필하기 위해.
두 사람은 준비되어 있는 말에 가볍게 올라
조용한 밤의 은밀한 안개 속에 몸을 숨기고
아무도 자신들을 보지 못하도록 뒷문을 통해
빠져나갔다. 그러고는 앞을 향하여 곧바로 나아갔다.

62

그들은 최근에 멀린이 그들에게 일러준 대로
쉬지 않고 나아가 요정의 나라에 도착하였다.
그곳에서 바로 이 레드크로스 기사와 만났고,
그녀는 여러 가지로 견문을 넓히기 원했지만
특히 아테걸과 그의 근황을 알고자 한 것이다.
마침내 그들이 헤어져야 할 때가 다가왔기에
각자 상대방에 대한 극진한 호의를 가지고
거짓 없는 마음으로 우정을 다짐하고 나서
레드크로스 기사는 옆길로, 브리토마트는 곧바로 갔다.

칸토 4

대담한 마리넬은 브리토마트에게
패하여 풍성한 해변에 고꾸라진다.
아름다운 플리멜은 아서에게
오랫동안 쫓기지만, 잡히지 않는다.

1

옛날에 여성들에게서 흔히 나타나곤 하던
고대의 영광은 지금은 어디에 있단 말인가?
여성들의 용맹스런 업적들은 어디에 있는가?
전투들과, 창과 방패는 과연 어디에 있으며
그녀들을 드높이 치켜세우던, 그래서 유명한
시인들의 시구의 소재가 되었으며, 허풍 떠는
남성들이 듣고 당황하던 승리들은 어디 있는가?
모두 죽어서 구슬픈 관 속에 누워 있는가?
아니면 단지 잠들었을 뿐이어서, 다시 돌아올 것인가?

2

만일 그것들이 죽었다면, 그렇다면 오 슬프다.
만일 잠들었다면, 오 그들을 얼른 다시 깨우라.
나는 너무나 오랫동안 심한 질투에 불타왔다,

트로이 들판에서 그토록 자주 그리스인들의
피로 호수를 이룬 대담한 펜테실리아에 대해
호메로스가 이야기한 전투적 무용담을 들었을 때.
하지만 드보라가 교만방자한 시세라를 얼마나
심히 격파했으며, 카밀라가 거인 오실로커스를
어떻게 죽였는지 읽고, 나는 극심한 모멸감에 휩싸였다.

5-6 사실상 펜테실리아(Penthesilee)의 이야기를 전한 사람은 호머(Homer)가 아니라 버질(Virgil)이다. 펜테실리아는 아마존의 여전사로서 트로이 전쟁에서 트로이 편을 들어 많은 그리스인을 죽였다.

7 드보라(Debora)가 시세라(Sisera)를 죽이는 이야기는 구약성서의 「사사기」(Judges) 4장에 등장한다. 드보라는 바락(Barak)을 부추겨 시세라와 전쟁을 하게 하고 시세라는 말뚝이 머리에 박혀 죽는다.

8 카밀라(Camilla)가 거인 오실로커스(Orsilochus)를 살해한 이야기를 전한 것 또한 버질이다. 카밀라는 로마 신화에 등장하는 여전사로서 버질에 의하면 그녀가 거인 오실로커스를 죽인다.

3

하나 이들도, 업적이 있는 다른 모든 이들도
숭고한 브리토마트와는 비교할 수가 없으니,
그녀의 훌륭한 행동들이 여실히 보이고 있는
위대한 용기가 지니는 명예로움이나, 깨끗한
순결함과 지고한 도덕심에는 미치지 못하리.
시극히 고귀한 가문이여, 가지들이 뻗어 나와
후일 만개할 그토록 아름다운 꽃을 피우니,
그대입니다, 오 여왕님, 제 노래의 주제시여,
저는 당신의 혈통이 이 여인에게서 나왔다고 여깁니다.

4

레드크로스 기사와 나눈 대화를 통해서 그녀는
아테걸의 정황에 대해 알게 되었으며, 또한
스스로 조목조목 올바르게 이해하고 나서,
그 기사와 영원한 우애를 약속하는 친구의
약조를 맺었고, 그와 동시에 작별을 고했다.
그러자 그는 제 갈 길로 곧장 나아갔는데,
자신에게 닥쳐올지도 모를 모험을 찾아서
전투를 치름으로써 명예 얻기 위함이었다.
그것은 언제나 그의 고통에 대한 최선의 보상이었다.

5

하지만 브리토마트는 가던 길을 계속 가면서
자신의 무기에 대해서는 전혀 신경 쓰지 않고
내내 연인에 대한 대화에 깊이 골몰해 있었다,
그 대화에서 레드크로스 기사가 처음 알려준
자기 연인의 생김새와 기사다운 모습에 대해.
그녀는 마음에 수천 가지 생각을 지어내고서
걷잡을 수 없는 상상력을 통해서 그려냈다,
그는 연인으로 찾을 수 있는 최적의 남성이며,
현명하고, 강하며, 다정하고, 예의 바르며, 친절하다고.

6

그런 자기도취적 생각을 마음 상처에 발라

자신의 극심한 고통을 비껴가려 한 것이다.
그러나 고통은 오히려 훨씬 더 극심해지고
깊은 상처는 더 깊이 그녀의 가슴을 파헤쳐
죽음으로만이 슬픔을 떨칠 수 있을 듯했다.
하여 그녀는 멈추거나 쉬지 않고 말을 달려
온 땅과 세상의 가장 외진 곳을 다 뒤지며
자신의 눈먼 손님이 인도해주는 대로 그를
따라가다 보니 마침내 어느 해변에 당도하게 되었다.

8 자신의 눈먼 손님(her blinded guest): 사랑의 신 큐피드를 가리킨다.

7

그곳에서 그녀는 발 빠른 짐승에서 내려서
해변의 바위에 앉아, 그녀의 늙은 시종에게
우뚝 솟은 자신의 투구를 벗기도록 명했다.
무엇이든 집어삼키려는 저희들의 탐욕을
발산하지 못하게 한다는 모멸감에 휩싸여
분노를 거칠게 토해내며 울퉁불퉁한 절벽에
부딪치며 크게 포효하고 하얗게 부서지는
파도를 그렇게 잠시 동안 응시하고 나서,
그녀는 깊은 한숨을 내쉰 후에 이렇게 하소연하였다.

8

"거대한 슬픔의 바다, 태풍 같은 슬픔아,
내 연약한 쪽배는 오랫동안 거기 버려져

정박할 천상의 희망에서 멀어져만 가도다.
그대 잔인한 물결은 어찌 그리도 세차고,
어찌하여 물결이 산처럼 줄지어 몰려와
두려움에 떠는 내 목숨을 삼키려 하는가?
오, 언젠가 그대 극심한 분노와 악의에 찬
행동을 누그러뜨리고, 이 거친 곳을 뒤덮는
폭풍 같은 싸움, 그리고 가득한 분노를 멈추어 다오.

* 인생을 거친 바다 위에서 항해하는 쪽배로 비유하는 것은 르네상스 문학에서 매우 일반적인 것이다.

9

"그렇지 않으면 내 연약한 배는 무너져, 그네의
막강한 부딪침과 광폭한 타격을 견디지 못하고
부서져, 필연적으로 거친 바위나 모래톱 여울에
좌초하고야 말 것이다, 왜냐하면 이 배는 바로
사랑으로 방향을 잡고 운명이 노를 젓기 때문에.
내 비천한 항해사인 사랑은 들뜬 마음을 가졌고,
갑판장인 운명은 아무런 굳건함도 갖지 못한 채,
별빛도 없이 조수와 바람을 거슬려 항해한단다.
둘 다 무모하고 장님인데 어떤 다른 방도가 있겠는가?

10

"그대, 바람의 신이여, 온 바다를 다스리며
동시에 대륙을 다스리는 존재여, 언젠가는

부드럽고 편안한 미풍을 불어주오, 그래서
내 배가 조각나기 전에, 그 바람이 내 배를
원래 목적했던 반가운 항구로 데려가도록.
내가 안전한 곳에 있다는 것을 알게 된다면
그대의 위대한 은총과 나 자신의 큰 모험을
영원무궁토록 기리기 위하여, 기념비를 세워서
그대에게 헌정할 것을 맹세하겠습니다. 위대한 넵튠이여."

2 대륙(Continent): 대륙으로 번역했지만 이 어휘는 자제심이나 인내심을 의미하기도 해서 동음이의어의 역할을 한다.

11

마음속 깊이 쓰라린 한숨을 조용히 내쉬며
그녀는 은밀한 슬픔의 하소연을 모두 멈췄다.
그녀는 위대한 용기로 울음을 겨우 참았고,
늙은 글로우스는 그녀를 날카롭게 꾸짖으며
견뎌내게 했고, 멀린이 자신들에게 해주었던
희망적인 이야기로 편안하게 위로해주었다.
그녀의 이름과 국가가 우뚝 서게 될 것이며,
영원한 그녀의 자궁에서 고귀하게 태어날
후손들이 자신들의 존재를 하늘 명부에 올리게 되리라고.

12

그렇게 그녀가 마음의 안정을 되찾자, 멀리서
온몸을 빛나는 무장으로 두른 자가 화급하게

말을 달리며 그녀를 향해 오는 것이 보였다.
그녀는 즉시 슬픔을 멈추고, 자신의 투구를
갖추어 쓰고는 자신의 준마에 가볍게 올랐다.
둘 다 불안한 마음이 일으키는 감정이지만
종전의 슬픔이 갑작스러운 분노로 바뀌면서,
자욱한 먼지를 일으키며 앞을 향해 내달렸다.
사랑과 경멸감이 곧바로 그녀의 용기에 불을 지핀 것.

13
마치 자욱한 안개가 하늘 얼굴에 드리워져
맑은 대기를 독차지 하게 되면, 온 세상은
어둠에 갇히지만, 마침내 수분을 머금은
남풍이 바다 쪽 해변에서 불어 올라오면
모든 수증기를 산산이 흩어 사라지게 하고
폭풍 치는 빗속에 자신을 쏟아 내리듯이,
어여쁜 브리토마트는 자신의 침울한 감정을
분노에 찬 격정으로 바꾸어 드러내 보였으니,
슬픔의 안개가 액화하면서 복수의 힘으로 변한 것이다.

14
그녀는 즉시 멋진 방패를 올바로 부여잡고,
자신의 치명적인 창을 손에 움켜쥐고 나서
스스로 전투에 대비할 준비를 모두 마쳤다.
그자는 다가오면서 그녀에게 단호히 말했다.

"무모하게도 이곳 금지된 길을 가겠다고
작정하여 나를 깔보고 경멸하려는 기사여,
다른 이들의 죽음을 본보기로 삼지 못하는가.
충고하노니 힘이 있을 때 곧바로 후퇴하라.
나중에는 도망치려 해도 너무 늦어서 못할 것이다."

15
그 교만한 협박으로 심한 모멸감에 전율하며
그녀가 맞받았다. "도망칠 자는 도망치라지.
말이 무서운 아기들은. 지나가게 해달라고
청하지 않겠다. 널 넘어가든가 아님 죽겠다."
그녀는 더 이상 상대의 대답을 기다리지 않고
예리한 창으로 자기 의도를 잘 알려주었다.
이방의 기사는 힘차게 달려와, 강력한 힘으로
그녀의 가슴을 가격했기에 그녀의 머리가
젖혀졌으며 그녀의 투구가 말 엉덩이에 닿았다.

16
그러나 그녀도 또한 너무도 격렬한 분노와
엄청난 힘으로 그 기사의 방패를 강타하여
그 지독한 강철은 그자의 정삼각형 방패를
꿰뚫고 나서, 불운하게도 사슬로 만들어진
갑옷을 통과하여 옆구리를 뚫고 지나갔다.
그녀는 그가 꼼짝 못하고 말의 엉덩이까지

창의 길이만큼이나 밀려가도록 몰아붙였다.
결국 해변의 모래 위로 처참하게 넘어지며
그는 뭉치처럼 고꾸라져 자신의 피 속에 뒹굴었다.

17
마치 두 뿔을 금으로 감싼 채 화관을 쓰고,
향기 나는 연기가 제단을 두르고 있는 동안
죽음의 영광과 고귀한 장식에 우쭐해져서
아무렇지도 않게 서 있던 성스러운 황소가
갑자기 치명적인 타격을 받고서 마비되어
비틀거리고 넘어져, 뿜어져 흐르는 제 피로
기둥들과 성스런 땅과 더불어, 이전에 저를
꾸며준 아름다운 꽃들을 얼룩지게 하듯이,
그렇게 교만한 마리넬은 아름다운 해변에 나동그라졌다.

18
전투적인 처녀는 거기 남아 슬퍼하지 않고
앞으로 달려가며, 해변을 따라 마련된 길로
나아갔다. 그녀가 지나치며 살펴보니 그곳은
엄청나게 가치 있는 예쁜 돌들과 진주들이
풍성하게 여기저기 흩뿌려져 있는 곳이었고
자갈밭에는 온통 금광석들이 뒤섞여 있었다.
그녀는 그곳에 매우 놀라워했지만, 금이나
진주나 보석을 보려고 결코 멈추지 않았고

그것들을 모두 경멸했다. 그럴 힘이 있었기 때문이다.

19

그렇게 그가 죽음의 혼수상태로 있는 동안
그러한 소식이 그 어머니의 귀에 도달했다.
그의 어머니는 눈썹이 검은 시모엔트인데,
위대한 네레우스의 딸이다. 그녀는 지상의
연인에게서 이 호전적인 아들을 임신했고,
이 연인이 유명한 두마린이다. 우연한 기회에
그는 그 지역을 방랑하게 되었는데 어느 날
비밀스런 곳에서 잠들어 있는 님프를 보았고
그녀에 대한 사랑에 사로잡혀 그 곁에 은밀히 누웠다.

3 시모엔트(Cymoent): 다음 연에 이름이 등장하는 마리넬(Marinell)의 어머니로서 4권에서는 시모도체(Cymodoce)로 불리는 님프이다. 그녀는 네레우스(Nereus)의 딸 50명 중 하나이다. 물의 요정이라는 뜻을 가진 이들은 보통 네레이즈(Nereids)라고 불린다. 네레우스는 바다의 신이며 바다의 님프 도리스(Doris)에게서 딸 50명을 낳았다고 전해진다.
6 두마린(Dumarin): 프랑스어로 '바다에 속한' 존재라는 뜻이다.

20

거기서 그는 그녀에게 이 기사를 갖게 했고,
태어나자, 아버지를 따라 마리넬로 명명했다.
그녀는 이 아이를 바위틈 동굴에서 오랫동안
외롭게 키웠는데, 마침내 그는 자라서 무예가
출중한 건강한 남자가 되었고 그가 행한 많은
모험을 통해서 거대한 명성을 떨치게 되었다.

그는 아무도 자신이 살고 있던 그 풍요로운

해변을 지나가도록 허용치 않았다. 지나가려면

먼저 바다 님프의 아들과 전투를 치러야 했기 때문이다.

2 마리넬(Marinell): 아버지 두마린의 이름인 바다와 플로리멜(Florimell)의 이름과 관련이 있는 육지를 연결하는 이름이며, 그의 호전적인 성격으로 미루어볼 때 전쟁의 신 마스(Mars)와도 관련이 있다. 그가 거주하는 풍요로운 해변(rich strond)도 바다와 육지의 경계에 있다.

21

그는 명예로운 이름을 가진 백 명의 기사를

굴복시켰고, 그들을 자신의 노예로 삼았기에

이제 그의 위대한 명성은 요정의 나라 전체에

불타올랐고, 모두 두려움에 사로잡혀, 감히

아무도 그 위험한 공터를 지나려 하지 않았다.

또한 어미는 자식의 명성과 영광을 더하려고

자기 아버지인 바다의 신을 간곡히 설득하여

지상의 여인이 출산한 그 어떤 아들보다도 더

많은 보물과 풍성한 물자를 제 아들에게 주도록 청했다.

5 위험한 공터(perilous glade): 여기서 공터는 숲 속의 빈터를 가리키며 마리넬의 거주지인 해변과는 다소 동떨어진 지역이다. 하지만 이 장소는 2권에서 가이언이 마몬(Mammon)을 만난 "어두운 공터"(gloomy glade)를 연상시키며, 브리토마트가 자신의 모험을 시작하기 전에 가이언에게 닥친 두 가지 유혹 즉 미녀와 돈을 극복한다는 의미가 있다.

22

신은 자기 딸의 간곡한 요청을 수락했으며,

손자에게 모든 호화로움이 흘러넘치게 했다.

그는 즉시 자신의 엄청난 파도들에게 명하여
자신들의 거대한 가슴에서부터 온갖 엄청난
보물들을 토해내도록 했는데, 깊은 바다가
깊이 삼켜 탐욕스런 심연에 모아둔 것이며,
많은 불쌍한 자들의 배를 뒤집어 파선시켜
부유해진 것이었다. 가련한 자들은 슬피 울고
종종 재산 때문에 울부짖었지만, 그는 빼앗은 것을 가졌다.

23
곧이어 그 해변에는 엄청나게 많은 재물과
세상의 모든 예쁜 것들이 산처럼 쌓였는데,
온 세상에서 약탈한 것들이었기에, 동방의
부나 페르시아 왕들의 화려함을 능가했다.
금, 호박, 상아, 진주, 브로치들과 반지들,
또한 그 밖에 소중하거나 예쁜 것은 모두 다
바다가 그에게 자발적으로 가져다주었기에
얼마 되지 않아 그는 요정의 나라 전체에서,
그리고 다른 곳에서도 막강한 군주로 행세하게 되었다.

24
또한 그는 남들이 두려워하는 굳센 기사였고,
종종 많은 이들에게 심한 상처를 입혔기에
그 누구도 그와 대등한 상대가 되지 못했다.
이를 본 그의 어머니는 그의 억센 무모함이

어떤 험난한 불행을 유발하여 그의 목숨을
위협하게 될지도 몰라 걱정하기 시작했다.
그랬기에 그녀는 그에게 피에 젖은 전투나
싸움을 일으키지 않도록 자주 충고하였고,
모든 전투를 그만 끝내고 지친 칼을 쉬게 하라고 했다.

25

일을 더욱 확실히 하기 위해, 그녀는 어느 날
프로테우스에게 청했다, 마법의 주문을 써서
(프로테우스는 예언의 능력을 가지고 있기에)
자신에게 사랑하는 아들의 운명과 귀여운
마리넬의 슬픈 종말에 대해서 말해달라고.
그는 영원한 예지의 능력을 통해서 마리넬을
여성에게서 잘 지키라고 그녀에게 명했다.
왜냐하면 그는 한 여성에게 큰 해를 입겠으며,
이방에서 온 강한 처녀가 그를 해치거나 죽일 것이라면서.

2 프로테우스(Proteus): 그리스 신화에서 바다의 예언을 하는 노인이며 바다짐승들의 수호자이다. 그가 가진 예언 능력은 잘 알려져 있으며 멀린의 능력에 견줄 수 있겠다.

26

그래서 그녀는 그에게 매일같이 경고했다,
여성들의 사랑을 탐하거나 즐기지 말라고.
자연스레 다가오는 사랑을 억제하는 것은
흙으로 지어진 인간에게는 너무 어려운 법.

하지만 그는 어머니의 가르침을 잘 들었고,
어여쁜 여성의 사랑으로부터 도망쳐 다녔다.
그렇지만 어여쁜 많은 여인들은 그에 대한
사랑 때문에 죽어버릴 것 같다고 하소연했다.
그토록 그를 원한다면 죽어라, 그는 사랑의 적이니까.

27

아, 하지만 그 누가 숙명을 속일 수 있으며
경계한다고 자기 운명을 피할 수 있겠는가?
인간이 아무리 은밀하거나 안전하게 보이는
곳에 잠들어 있더라도 운명은 금방 찾아내
조만간 예정된 바를 실현해 그를 낙담시킨다.
인간의 무기에 담긴 힘은 그토록 연약한 법.
어머니는 여자들의 사랑만을 미워하게 했다,
여성의 힘에서 오는 해악은 두렵지 않았기에.
그토록 그를 무장시키려 했지만, 무장을 해제한 셈이다.

28

이것이 그를 해치리라고 프로테우스가 예언한
바로 그 여성이며, 바로 그 치명적 상처였다.
그의 어머니는 이것을 가슴에 상처를 주는
사랑으로 잘못 해석했고, 그래서 제 아들을
종국적인 파멸로 애써 인도하게 된 것이다.
인간에게 제시되는 계시는 그토록 불분명하고

교묘한 복잡함으로 가득 차, 이중의 의미와
잘못된 추론을 유도하게끔 장난을 침으로써
알 수 없는 영원한 운명의 목적을 목도하도록 만드나니.

29
이는 유명한 마리넬에게 너무도 진실이었다.
최근 전투의 결과로 감각도 없이 기절하여
지금 창피하게 저 풍성한 해변에 누웠으니,
브리토마트의 손에 의한 강한 타격 때문이다.
사랑하는 그의 어머니가 이것을 알게 되고
우울한 소식을 접하게 되었을 때, 그녀는
아리따운 수선화를 모아 화려한 꽃 모자를
엮어 앞머리를 태양으로부터 가리면서,
연못가에서 물의 요정인 제 자매들과 놀고 있었다.

30
그 즉시 꽃들과 꽃 모자를 멀리 집어던지고,
이슬 젖은 어여쁜 머리타래를 쥐어뜯으며,
그녀는 기왕의 유희를 큰 슬픔으로 바꾸고,
유쾌한 흥겨움을 비참한 서글픔으로 바꿨다.
그녀는 대지에 스스로 몸을 던져 넘어지며
아무 말도 없이, 기절한 채로 누워 있었고,
그녀의 자매들은 모두 고함치고 울부짖고,
끔찍한 비명을 지르며 그녀를 위해 울었다.

그러고는 모두 제 머리에서 꽃 모자를 벗어 찢어버렸다.

31
그녀는 죽음과 같은 혼절에서 깨어나자마자
일어나 자신의 쪽배를 가져오도록 명령했고,
그녀와 함께 앉아 있던 자매들도 모두 함께
자신들의 쪽배를 즉시 찾아오라고 명했다.
비통한 슬픔과 무거운 생각에 가득 잠겨서
그녀는 자신의 쪽배에 올랐다. 나머지도 모두
올라타고 가득한 슬픔을 안고 다 함께 갔다.
파도들은 그들이 내리는 명령에 복종하였고,
그들이 편히 가도록 길을 내주며 분노를 발하지 않았다.

32
위대한 넵튠은 자신의 넓고 둥그런 등 위를
부드럽게 미끄러져 가는 그들을 보고 놀랐고,
그들의 비참한 곤경을 보고 자신도 슬퍼했다.
그들의 울부짖음이 무엇을 뜻하는지 몰랐지만
그들의 슬픔에 대한 큰 동정심으로, 자신의
막강한 바닷물에게 길을 내주라고 명령했다.
그 즉시 포효하는 물결들이 모두 잠잠해졌고
무시무시한 바다 괴물들은 모두 다 갈 길을
멈추고 멍하니 입을 벌린 채 그들을 보고 놀라워했다.

1 넵튠(Neptune): 원래는 강의 신으로 불렸지만 그리스 신화에 등장하는 바다의 신 포세이돈(Poseidon)과 동격화되었다. 여기서는 바다 자체를 가리키기도 한다.

33

돌고래 한 무리가 함께 줄을 맞춰 가없은
시모엔트의 날렵한 쪽배를 이끌었다.
그것들은 모두 트라이튼에게 훈련을 받아
그녀의 명령에 복종하도록 길들어 있었다.
그들은 물 찬 제비처럼 날쌔게 물살을 탔는데,
처진 넓은 지느러미는 거품도 일으키지 않고
뒤쪽으로 물결의 소용돌이도 남기지 않았다.
온갖 종류의 다른 물고기들이 모여들어서
지느러미로 노를 저어 넘치는 바닷물을 가로질렀다.

3 트라이튼(Triton): 반인 반어의 해신으로 종종 바다의 신 포세이돈과 동격화되어 등장한다.

34

여자들이 그 풍요로운 해변 기슭에 다가가자
그들은 자신들의 쪽배에서 내렸다. 그리하여
자기들의 물고기 무리가 거품 이는 해변 기슭을
따라서 부드럽게 헤엄쳐가도록 배려한 것이다,
고기들의 지느러미가 상처를 입거나 부드러운
꼬리가 돌바닥에 심하게 다치지 않도록 하려고.
그 장소에 도착해보니, 불운했던 마리넬이
흥건하게 엉긴 핏덩이 한가운데에 뒹굴어져

죽은 듯이 혼절한 상태로 있는 것을 발견하게 되었다

35
그의 어머니는 세 번 기절했고, 세 번째에는
자신의 고통에서 거의 회복되지 못할 뻔했다.
그녀가 유한한 흙으로 된 육체를 가졌더라면,
세 번째에는 다시 살아날 수는 없었을 것이다.
하지만 생명이 다시 통제를 회복하자 즉시
너무나도 애절하게 한탄했고 비통하게 울어
단단한 바위조차도 눈물을 억제할 수 없었다.
또한 그녀의 자매 님프들도 모두 하나가 되어
그녀의 흐느낌 사이사이를 서러운 위안으로 메워주었다.

36
그녀가 말했다, "사랑하는 내 분신아, 아니,
불쌍한 어머니에게서 태어난 불쌍한 아들아,
이것이 네 고귀한 출세였더냐, 오, 이것이
너를 낳기도 전에, 네 할아버지 네레우스가
부여해준 영원불멸한 이름이더란 말이냐?
이젠 생명도 명예도 빼앗긴 채 누워 있구나.
이젠 버려진 한 덩어리 흙으로 누워 있으니,
네가 살아 있을 때의 기억도 남지 않았고
돌이킬 수 없는 네 운명을 피할 수도 없게 되었구나.

37

"멍청한 프로테우스, 거짓 예언의 아버지여,
그대를 신뢰한 자들이 더 명청한 것이지만,
이 손발로는 그리 깊은 상처를 줄 수 없으니
이것은 분명코 여성의 손이 한 짓이 아니다.
나는 사랑이 두려웠다. 하나 사랑한 자는 살고
오히려 죽은 자는 사랑도 증오도 하지 않았네.
그렇지만 그대의 어리석음을 나는 용서하겠소.
나는 자신과 저주스런 운명에게 죄가 있다고
여기노라, 소중한 지혜를 너무도 늦게 얻게 되었으니.

38

"오, 결코 죽을 수 없는 존재로 태어난
불멸의 자손이라는 것이 무슨 소용이랴?
고뇌와 애절한 불행으로 시들어가느니
얼른 죽는 편이 훨씬 좋은 것 같구나.
죽는 자는 극심한 슬픔을 견디어내지만,
산 자는 상실감 때문에 통곡해야만 하니,
그처럼 삶은 상실이고 죽음은 행복이구나.
슬픈 삶은 즐거운 죽음만 못하고, 친구의
무덤을 보느니 스스로 무덤에 드는 것이 낫겠다.

39

"그러나 만일 하늘이 내 아들을 질투하고

내 짧은 축복을 시샘했다면, 최소한 그가
죽기 전 나로 하여금 사랑하는 마리넬의
꺼져가는 두 눈을 감겨주게 하고 그에게
작별이라도 고하게 해줄 수도 있었을 것을.
왜냐하면 어머니가 해야 할 다른 일들은
허락하지 않았을 테니까⋯
그렇지만 잘 가거라, 내 사랑, 사랑이여,
잘 가거라 내 사랑하는 아들, 다시는 만날 수 없으니."

7 운율이 불완전한 행으로서 아마도 아들과 작별을 고하기 위해 시모엔트가 하늘에 대한 격렬한 저주를 중단하는 극적 효과를 내기 위한 것으로 여겨진다.

40

그렇게 자신들의 슬픔을 모두 쏟아내고서
그들은 그의 끔직한 상처를 조용히 살폈다.
그리고 그의 시체를 더 잘 보살피기 위해
그의 갑옷을 벗기고, 주위가 은으로 장식된
자신들의 물빛 망토들을 땅 위에 펼친 후,
엉킨 핏자국을 시체에서 부드럽게 닦아냈다.
그렇게 상처를 모두 잘 싸매고 나서 거기에
가장 좋은 향료와 훌륭한 과즙을 부었는데,
땅에서는 약으로, 하늘에서는 음식으로 좋은 것이다.

41

그런데 백합 같은 손을 가진 리아고어가

(위대한 아폴로의 가르침으로 리아고어는
예부터 의학 기술을 배워 알고 있었는데,
아폴로는 옛적에 핀더스 언덕에서 그녀를
사랑했고, 마침내 천상의 씨앗으로
그녀의 배가 불러 현명한 페온이 나왔다.)
그의 맥을 짚다가, 그 가냘픈 영혼 속에
미약한 생명이 아직 남아 있는 것을 알고
그의 어머니에게 고하니, 그녀는 절망에서 빠져나왔다.

1 리아고어(Liagore): 그리스어로 "하얀 팔"(white-armed)을 가졌다는 의미이며, 시모엔트처럼 네레이드 중 하나이다. 그리스 신화에 의하면 태양의 신 아폴로(Apollo)는 오이노니(Oenone)를 겁탈하고 그녀에게 의술에 대한 비밀을 가르쳐주었다. 스펜서는 오이노니를 리아고어로 대치한 것이다.
4 핀더스 언덕(Pindus hill): 테살리(Thessaly) 지방과 에피루스(Epirus) 지역을 가로지르는 그리스의 산맥이다.
6 페온(Poeon): 그리스 신화에서 신들의 의사이며, 종종 아이스쿨라피우스(Aesculapius)와 같은 인물로 여겨진다. 페온의 출생에 대한 내용은 스펜서의 창작이다.

42

그들은 부드러운 손길로 그를 안아 올려
그녀의 쪽배에 편안하게 그를 태웠다.
그들이 그의 몸을 배에 들어 올리면서
구슬픈 님프들이 주위에 꽃을 뿌릴 동안
그녀의 명령에 돌고래들은 잠잠히 있었다.
그런 후에 모두들 자기들의 쪽배에 올라
검푸른 물살을 가르며 쏜살같이 나아갔다.
돌고래들은 위대한 넵튠의 목 위로 가볍게

헤엄쳐 그녀의 바다 처소로 마리넬을 잽싸게 데려갔다.

43

그녀의 집은 바다 밑 깊은 곳에 있었는데
속이 빈 파도를 높이 쌓아서 지은 것이다.
폭풍의 소나기로 위협하는 짙은 구름처럼
보였고 내부는 하늘처럼 둥근 천장이 있어
그 안에 신들이 영원히 거주하는 곳이었다.
거기서 그를 잘 꾸며진 편한 침상에 눕혔고,
급히 트라이폰을 데려오도록 시켰다, 그의
상처를 치료하고 좋은 약을 바르기 위해서.
바다 신 중에서 트라이폰은 명의라고 불리기 때문에.

7 트라이폰(Tryphon): 고전 문헌에는 이 이름을 가진 인물이 등장하지 않으나, 14세기에 『데카메론』(*Decameron*)의 저자 보카치오(Boccaccio)는 트라이폰을 아이스쿨라피우스의 형제라고 부르고 있다.

44

그러는 동안 님프들은 그 주위에 둘러앉아
그의 불운과 끔찍한 재난에 대해 슬퍼했다.
그의 어머니는 자주 그의 넓은 상처를 보며
가장 소중한 기쁨, 자신의 사랑하는 아들을
그토록 치명적으로 가격한 손을 저주했다.
하지만 그러한 모든 저주들은 그 어떤 것도
여성의 표본인 처녀 기사에 미치지 못했다.

오히려 그녀는 잘 지내며 숭고한 업적들을
잘 수행하였고, 가야할 길에서 벗어나지도 않았으니.

45
하지만 사악한 아키마고는 여전히 그녀를
따라가며 음흉한 의도를 실현하려 했는데,
이제 그녀는 저 예의 바른 기사들, 즉 왕자와
요정의 기사와 작별하고 혼자가 된 것이다.
최근에 이들이 빼어난 미녀를 따라가면서
막강한 포스터를 추격하자 그녀는 떠났다.
그들은 그자의 사악한 폭거에 조급해져서
불타는 열정으로 가득 차, 치욕에서 그녀를
구출하고 앙갚음을 하려고 오랫동안 그를 추격했다.

1 아키마고(Archimago): 그는 두엣사(Duessa)와 함께 1권과 2권에 등장하여 선녀여왕의 기사들과 대적하는 늙은 마법사인데 이후로는 작품에 등장하지 않는다. 그의 이름이 이곳에 언급된 이유는 아마도 처음에 함께 출판된 작품의 처음 3권을 아우르기 위함이거나, 그를 3권에 등장시키려고 의도했다가 그만둔 것이 아닌가 싶다.
3-4 왕자와 요정의 기사(Prince, and Faerie gent): 각각 아서와 가이언을 가리킨다.
5 빼어난 미녀(beautie excellent): 칸토 1에 등장하는 플로리멜을 가리킨다. 6행의 "그녀"는 브리토마트를 가리키며 8행의 "그녀"는 플로리멜이다.
6 포스터(Foster): 칸토 1에 등장하여 플로리멜을 겁탈하기 위하여 추격하는 존재인데, 숲의 폭력을 의인화한 이름이며, 칸토 5에서와 같이 다수로 등장하기도 한다.

46
숲이나 빈터를 지나, 산과 들판을 지나서
두 위대한 기사는 끝없이 고통을 받으며

두려움에 떨고 있는 처녀를 함께 쫓아갔다.
그녀는 날렵한 토끼가 잽싼 사냥꾼의 눈과
신실한 사냥개의 코에서 달아나듯 도망쳤다.
마침내 그들은 갈라진 길에 도착하게 되었고,
그녀를 구하려면 어느 쪽으로 가야할지 몰라,
각자 다른 길로 가기로 하고 서로 헤어졌다,
누가 그 멋진 전리품을 차지할 행운을 누릴지 보자면서.

47

하지만 왕자의 신실한 시종인 티미아스는
그 여인의 사랑을 제 주인에게 양보하고
자신만만한 열정과 분연한 분노를 가지고
저 사악한 포스터를 따라 맹렬히 나아갔다.
그렇게 세 사람은 세 갈래 길로 나뉘었다.
그러나 행운은 바로 왕자에게 떨어졌는데,
그 길을 선택한 것을 후회하고 있는 순간
우연히 앞에서 마치 지옥의 악귀인 듯이
그를 두려워하며 그 처녀가 도망치고 있었던 것이다,

1 티미아스(Timias): 아서 왕자의 시종으로 1권에서 아서가 오고글리오(Orgoglio)와 싸울 때 두엣사를 맞아 싸운 청년이다.

48

드디어 그는 멀리 그녀의 모습을 보았다.
그는 다시 거품 무는 말에 박차를 가해서

그녀에게 할 수 있는 한 가까이 다가갔다.
그렇게 그는 쉬지 않고 속력을 높였으며,
방향을 틀 때마다 힘겹게 시선을 유지했다.
그는 계속 그녀를 크게 부르며, 쓸데없는
의심과 불필요한 두려움을 버리라고 했다.
그는 아주 부드럽게 말했고, 자주 온화한
말투를 썼다, 그녀를 세워 위로하고자 한 것이다.

49

하나 아무것도 그녀의 질주를 막지 못했다.
저 더러운 호색한에 대한 치명적인 공포가
이미 여린 영혼에 너무도 깊이 새겨졌기에.
마치 멀리서 수컷 매를 보고 공포에 질린
한 마리 비둘기가 드넓은 창공의 온 지역을
가로질러, 있는 힘을 다해서 질주하다가,
따라오던 매가 제 유연한 날개에 힘을 주자
붙잡힐 두려움에 속도를 두 배로 올리고서
자신의 두 날개로 찬란한 창공을 가르며 나는 것처럼.

50

공포에 질렸던 그 여인은 그에 못지않은
두려움과 서두름으로 그에게서 달아났다.
그에게는 악한 생각이나 행동도 없었지만
수치스러운 능욕에 대한 이전의 두려움이

처음 의도대로 그녀를 앞으로 달리게 했다.
가끔 뒤돌아보다가 그녀는 똑똑히 보았다,
자신이 호색적인 포스터에게서 벗어났으며
지금 그녀를 따르는 건 어느 기사라는 것을.
그러나 기사라고 무례한 악당보다 덜 무섭지는 않았다.

51

요정의 나라에서는 잘 볼 기회가 없었던
그의 기이한 방패와 생경한 무장에 놀라,
그녀가 쫓겨본 적이 있는 야생 동물들보다
더 무서워 그녀는 그에게서 빨리 도망쳤다.
하지만 그는 여전히 강한 용기로 쫓아왔고,
오랫동안 달려와, 이제 황금빛 헤스페러스가
빛나는 하늘 꼭대기에 높이 올라가 조브의
영원한 집에 자신들의 복된 등불을 켜라고
유쾌한 형제 별들에게 신호를 보내는 시간이 닥쳤다.

6 헤스페러스(Hesperus): 저녁에 뜨는 금성 즉 샛별이며 사랑의 여신이다. 그녀가 하늘 꼭대기에 뜬다는 것은 아름다운 여성을 쫓아가는 아서의 마음을 대변해준다고 볼 수 있겠다.

52

갑자기 습기 찬 공기가 어두침침해지면서
음험한 그림자가 빛나는 하늘을 뒤덮어서,
이제는 수천의 별들이 아름답게 수놓였다.
왕자는 이것을 보자 몹시 싫기는 했지만,

빛이 충분치 않았기 때문에 어쩔 수 없이
추격을 멈추어야만 했으며, 오랫동안의
노고에 대한 보상의 희망을 접어야 했기에
괜히 제 불운을 원망했고, 대상을 바꾸어
자신에게서 그토록 좋은 목표를 앗아간 밤을 저주했다.

53
그녀는 갈 길을 더 이상 알 수 없게 되자
아무런 목표도 없이 여기저기 방황했다.
마치 길잡이 별이 갑자기 구름에 덮여서
항해사가 당황스러워하는 한 척 배처럼.
그는 시난한 추격을 멈출 수밖에 없었기에,
자신의 높다란 말에서부터 땅으로 내려와,
말이 풀을 뜯게 했다. 그는 풀이 무성한
땅 위에 몸을 눕히고 잠시 눈을 붙였다,
차가운 대지를 침대 삼고, 단단한 강철을 베개 삼아.

54
하나 온화한 수면은 그의 휴식을 거부했다.
대신 그 자리에 힘든 처지에 대한 경멸과
심한 슬픔이 그의 고귀한 마음을 흔들었고,
수천 가지 환상이 허황된 모습으로 나타나며
가벼운 날개로 그의 헛된 상상을 일깨웠다.
때때로 그는 바랐다, 그 아름다운 여인이

자신이 가슴앓이를 하는 그 선녀여왕이기를,
아니면 자신의 선녀여왕이 그녀와 같기를.
그리고 그는 언제나 성급한 밤을 심하게 원망했다.

55

"밤, 그대 성가신 슬픔의 못생긴 어머니여,
육중한 죽음의 자매이며 비참함의 보모여,
그대는 천상에서 태어났지만, 더럽고 흉악한
모습 때문에 저 아래 지옥에 내던져졌구나.
그곳 불길하게 흐르는 느린 코키투스 강가에
그대의 거처를 삼아 헤러버스의 집에 거하니,
(그대의 남편 검은 헤레버스는 모든 신들이
원수로 여긴다네) 그곳에서 부정한 그대는
끔찍한 두려움 속에서 생애의 절반을 보내고 있구나.

5　코키투스(Cocytus): 지옥에 있는 것으로 알려진 4대 강 중 하나.
5　헤러버스(Herebus): 에러버스(Erebus)라고도 불리며 신화에 의하면 지옥의 가장 낮은 지역을 가리키기도 하지만, 어둠의 신으로서 밤(Night)의 오빠이자 남편이며 수많은 공포의 아버지로 불리기도 한다.

56

"영원하신 창조자가 이 세상을 운행하는데
어찌하여 반드시 그대가 있어야 한단 말인가,
그대는 모든 것을 지우고 만물의 아름다움을
보지도 못하게 하는데? 진실로 자신의 나른한
팔 다리와 저속한 마음을 잠 속에 담그기를

좋아하는 게으른 육체는 종종 그대를 칭송하며
때때로 깊은 스티지언 강에서 눈 먼 실수로
그대를 자신의 여신이라고 부르며, 또한 위대한
어머니인 자연의 하녀라고 부른다, 모든 이를 즐겁게 한다고.

7   스티지언(Stygian): 지옥에 있는 4대 강 중 하나인 스틱스(Styx) 강을 가리킨다.

57

"그러나 나는 잘 알지, 침울한 마음에게는
그대가 지극한 근심의 근원이자, 보모이며,
새로운 근심의 양육자요, 옛 상처의 재건자.
휴식 대신에 그대는 울부짖는 눈물을 주고,
수면 대신에 그대는 불안한 공포와 끔찍한
환상들을 보내주는구나, 그 속에서 비통한
죽음의 무서운 모습이 살아서 나타나는데.
그렇게 그대는 지친 영혼들에게서 갈구하는
휴식을 몰아내고, 사람들에게서 행복을 빼앗는구나.

58

"그대의 시커먼 망토에는 빛을 두려워하는
도적질과 역모를 꾸미는 의도와, 진저리 나는
피 흘림과, 더러운 중죄와 수치스러운 사기,
그리고 급박하게 닥치는 해악이 감춰져 있다.
거기엔 역겨운 공포와 지옥의 음울함도 있다.
내가 알기로 이 모든 것을 그대가 보호한다.

또한 창피를 당할까봐 두려워 빛을 피하누나.
빛도 역시 이것들과 그대를 혐오하고 있으니,
사악함을 좋아하는 자는 모두 빛을 보기 싫어하는 법.

59

"대낮은 모든 부정직한 방식을 드러내고
모든 것들을 진실한 모습 그대로 보여준다네.
드높은 하나님에 대한 칭송을 잘 드러내고
자신의 거대한 관대함을 바르게 알려준다네.
사랑하는 낮의 자식들은 축복 받은 후손이며,
그들은 어두움을 물리치고, 하늘을 차지하지.
진리는 낮의 딸인데, 가장 성스러운 처녀이며
그 어떤 죄의 흠도 없는 그녀를 처음 낳았다.
우리의 삶은 낮이나, 죽음은 어두움과 함께 시작되네.

5   사랑하는 낮의 자식들(Dayes dearest children): 1590년 판에는 낮을 의인화하지 않고 "The children of day"로 썼다.

60

"오, 낮은 언제 또다시 나를 돌아다보고,
오랫동안 기다리던 빛을 가져올 것인가?
오, 타이탄, 그대 기쁜 마차를 어서 올려
그대의 밝은 광채를 얼른 드넓게 펼쳐다오,
또한 이처럼 오랫동안 머무는 밤을 몰아내,
쫓아내 다오, 그녀가 온 곳, 바로 지옥으로.

나를 경멸한 것은 그녀, 바로 그녀였으니,
그곳에서 저주받은 영혼들과 살도록 두라,
하여 잘 다스릴 낮에게 제 지위를 넘기도록 하라."

3 타이탄(Titan): 태양의 신을 지칭하는 것이지만 여기서는 태양을 의인화한 것이다.

61

그렇게 왕자는 끊임없는 고민과 지척거리는
고통으로 지루하고 피곤한 밤을 지새웠다.
이튿날 일찍 아침이 이슬 젖은 자기 머리를
거대한 대양으로부터 채 들어올리기도 전에,
그는 여전히 반쯤 분노에 찬 채, 떨쳐 일어나
자신의 말에 올랐다. 그는 앞으로 나아갔다,
무거운 얼굴빛과 둔탁한 걸음으로. 그에게
들판은 극심한 원한과 언짢음으로 다가왔다.
그의 말도 또한 기사의 마음에 맞추어 걸음을 옮겼다.

칸토 5

아서 왕자는 플로리멜에 관해서 듣고,
세 포스터는 티미아스를 해친다.
벨피비는 거의 죽은 그를 발견하고,
그를 혼절에서 되살려낸다.

1

사랑이 많은 사람들에게 얼마나 다양하게
제 역할을 수행하는지, 그리고 자기 힘을
얼마나 다양하게 보여주는지 보면 놀랍다.
나태한 생각이 항상 비천한 진흙의 육신에
매달려 집착하고 있는 천박한 사람들에게
사랑은 육욕적인 욕망을 불러일으켜 주어
음탕한 게으름으로 경박한 삶을 소진케 한다.
하지만 용감한 영혼에게는 훌륭한 불을 지펴
그들로 하여금 드높은 공적과 명예를 추구하게 한다.

5 천박한 사람들(The baser wit): 해밀튼(A. C. Hamilton)은 이것이 색욕적인 포스터를 뒤쫓는 티미아스와 관련된 언급이며 티미아스가 욕정 때문에 아서를 버리고 숲으로 들어온 것이라고 주장한다. 그렇다면 8행의 "용감한 영혼"(brave sprite)은 아서와 브리토마트를 가리키는 것이겠다. 하지만 티미아스를 대하는 시인의 태도로 볼 때 "천박한 사람들"이 구체적으로 티미아스를 가리킨다고 보기는 어렵다. 오히려 천박하고 육욕적인 사람들을 일반적으로 지칭한다고 보는 편이 타당할 것이다.

2

또한 사랑은 버릇없는 게으름을 물리치고,
그 속에 제 나태한 둥지를 틀지도 않는다.
사랑은 용감한 영혼의 고결한 가슴에 결코
상스러운 생각이 스며들지 못하도록 하며,
그렇지 않았다면 낮은 데로 떨어질 영혼을
지극히 드높고 고귀한 곳으로 올려놓으며,
또한 그가 넘어지거나 쉬지도 못하게 한다.
사랑은 왕자에게 거의 숨 쉴 틈도 주지 않고,
처음 추구하던 것을 수행하도록 계속해서 부추긴다.

9 처음 추구하던 것(his first poursuit): 플로리멜을 추격하는 것이 아니라 아서가 원래 추구하던 것, 즉 선녀여왕을 찾는 과업을 가리킨다. 여기서 아서는 플로리멜을 추격하는 것을 포기한 것이다.

3

왕자는 오랜 시간 드넓은 숲을 방황하면서
거기서 어떤 단서를 찾으려 하다가, 마침내
한 난쟁이를 만났는데, 그는 최근에 겨우
곤경에서 벗어났거나, 또는 그를 경악케 한
다른 사고 때문에 두려워하는 듯이 보였다.
그에게 왕자가 물었다, 그가 어디서 왔으며
지금은 어디를 향해서 그토록 빨리 가느냐고.
그는 심하게 땀을 흘렸고 바로 그 깊은 숲을
뛰어다니느라 상처를 입어, 두 발을 거의 절고 있었다.

4

숨을 몰아쉬며, 거의 가슴에서 나오는 말로
난쟁이는 대답했다. "기사님, 여기 머무르며
그 이야기를 할 수는 없어요. 저는 최근에
선녀의 궁정에서 왔습니다. 거기서 오랫동안
큰 권력을 가지고, 요정의 나라 전체를 통해
높이 평가 받는 한 고귀한 숙녀를 모셨는데,
그녀가 최근에 그곳을 떠나 이리로 왔답니다.
지금 저는 그분을 찾고 있으니, 만일 그대가
그분이 어느 쪽으로 갔는지 안다면 즉시 말해주십시오."

5

(그가 말했다) "어떤 분이고 어떤 차림이오?"
(난쟁이가 답했다) "금빛 옷으로 훌륭히 입어,
고귀한 처녀로 보기에 전혀 손색이 없어요.
아리따운 머리타래는 둥글게 말려 올려지고,
해는 그보다 더 어여쁜 사람을 본 적이 없고,
눈보다 더욱 하얀 승용마를 타고는 있지만,
정작 그녀의 피부가 몇 배나 더 희답니다.
기사님께서 그녀를 알 수 있는 가장 분명한
표시는 진실로 그녀가 가장 예쁜 사람이라는 거지요."

6

그가 말했다, "분명히 그 사람을 아는데,

원수인 사악하고 못생긴 포스터에게서
도망쳐 급히 숲을 가로지르는 것을 보았소.
나는 되도록이면 그녀를 구해주려 했지만,
따라잡지 못했소. 그녀는 너무 빨리 달려
재빠른 두려움의 날개를 단 것 같았다오."
난쟁이가 말했다, "아, 하나님, 그걸 듣는
모든 이에게 엄청난 슬픔이고 재난이로군요.
하나 내가 어디서 어떻게 그녀를 찾을지 말해주소서."

7

"진실로 내가 그것을 알았더라면 좋겠구려,
(기사가 말했다) 가상 비싼 기사의 보석금이나
내가 가진 것을 모두 주고라도 바꿨을 텐데.
하지만 괴팍한 운명과 급히 닥친 밤 때문에
그러한 행복은 어쩔 수 없이 나를 경멸했고,
내게서 생명과 빛을 함께 빼앗아가 버렸다오.
그러나 말해주오, 그처럼 혼자서 이 숲 속을
온통 방황하는, 그 빛나는 여인이 누구인지를.
그녀의 기이한 방황 때문에 나는 크게 슬프고 비통했소."

8

난쟁이가 말했다, "그 여인은 있는 그대로요.
내가 알기로 이제껏 사람이 본 여인 중에서
가장 덕성이 넘치고 가장 우아한 처녀랍니다.

오늘날 살아 있는 그 누구도, 빛나는 미모를
꾸며주는 훌륭한 장식품인 견실한 정결함과
귀한 도덕심으로 그녀와 견줄 사람은 없어요.
그녀는 아리따운 플로리멜이라고 불리는데,
많은 기사들이 흠모하는 아리따운 플로리멜,
그녀는 마리넬이라는 자 말고는 아무도 사랑하지 않지요.

7 플로리멜(Florimell): 칸토 1의 15~17연에 등장한 아름다운 여성이다. 그녀의 아름다움과 미덕은 브리토마트나 벨피비와 비교될 수 있다.

9

"그 마리넬이라는 자는 바다 님프의 아들인데,
제 사모하는 아가씨가 극진히 사랑하고 있어
그자 외에는 아무도 쳐다보려 하지 않아요.
그녀의 기쁨은 모두 마리넬에게 고정되었지요.
그러나 그는 플로리멜을 전혀 개의치 않아요.
그의 어머니가 오랫동안 신성한 주문을 통해
여성의 사랑을 경계하며 멀리하게 했답니다.
그러나 지금 소문에 의하면, 이방의 적에게
그가 죽었다니, 우리 모두가 애통해하는 이유랍니다.

10

"그가 살해된 게 (사람들 말이) 닷새 전인데,
플로리멜이 궁정에서 나간 것이 나흘 됐어요.
그가 살았는지 죽었는지 직접 밝히기 전에는

결코 되돌아오지 않겠다고 맹세하고 갔지요.
그러니 기사님, 온유한 기사도에 대한 사랑과
진실한 여인의 명예를 위하여, 할 수 있다면
기사님의 훌륭한 조언이나, 막강한 위력으로
내 길을 알려주시거나 그녀를 구원해주세요.
기사님께 겸손히 청하노니 둘 중 하나를 해주십시오.

1-2 플로리멜이 포스터에게 쫓겨 도망친 사건 후에 마리넬이 브리토마트에게 치명적인 상처를 입은 사실을 상기하면, 이 설명은 모순이거나 난쟁이가 잘못 아는 것이다.

11

"그러면 기사님은 이토록 드넓은 세상의 모든
훌륭한 숙녀들 사이에서 위대한 자리에 올라
기사님이 가장 고결하게 여기고 있는 그녀의
마음에서 가장 높은 자리를 차지할 것입니다.
아니면 적어도 영원한 보상 안에 살 것입니다."
그에게 왕자가 답했다, "난쟁이여, 안심하시게,
그대가 그 여인에 대한 소식을 듣기 전까지는
여기서 맹세컨대 결코 그대를 버리지 않으리.
숙녀를 위해 쓰지 않으려면 무장을 하지 말아야 하겠지."

12

그래서 그는 난쟁이와 그 여인을 찾기 위해
그녀를 찾을 수 있을 만한 곳으로 되돌아왔다.
하지만 오면서 그는 매우 슬퍼하기 시작했다

뒤에 남겨두고 온 착한 시종이 없기 때문에.
그에게 위험이 닥칠지도 모른다는 의구심으로
그에 대한 불안한 생각이 마음속에 커져갔다.
왜냐하면 모든 인류보다도 그를 더 사랑했고,
그가 언제나 진실하고 성실하며 기사 곁에서
시중을 드는 어떤 시종보다 더 용감한 것을 알았기에.

13

한편 시종은 자신에게 닥친 치명적인 위험에
맞서느라 매우 큰 어려움에 처해 있었다.
제 주인이 저 고귀한 처녀를 쫓아가는 동안,
그는 더러운 포스터를 격렬하게 뒤쫓았다.
그자가 저 아름다운 여인에게 가한 치욕에
복수하기 위해서. 그는 깊은 숲 속을 헤매며
오랫동안 추격했다. 그자는 숲에서 시종의
강력한 복수를 피해 치욕스런 머리를 숨기고
제 끔찍한 잘못 때문에 죽음의 위협에 직면해 있으리.

14

그런데도 그 악당은 대단히 잘 처신하였다.
발 빠른 짐승의 날렵함 때문이거나, 아니면
그가 살고 있던 그 숲에 대한 지식 덕분에
그는 짧은 순간에 위험에서부터 벗어나서
마침내 시종의 시야에서 아주 벗어나버렸다.

하지만 자신의 악행에 대한 응분의 처벌에서
벗어나지는 못하리. 그는 매일매일 쉼 없이
악행을 키워만 가니, 언젠가 그에게 덮치리,
그와 같은 호색한들을 위해 마련된 무시무시한 질병이.

9 무시무시한 질병(heavy plague): 23연에서 묘사하는 것처럼 포스터의 대담함이 도를 넘어 그에 뒤따르는 처벌을 의미하기도 하지만, 동시에 매독이나 문둥병처럼 일반적으로 호색의 결과라고 알려진 질병을 뜻할 수도 있다.

15

그는 시종의 시야에서 벗어나자 지체 없이,
비겁한 용기가 북받쳐 오르기 시작하면서,
자신의 대담한 적에게 당했던 그 더러운
모욕에 대해 복수하려는 마음이 생겨났다.
그래서 제 형제들에게 갔다. 이들은 모두
세 명으로, 한 야비한 아비의 자식들이었다.
그는 형제들에게 하소연하였다, 자신이 저
무모한 시종에게 어떤 취급을 당했는지를.
그렇게 비통한 언어로 그들의 격한 분노를 부추겼다.

6 세 명으로, 한 야비한 아비의 자식들(three / Ungratious children of one gracelesse sire): 세 포스터는 각각 시각적 음욕(the lust of the eye), 청각적 음욕(the lust of the ear), 촉각적 음욕(the lust of the flesh)을 대변한다. 여성을 보고 듣고 만지는 것은 전통적으로 사랑의 다섯 단계 중 세 단계라고 알려져 있다. 처음 플로리멜을 뒤쫓은 포스터는 시각적 음욕을 대변하는 것으로 보인다.

16

그러자 그 즉시 그들은 약탈과 살인이라는

묵직한 장비로 자신을 무장하기 시작했고,
그와 함께 그 숲 속으로 나아갔다. 저희의
잔인한 가슴에 그가 되살려놓은 적개심을
최근에 제 형제를 망신시키고 치욕적으로
도망치게 했던 자에게 해소하기 위해서.
그자가 자신들의 무력을 피해서, 살아서는
숲을 벗어나지 못하리라고 맹세했기 때문에.
그들은 사악한 적개심으로 천한 마음에 앙심을 채웠다.

17
그 숲 속에는 그들이 잘 알고 있었던 어떤
좁은 여울 가에 은밀한 공터가 있었는데,
사람이 헤엄쳐 지나가기는 힘든 곳이었다.
하나 지금은 다행히 물이 넘쳐나고 있었다.
바로 그 길로 낯선 시종이 지나가리란 것을
그들은 알고 있었다. 그래서 그들은 그곳에
숨어 기다렸다, 무성히 자란 깊은 숲 속에서.
그러면서 내내 그들은 잔혹한 위협을 하며
악의를 불태웠고, 그가 여울을 건너가기만을 기다렸다.

18
그런데 마침 그들이 미리 계획한 바대로
온화한 시종은 그들의 흉계와 악한 음모를
모르는 채, 말을 타고 바로 그 길로 와서

여울을 건너서 자기 길을 가려고 시도했다.
하지만 전에 도망친 그 흉악한 포스터가
건너편 기슭에서 대담하게 앞으로 나서서
뻔뻔스레 그에게 거기 머물라고 명령하며,
시종이 잘못을 뉘우치고 종전에 자신에게
가한 모든 손해에 대해 온전하게 보상하라고 말했다.

19
그러면서 그에게 예리한 화살을 쏘았는데,
너무도 강한 힘과 지독한 악의로 가득 차,
갈라진 화살촉이 사슬 갑옷을 뚫고 날아가
거기 연결된 사슬 갑옷을 꿰뚫어버렸지만,
시종의 부드러운 살을 찢을 힘은 없었다.
강건한 시종은 그 타격에 심히 분개했지만,
그를 강타할 수가 없어서 더욱 분통했다.
도저히 그 높은 강둑에 이를 수가 없었고
다만 깊은 물속에서 헛된 노력으로 애만 쓸 뿐이었다.

20
포스터는 계속 기다란 제 멧돼지 창으로
시종이 원하는 곳에 이르지 못하게 했다.
또 하나가 근처 덤불에서부터 치명적인
악의를 가진 화살 머리와 해로운 깃으로
몸을 장식한 잔혹한 화살 하나를 날렸다.

그 악독한 쇠붙이는 곧장 날아가, 시종의
왼쪽 허벅지에 적중하여 깊이 뚫어버렸다.
상처는 그에게 엄청난 고통을 안겼으나,
적을 맞아 싸울 수 없다는 것이 더 큰 고통이었다.

21
마침내 분노와 복수심으로 길을 만들어
그가 엄청난 고통 끝에 강둑에 다다랐는데,
거기서 세 번째가 그를 심하게 공격하며,
두 손으로 미늘창을 힘겹게 부여잡고
온 힘과 완력을 다해 그에게 휘둘러댔다.
하지만 그는 조심스레 그 타격을 피했고,
자신의 창으로 그에게 재차 반격을 가해,
그 타격에 그자의 양 옆구리가 꿰뚫려
상처로부터 피가 커다란 냇물을 이루며 흘러나왔다.

22
그자는 선 채로 넘어졌는데, 이를 갈면서
씁쓸한 대지를 깨물며, 끝없는 밤이 있는
구슬픈 처소에 들어가게 해달라고 청했다.
악한 영혼들이 이전 죄를 탄식하는 곳으로.
그리하여 전투는 다시 새롭게 시작되었다.
왜냐하면 저 불운한 광경에도 불구하고
다른 둘은 잔인한 복수를 멈추지 않았기에.

그 즉시 둘은 시종을 양쪽에서 공격하면서
그에게 위압을 가하며 그의 생명을 빼앗으려 했다.

23
시종은 얼마 전 가장 아름다운 플로리멜을
위협했던 그 악당을 보게 되자, 그 즉시
극심한 광포와 분개하는 미움에 가득 차,
그에게로 몸을 돌려 지극한 맹렬함으로
그의 두개골을 너무도 격렬하게 내리쳐서
그자의 머리를 턱까지 둘로 쪼개버렸다.
그의 시체는 허우적거리며 땅에 쓰러졌다,
죄 많은 그의 영혼은 절망적인 모욕감에
육체의 울타리를 벗어나 고통스런 곳으로 날아갔다.

24
셋 중 마지막 남은 자는 저 악독한 화살로
그를 다치게 한 자인데, 그는 그것을 보고
자신의 슬픈 복수에 대한 두려운 결과, 즉
자신도 악한 형제들을 뒤따르게 될 것임을
미리 예측하고, 두려움에 온몸을 떨면서
그 연약한 손에 쓸모없는 활을 움켜쥐고서
그걸로 시종을 향해 화살 하나를 쏘았다.
화살은 약하게 퍼덕이며 겨우 투구에 닿자
미끄러지며 땅에 떨어졌을 뿐, 그를 전혀 해치지 못했다.

25

그것을 보고 그는 숲으로 달아나려 했다.
하지만 그가 막 강물로 들어서려는 순간
티미아스는 비호같이 그자를 따라잡아
그를 향해서 너무도 맹렬하게 가격하여
머리가 떨어진 그를 강물로 들여보냈다.
시체는 강물을 따라서 흘러내려 갔지만
머리는 뒤쪽으로 떨어져 대지에 남았다.
그처럼 악행은 악한의 머리에 떨어지는 법.
셋은 수치스럽게 죽었고, 시종은 명예롭게 살았다.

26

그는 살았지만 명예를 만끽하지는 못했다.
저 끔찍한 상처에서 피가 심하게 흘러나와
그는 말에서 떨어지며 죽은 듯 혼절했기에.
하지만 피는 여전히 엄청나게 솟구쳤기에
그는 자신의 핏덩이 속에 누워 뒹굴었다.
신이 그대를 지켜주길, 가장 착한 시종이여,
아니면 다시는 사랑하는 주군을 보지 못하고,
그에게서 두 가지 위안을 다 앗아갈 것이며,
또한 그대가 이룩한 영예도 자신에게서 앗아가게 되리니.

8 두 가지 위안(both of comfort): 티미아스라는 그의 이름에 명예라는 뜻이 있으므로 명예를 잃는 것은 이름과 자기 자신을 잃는 것이라는 뜻이다.

27

천상의 섭리는 인간의 생각을 뛰어넘는 법,
불쌍한 인간들을 구원할 방도를 찾아내나니.
보라, 위대한 은총, 또는 운명이 그곳으로,
무력하게 누워 있는 자에게 구원을 보냈다.
그대도 잘 기억하시리라, 바로 그 숲에는
한 고귀한 여성 사냥꾼이 살고 있다는 걸.
그녀는 저 천박한 브라가도키오를 공격해서
그가 잽싸게 숲 밖으로 도망치게 만들었다.
벨피비가 그녀의 이름이며, 태양 피버스처럼 아름답다.

9 벨피비(Belphoebe): 2권 칸토 3에 등장한 여성인데, 스펜서는 「월터 롤리 경에게 보낸 스펜서의 편지」에서 그녀가 엘리사베스 여왕을 대변한다고 밝힌다. 벨피비는 아름다움을 뜻하는 라틴어 'bella'와 순결하고 밝음을 뜻하는 'phoebe'의 합성어로서 사랑의 여신 비너스와 처녀성과 사냥의 수호 여신 다이애나를 합친 존재로 묘사된다. 또 그녀의 이름은 아폴로(Apollo)인 피버스(Phoebus)와 어원이 같다.

28

어느 날 그녀는 자신의 날카로운 화살로
상처를 입힌 어떤 야생 동물을 뒤따라서
추격하며, 자신이 생생하게 본 핏자국을
따라서 추격하고 있었다. 그 핏자국들은
초록색 풀 위에 온통 흩뿌려져 있었는데,
그렇게 추격하는 중에 그녀는 피를 보았고
그녀가 바라던 짐승이 흘린 피라고 여겨
그의 목숨을 끊으려고 더욱더 서둘렀다.

하지만 아, 그녀의 기대는 산산이 무너져버렸다.

29
그녀는 금세 다가왔다, 피로 물든 애처로운
시종이 죽음처럼 기절해 누워 있는 곳으로.
그의 어여쁜 두 눈에는 불 꺼진 등불처럼
수정 같은 액체가 그렁그렁 고여 있었다.
그의 머리타래는 땅에 떨어진 낙엽처럼
여기저기 거칠게 흐른 피가 엉겨 있었고
그의 부드러운 입술은, 예전에는 젊음의
꽃봉오리가 아름답게 피어나고 있었지만,
장밋빛 홍조를 잃고서 창백하게 시들어가고 있었다.

30
그보다 더 슬픈 광경을 본 자는 결코 없다.
그 장면은 돌로 된 바위도 동정하게 만들고
강물도 갈라지게 하리. 그 빛나는 여인은
아무런 희망이 없는 그를 보고 동정하다가,
갑작스레 낯빛을 바꾸며 당황해하면서
위협적인 공포에 사로잡혀 뒤로 물러섰다.
하지만 그를 좀 더 잘 보게 되자, 부드러운
연민과 생경한 고통을 그녀는 가득 느꼈다.
예리한 동정심이 그녀의 여린 가슴을 찔러 들어갔다.

31

그녀는 그 굳어버린 사지에 아직 생명이
남아 있나 알아보려고 가볍게 몸을 숙여
힘차게 뛰는 맥박을 확인했으며, 연약한
영혼이 아직 제자리에 있는 것을 알고서
부지런히 애써 그를 구할 방도를 찾았다.
그녀는 둘로 접힌 그의 목을 곧추세우고
헛되이 떨리는 양 관자놀이를 문질렀다.
그녀는 사슬로 된 그의 갑옷을 벗기고
또한 육중한 투구를 그의 머리에서 벗겨내었다.

32

그러고서 그녀는 성급히 숲 속으로 갔다,
그를 치유할 만한 약초를 찾기 위하여.
그녀는 약초에 대해 정통해 있었는데,
그녀가 어려서부터 진정한 고귀함으로
그녀를 키워준 님프에게서 배운 것이다.
거기서 그녀는 찾았다, 신성한 타바코나,
파나케이아라든가, 폴리고니 같은 것들을.
그리고 그것을 자신의 환자에게 가져왔다.
그는 그동안 심장의 피를 거의 흘리며 누워 있었다.

6-7 타바코(Tobacco), 파나케이아(Panachaea), 폴리고니(Polygony): 세 가지 모두 치료의 효능이 있다고 알려진 식물이다. 타바코 즉 담배는 마술적인 치유의 힘이 있는 것으로 알려져 있었기에 신성한 약초로 불리기도 했다. 담배는 월터 롤리 경이 1584년에 영국에 처음

소개했는데, 이것이 영문학 작품에서 처음으로 타바코가 언급된 경우이다. 파나케이아는 '모든 것을 치료한다'는 뜻이 있는 어휘로, 버질에 따르면 비너스가 아에네이어스를 치료하기 위해 준 약초이다. 폴리고니는 피 냄새가 나는 약초로 알려져 있다. 하지만 스펜서는 벨피비가 사용한 약초가 그런 종류라고만 서술할 뿐 약초의 이름을 구체적으로 밝히지는 않는다.

33

그녀는 두 평평한 대리석 사이에 특효의
약초를 넣고 작게 빻아서 잘게 갈았으며,
그것을 자신의 백합 같은 두 손 사이로
짜내어 나온 즙을 그의 상처에 흘렸으며,
최대한 공을 들여서 그것으로 그 주변의
피부를 적시며 문질렀다, 그것으로 경련을
완화시키고 부은 상처를 가라앉히기 위해.
또한 깊은 상처를 찾아 잘 살펴본 후에,
자신의 목도리로 상처를 묶어 찬 기운을 막았다.

34

그러자 그는 달콤한 생명을 되찾았으며,
속으로 깊이 신음하면서, 마침내 촉촉한
두 눈을, 이슬에 젖은 듯 어스름한 눈을,
그가 다시 뜨고 파란 하늘을 쳐다보았다.
거기서 바라지도 않던 구원이 내려왔으니.
그리고 한숨을 쉬고는 옆으로 돌아보다가
천상의 은총을 받아 성스러움이 가득한

훌륭한 처녀가 곁에 있는 것을 보았는데,
그녀의 활과 황금 화살이 그의 곁에 놓여 있었다.

4-7 해밀튼의 설명에 따르면 시종은 신의 은총을 찾아 하늘을 쳐다보았지만 아무것도 찾을 수 없어서 한숨을 쉰 것이고, 옆을 돌려보다가 천상의 은총이 가득한 벨피비를 찾은 것이다.

35

그가 말했다, "은총의 하나님, 저와 같은
죄인에게 내리시는 이것은 무슨 은총입니까,
천사를 축복 받은 방에서 내게 보내시어
괴로운 역경에 처한 저를 위로하시다니요?
천사, 혹은 여신이라고 불러야 옳겠습니까?
저를 어둠에서 빛으로 돌아오게 하셨으며,
천상의 위안과 달콤한 명약으로 죄 많은
제 상처를 감싸주셨으니, 당신을 어떻게
섬겨야 적절할까요? 당신의 복된 발에 입 맞춥니다."

7-8 죄 많은 제 상처(my sinfull wounds): 티미아스의 상처는 색욕을 대변하는 포스터가 가한 욕정(concupiscence)의 상처이기 때문이다.

36

얼굴을 붉히며 그녀가 말했다. "아, 온유한
시종이여, 저는 여신도 아니고 천사도 아닌,
한 여자일 뿐입니다. 숲 속 님프의 딸입니다.
섬길 생각 마시고 자신의 안전을 돌보셔요.
건강을 찾으면 저는 그것으로 족하답니다.

우리 유한한 인간들은 우리 생명과 운명이
항상 일상적인 위협에 노출되어 있고, 모두
연약함이라는 공통적인 끈에 묶여 있으므로
불쌍하게 얽매인 사람들을 보면 구해주어야 하지요."

37
그런데 그녀를 따라서 사냥감을 추적하던
그녀의 시녀들이, 벨피비가 그랬던 것처럼,
이전에 저희들의 주인이 활로 상처를 입힌
짐승의 목숨이 끊어져 있을 것으로 여기고
피가 낭자한 그 부근에 이때쯤 도착했는데,
그들은 핏자국을 부지런히 따라왔고, 누가
먼저랄 것도 없이 최대한 빨리 달린 것이다.
그런데 그들 중 두 명이 나머지를 앞질러
드디어 저희들의 주인이 있는 곳에 도착하게 되었다.

38
거기서 피범벅이 되어 있는 훌륭한 청년과
상처를 간호하는 저희의 주인을 보게 되자,
매우 놀라워했지만 이내 이해하게 되었다,
어떻게 그 여인이 사경을 헤매던 그를 찾아
험악한 역경에서 그를 구출하게 되었는지를.
곧이어 그녀는 그가 혼절해 있는 동안, 멀리
숲 속에 놓아주었던 그의 군마를 찾아보라고

시녀들에게 지시했고, 말을 찾아오자, 그들은
그를 거기에 태우고 자기들과 함께 앞으로 나아갔다.

39
그들은 그를 머나먼 숲으로 데리고 갔는데,
그들이 사는 곳은 상쾌한 빈터에 있었고
산들이 병풍처럼 주변을 에워싸고 있으며
거대한 숲이 계곡에 그림자를 드리워주어,
그곳을 탁 트인 평원에 널리 펼쳐져 있는
웅장한 극장처럼 보이게 만들고 있었다.
또한 그 한가운데에는 격자무늬의 경석들
사이로 작은 강이 흐르는데, 작게 웅얼대며
하소연하는 품이, 마치 갈 길을 막겠다는 것 같았다.

40
바로 곁에 미려한 장소가 마련되어 있는데,
도금양나무와 초록빛 월계수가 심어져 있어,
새들은 많은 아름다운 곡조로 신을 찬양하고
저희끼리 사랑의 달콤한 슬픔을 노래했기에,
마치 그곳이 지상의 낙원이라도 되는 듯했다.
나무 그림자로 둘린 곳에, 잘 보이지도 않게
거기 아름다운 누각이 하나 지어져 있었는데,
그 안은 온통 아주 풍요롭게 장식되어 있어
가장 위대한 군주들도 거기서 살고 싶어 할 정도였다.

2 도금양나무와 초록빛 월계수(mirtle trees and laurels greene): 도금양 나무는 비너스의 나무로서 그녀가 목욕하다가 들켰을 때 이 나무 뒤로 숨었기에 비너스의 미덕을 대변하는 나무가 되었다. 월계수는 정복자의 상징이다. 따라서 두 나무는 비너스와 마스 즉 사랑과 명예를 대변하며 궁극적으로 전투적인 처녀인 벨피비를 상징한다고 볼 수 있겠다.

41

그들은 상처 입은 시종을 그리로 데려갔고,
편안한 침대에 눕혀 허약한 몸을 쉬게 했다.
그가 잠시 쉬고 나자, 그 처녀가 잘 처치한
그의 상처에 보다 더 좋은 약을 발라주었다.
그녀는 매일 그를 돌봤고 그 끔찍한 상처가
치유되도록 할 수 있는 최선을 다했기 때문에,
머지않아 그의 고통이 다 가시게 하였으며
그 끔찍한 상처는 웬만한 상처로 줄어들었다.
그녀는 상처를 줄였지만 그를 아주 망가뜨려버렸다.

42

오 무능한 의술이여, 아무 보람 없는 수고여,
하나를 고치고 또 하나에게 상처를 입히는구나.
그녀는 그의 넓적다리 상처를 회복시켰지만
전에는 온전하던 그의 가슴에 상처를 입혔다,
그녀의 예쁜 두 눈과 우아한 얼굴 모습에서
튀어나온 미처 예기치 못한 화살을 가지고.
그를 또다시 헤어날 길 없는 절망과 슬픔에
영원히 가두어둘 바에는 그를 죽음에서부터

해방시키는 것이 과연 무슨 소용이 있더란 말인가?

43
그의 상처는 계속 아물어 온전해졌지만,
그의 가슴은 계속 아팠고 몸은 쇠약해졌다.
일부를 구하려고 전체를 잃는 것은 미친 짓.
하지만 자신의 상처에 약을 바르고 있는
천상의 처녀를 그가 매번 볼 때마다, 그의
질병은 계속해서 더욱 심해져가기만 했고,
그녀의 지극한 아름다움은 그를 압도했다.
아 하나님, 그가 제 목숨을 구해준 어여쁜
여인을 사랑하는 것 말고 할 수 있는 게 무엇입니까?

44
적절한 이성으로 그 감정을 억누르고, 또한
자신에게 둥지를 튼 사랑을 쫓아내보려고
그는 오랫동안 용감한 마음으로 노력하였다.
하지만 그가 그녀의 탁월함과, 지고한 관대함,
그리고 천상의 얼굴빛을 볼 때마다, 매번
그는 또다시 사랑에 격렬하게 사로잡혔다.
그러나 자신의 천박한 처지를 돌아보고는,
그처럼 무모한 담대함을 스스로 억제하면서
잔인한 사랑과 제 불행한 운수를 이렇게 한탄했다.

45

그가 말했다. "은혜를 모르는 놈, 이것이
그분이 베푼 극진한 은혜에 대한 보은이냐?
그분은 은총을 베풀어 네 생명을 구했는데,
너는 상스러운 무례함으로 그분의 명예와
그분의 천상의 빛에 먹칠을 하려 드는구나.
차라리 죽어라, 죽어, 그분의 고귀한 미덕을
그처럼 불충스레 여기고 가볍게 보려거든.
더 큰 치욕을 피하기 위해 죽는 것은 좋으니.
차라리 죽어라, 죽어, 조금이라도 불충한 사랑을 하느니.

46

"하지만 만일 사랑하는 일이 불충한 것이면,
나를 죽음에서 구해주었던 그분을 미워해야
하는가? 아 그런 비난은 내게서 멀어질지라.
그렇다면 그분을 사랑하지 않고 어찌할까,
내 그분에게 마땅한 보답을 할 수가 없으니?
차라리 죽어라, 죽어, 죽어서 그분을 섬기라,
죽어서 그분을 섬기고, 살아서는 흠모하노라.
네게 생명을 준 그분은 그걸 가질 자격이 있다.
차라리 죽어라, 죽어. 잠시라도 그분을 섬기지 않으려거든.

47

"하지만 멍청한 놈, 하늘이 섬기고 경애하는

그분에게 네 천박한 섬김이 무슨 소용이랴?
너는 사소하고 저급한 신분의 천한 시종이며,
그분은 천상에서 나서 천국의 얼굴을 지녔다.
그럼 어찌하랴? 모든 사랑을 같은 눈으로 보라.
지고하신 하나님은 가장 천박한 인간을 위해
친히 사랑을 내려주시고 섬기지 않으셨던가?
그분이 거절하면, 그분을 위해 얌전히 죽으리.
차라리 죽어라, 죽어, 그처럼 아름다운 사랑을 버리겠다면."

48

그렇게 그는 오랫동안 자기 의지와 싸웠고,
결국에는 허약함에 처해 있던 자기 자신을
커다란 질병에 양보할 수밖에 없게 되었다.
질병은 교만한 승자처럼 그의 내부 장기를
잽싸게 약탈해갔고, 내장을 모두 손상하여
그의 얼굴은 핏기를 잃고, 가슴은 생명을 잃어,
얼굴과 가슴, 둘 다 모두 여위고 황폐해졌다.
마치 꿰찌르는 번개가 모든 사물의 내부를
불태워버리고, 교묘하게 잿더미로 만들어버리는 것처럼.

49

그것을 보고 아리따운 벨피비는 그의 상처가
내부적으로 잘 치유되지 않았거나, 저 악독한
화살촉에 독이 묻었을까 걱정하기 시작했다,

그가 사랑을 깊이 숨기고 있는 걸 모르는 채.
하지만 그는 계속 여위어갔다. 밝은 햇빛이
그 위에 광선을 비추면 눈이 녹아내리듯이.
그러나 그는 그녀에게 마음을 내보이지 않았고,
차라리 엄청난 슬픔으로 죽어가기를 선택했다,
불명예스러운 조건을 가지고 그녀에게 하소연할 바에는.

50

자비로운 그 숙녀는 여전히 그를 치료하거나
편하게 해주기 위한 수고를 아끼지 않았다.
그녀는 그의 끈질긴 병세를 완화하기 위해
진귀한 효능을 가지고 있는 많은 치료제들과
값비싼 강심제들을 그를 위해서 사용하였다.
하지만 그에게 사랑에 병든 마음을 회복시킬
저 달콤한 강심제를 부여하는 것은 거절했다.
그에게, 그리고 무가치한 불쌍한 세상에게
은밀히 숨겨둔 고귀한 자신을 주지 않기로 한 것이다.

5 강심제(Cordialles): 심장 박동을 돕는 약으로 알려져 있다. 물론 여기서 강심제의 의미는 다음 연에 등장하는 "저 섬세한 장미" 즉 그녀의 사랑이다.

51

저 섬세한 장미는, 어머니인 아침의 딸인데,
그녀는 그것을 목숨보다 더 소중히 여겼고,
그녀의 명예의 화환을 그것으로 장식했다.

그 꽃은 낮의 뜨거운 위력에도 상하지 않고,
제 위로 몰아치는 예리한 북풍도 견디면서,
적대적인 하늘이 그처럼 낮게 드리울 때면
자신의 은빛 꽃잎들을 조심스럽게 접는다.
하지만 대기가 수정처럼 잠잠해지면 곧바로
그 꽃은 아름답게 펼쳐지면서 아름답게 피어난다.

1 저 섬세한 장미(That dainty Rose): 이후로 마지막 연까지 의인화되어 칭송을 받는 장미는 처녀성을 가리킨다. 스펜서가 유난히 처녀성을 칭송하는 것은 그의 주군 엘리자베스 여왕이 처녀였다는 사실과 관련이 있을 것이다.

52

영원히 신 히니님은 전지전능힌 힘을 가지고,
그분의 천상의 은총에 대한 본보기를 삼고자
태곳적에 이 꽃을 낙원에 심으셨던 것이며.
그 꽃을 그것이 원래 자라던 곳에서 옮겨서
지상의 육체를 가진 인간에게 심어둠으로써
유한한 인간들이 그 영광을 찬양하도록 했다.
그것은 온유한 여성들의 가슴 속에, 그리고
수없이 많은 여성들 안에서 가장 아름답게
꽃을 피워 명예와 순결함에 대한 욕망의 과실을 맺는다.

53

아름다움의 어여쁜 딸이여, 그대의 밝게
빛나는 광채는 천상의 빛처럼 이 세상을

장식하고, 그대의 놀라운 위력으로 왕권과
왕국을 정복하여 그대의 뜻에 복속시키니,
그대의 멋진 화환을 순결과 흠 없는 미덕인
이 아름다운 꽃으로 장식함으로써 빛나는
그대의 아름다움을 더욱 아름답게 만들고,
그대의 머리에 천상의 화관을 씌우리라.
하나님의 심판이 있기 전에 천사들이 그랬던 것처럼.

54
아름다운 그대 자신에 대한 멋진 본보기로서
이 아리따운 처녀, 아리따운 벨피비가 있으니,
정결에 대한 흠 없는 명예와 완벽한 사랑은
살아 있는 그 어떤 사람과도 비교할 수 없다.
그 어떤 유독한 질투심도 청초하게 피어나는
그녀의 처녀성에 대한 칭송을 해칠 수 없다.
그러므로 그녀는 여성이라는 명예의 무대에서
가장 높은 자리에 우뚝 서, 죽은 후까지도
모든 여성들이 그녀의 본보기를 따르도록 하는 것이다.

55
변함없는 순결에 대한 크나큰 칭송에도,
그녀는 너무도 예의 바르고 친절하였으며
은총과 훌륭한 겸손함을 잘 조화시켰기에,
그 두 미덕이 그녀의 영웅적인 마음속에서

높은 자리를 차지하려고 싸우는 것 같았다.
그렇게 서로 상대편을 더 키워주려 애써서
둘이 함께 여성에 대한 칭송을 자라게 하고,
둘이 함께 그녀의 탁월한 미모를 더 키운다.
그렇게 그녀 안에서 모든 것이 완벽히 보완을 이룬다.

칸토 6

아리따운 벨피비의 출생과
아모렛에 관한 이야기.
아도니스의 정원은 다양한
즐거움으로 가득하다.

1
나도 아오, 아름다운 여인들이여, 그대들이
궁금해할 것을, 어떻게 해서 그토록 위대한
완벽함을 모두 갖추고 있는 귀한 여인이
모든 예의범절을 가르치는 위대한 여교사인
왕궁이나 궁정의 성채에서부터 그토록 멀리
떨어져 있는 미개한 숲 속에서 살게 되었는지.
그러한 야생의 숲은 모든 문명의 모든 관습과
상류의 예절들을 멀리 쫓아내고, 교양 없는
투박함으로 점잖은 영혼들을 망치는 것처럼 보인다오.

2
하지만 이 아리따운 벨피비는 태어나서부터
천상의 존재들의 총애를 풍성하게 받았으며,
그녀가 태어날 것을 알리는 점성술을 통해

호의적인 태도로 세상을 내려다보던 그들은
은총과 순결의 선물들을 풍요의 뿔처럼
모두 그녀에게 쏟아 부어주었던 것이다.
조브는 지고한 옥좌에서 비너스에게 웃었고,
피버스는 아름다운 광채로 그녀를 꾸몄으며,
모든 그레이스들은 그녀가 태어난 요람을 흔들어주었다.

5   풍요의 뿔(Plenteous horne): 어린 제우스(Zeus)에게 젖을 먹였다고 알려진 염소의 뿔인데 풍요로움을 상징한다.
7-9 조브(Jove), 비너스(Venus), 피버스(Phoebus), 그레이스(Graces): 조브와 비너스, 태양인 피버스는 세 그레이스에 상응하는 존재이며, 점성학적으로 조브와 비너스의 조화는 보기 드문 행운을 의미한다. 은총을 의미하는 그레이스는 제우스와 유리노미(Eurynome) 사이에서 태어난 세 딸인데, 각각 매력(charm), 아름다움(beauty), 창의력(creativity)을 관장한다.

3

아침 이슬의 태에서 그녀는 탄생하였으며,
즐거운 청춘의 결과로 그녀가 수태되었고,
그들은 모두 진흙의 육체에 내재해 있는
모든 역겨운 죄악에 전혀 때 묻지 않은
순수한 그녀의 탄생을 전부 지켜보았다.
이 처녀는 그렇게 태어났고, 그렇게 자랐다.
그녀는 모든 순결한 미덕과 진실한 선으로
끊임없이 훈련을 받으며 자랐기 때문에,
드디어 때가 되자 마땅한 완벽함을 갖추게 된 것이다.

4

그녀의 어머니는 아름다운 크리소고니인데,
드높은 가문에서 태어났고, 요정의 혈통을
이어받은 암피사의 딸이다. 그녀는 벨피비를
낳았고, 똑같은 경로를 거쳐서 바로 다음에
아름다운 아모레타를 출산하게 된 것이다.
이 두 여인은 쌍둥이였고, 모든 하늘나라의
은총을 둘 사이에 골고루 나누어 물려받았다.
그들은 다른 모든 것, 즉 관대함과 아름다움,
그리고 모든 고귀한 미덕으로 옷 입고 있는 듯 보였다.

1 크리소고니(Chrysogonee): 그리스어로 '황금으로 태어난' 존재라는 뜻이다.
3 암피사(Amphisa): '이중적'이라는 뜻이 있는 이름으로서 그녀가 유한한 인간이면서 동시에 불사의 몸이라는 것을 의미하거나, 정결을 대변하는 벨피비와 사랑을 대변하는 아모렛을 출산했음을 의미하는 것으로 보인다. 아모렛의 이름이 5행에서는 아모레타(Amoretta)로 표기되어 있다.

5

어떤 기이한 사건으로 어여쁜 크리소고니가
이 아기들을 잉태했는지, 그리고 그녀가
어떻게 이 거친 숲 속을 혼자서 방황하다가
아홉 달을 다 채우고 이들을 낳게 되었는지
설명하는 것은 상당한 이야기가 될 것이다.
다른 여인들의 평범한 자식과는 달리 이들은
그녀의 정결한 몸이라는 성스러운 옥좌에서
잉태되었으며, 여느 여인들의 아기들처럼

보통 음식이 아니라, 생생한 피를 빨아 먹고 자랐기에.

6

하지만 이 두 여인은 기이하게 잉태되었고,
고대의 서적들에 그 사건이 언급된 것처럼
하늘의 풍요로운 광채를 통해 양육되었다.
때는 아름다운 타이탄이 광채를 발산하던
어느 찬란하게 빛나는 여름날이었는데,
그녀는 아무도 볼 수 없는 신선한 샘물에
가슴을 담가 타는 더위를 식히고자 하였다.
그녀는 붉은 장미와 파란 제비꽃과, 숲에서
자라던 모든 달콤한 꽃들로 목욕을 하고 있었다.

8 붉은 장미와 파란 제비꽃(roses red, and violets blew): 장미와 제비꽃은 각각 사랑과 순결, 즉 비너스와 다이애나를 대변하며, 동시에 크리소고니의 두 딸인 아모렛과 벨피비를 상징한다.

7

그러다가 결국 무력한 피곤함이 몰려와
잠을 자기 위하여 그녀는 자신의 육신을
풀밭에 눕혔고, 온화하고 나른한 졸음이
벌거벗은 육체를 드러낸 그녀에게 덮쳤다.
빛나는 태양 빛이 좀 전의 목욕으로 인해
부드러워진 그녀의 몸 위에서 유희를 했고
그녀의 자궁을 뚫고 들어와, 달콤한 흥분과

아무도 모르는 비밀스런 힘으로 스며들어,
곧바로 그녀의 풍요로운 육체에 열매를 맺은 것이다.

5-9 16세기까지 사람들은 나일 강이 범람한 후 많은 생물이 나타나는 것을 젖은 진흙이 태양 빛을 받으면 그 안에서 생명이 생기는 현상으로 해석하였으며, 같은 맥락으로 인간의 경우에도 적절한 습기와 열기가 섞이면 생명이 잉태된다고 믿었다.

8
임신에 대한 이런 기이한 이야기는 그것을
듣는 사람에게는 기적처럼 보일지도 모른다.
하지만 이성이 가르쳐주고 있지, 살아 있는
만물의 비옥한 씨앗이 습기를 머금은 상태로
햇볕의 자극을 받게 되면, 이를 통해 생명을
잉태하고 종족을 번성시킨다는 것을 말이다.
그렇기 때문에 나일 강이 범람하고 난 후에
태양 빛을 쪼인 진흙 안에서 끝없이 다양한
생명체가 생겨난다는 것을 사람들은 발견하는 것이다.

9
세대를 이어가며 생명과 빛의 창조자라고
바르게 불린 위대한 아버지가 바로 그다.
또한 그의 어여쁜 누이는 창조 과정에서
적절한 물질을 공급하여, 온도와 습도가
조화되면 살아 있는 인간을 낳도록 해준다.
그렇게 쌍둥이는 크리소고니의 태에서 나왔다.

하나 아무것도 모르던 그녀는 배가 그처럼
부른 것을 보고 놀라며 몹시 두려워했다.
배는 계속 커져서, 마침내 그녀의 기한이 다 찼다.

2 위대한 아버지(Great father): 태양을 가리킨다.
3 어여쁜 누이(faire sister): 달을 가리키는데, 달은 유한한 육체 특히 여성의 몸과 자궁을 조절하는 존재로 여겨졌다.

10

그 때문에 부끄러움과 지독한 치욕을 안고,
비록 양심에 거리끼는 것은 전혀 없었지만,
그녀는 잠시 동안 숲 속으로 도망을 쳐서
마침내 거기서 그 묵직한 짐을 내려놓아
자신이 죽음처럼 두려워하던 불명예를 피했다.
거기서 오랫동안의 산고 끝에 몸을 누이고
쉬면서 그나마 다행이라고 스스로 위로했다.
그러자 수면의 슬픈 구름이 그녀를 덮치고
지독한 슬픔으로 짓누르며 모든 감각을 휘감아버렸다.

11

그런데 우연히 아름다운 비너스는 날개 달린
사랑의 신인 자기 어린 아들을 잃어버렸는데,
그는 제 뜻을 거스르는 사소한 불쾌함 때문에
그녀에게서 도망쳐 날렵한 비둘기처럼 날아,
천상에 있는 축복 받은 기쁨의 처소를 떠났다.

(그녀가 마땅한 일로 그를 심하게 꾸중하면
그는 그처럼 때때로 그녀에게서 도망쳐
아무도 알아보지 못하게 천 가지 모습으로
변장하고 이상한 차림으로 세상을 돌아다니곤 했었다.)

* 11연에서 26연까지 이어지는 이야기 즉 비너스가 도망친 자신의 아들 큐피드를 찾는 이야기는 목가시에 흔히 등장하는 주제이며, 그녀가 다이애나와 논쟁하며 내뱉는 구체적인 대사들은 아마도 영문학에서는 여기서 처음으로 묘사되는 경우일 것이다.

12

그녀는 그를 찾아 자신의 하늘 집을 떠났다.
그곳은 훌륭한 모습과 아름다운 모양을 갖춰
온 세상이 거기서 영광스런 생김새를 본뜨고
그 모든 형태를 취하는 곳이며, 드높은 신이
자신의 솜씨를 장식했던 바로 그곳이었다.
그녀는 아들이 날개를 타고 갈 만한 곳이나
그 자취를 찾을 수 있는 곳은 모두 뒤졌다.
자기에게 그의 소식을 전해주는 사람에게
달콤한 키스와 더 달콤한 것들을 주겠다는 약속도 했다.

13

그를 찾아 먼저 예부터 그가 자주 드나들던
궁정으로 갔다, 하지만 그는 그곳에 없었다.
그러나 거기서 많은 사람들이 그의 거짓됨을
마구 욕하며, 그 잔인한 행동과 짓궂은 책략을

더럽고 악랄한 이름으로 비난하는 것을 보았다.
어디서나 숙녀들과 군주들의 하소연이 들렸다,
어떤 식으로 그의 독 묻은 화살이 얼마 전에
자신들의 애처로운 가슴에 상처를 줌으로써,
희망과 두려움 사이에서 초췌해지도록 내버려두었는지.

14
그러자 그녀는 도시들을 구석구석 뒤졌고,
모든 사람들에게 그를 보았는지 물어보았다.
모든 사람이 그녀에게 답했다, 아주 최근에
그를 보았다고, 그래서 그의 예리한 화살과
뜨거운 화살촉이 주는 잔혹함을 느꼈노라고.
사람들은 모두 그의 짓궂은 행동에 대해서
비난을 가득 퍼부으면서 말했다, 그는 모든
시민의 일상생활을 흐트러뜨리는 자이며,
평화의 적이요, 모든 분쟁을 일으키는 장본인이라고.

15
그러자 그녀는 시골로 건너가 그를 찾았고,
시골의 작은 집들을 찾아다니며 수소문했다.
거기서도 많은 이들이 그녀에게 하소연했다,
어떻게 그가 사랑으로 저희 무심한 가슴을
놀래키고, 나쁜 독액을 핏줄에 불어넣었는지.
또한 직업으로 자신들의 양 떼 무리를 지키며

앉아 있던 온화한 젊은 목동들에게서 그녀의
아들이 자신들에게 무엇을 어떻게 했는지를
그녀는 상냥하게 들었다. 그러나 그녀는 미소 지었다.

9 비너스가 미소를 지은 것은 목동들의 하소연에서 시적 달콤함을 느꼈기 때문이거나, 단순한 목동들까지도 사랑의 고통을 하소연하는 것이 재미있기 때문일 수도 있겠다.

16

하지만 이런 모든 곳에서 그를 찾지 못하자,
그녀는 그가 어디에 숨어 있을까 숙고했다.
마침내 그녀는 자신이 아직도 넓은 삼림과
거친 숲을 찾아보지 않은 것을 생각해냈다.
거기는 수많은 예쁜 님프들이 살고 있으니,
그중 누군가와 그가 은밀하게 누워 있거나
몇몇이 사랑으로 그를 잡고 있을 수도 있다.
그리하여 그녀는 그쪽으로 갈 길을 잡았다,
다이애나의 무리들이 사는 은밀한 곳을 찾아보려고.

17

얼마 안 되어 그녀는 황량한 숲에 도착했고,
그곳에서 그 여신이 자신의 시녀들과 함께
최근까지 피에 물든 사냥감을 추적하다가,
어느 샘물 곁에 줄지어 앉아 있는 것을 보았다.
어떤 이들은 자신의 생생한 피부를 더럽힌
먼지투성이의 땀과 흙을 이슬 같은 샘물로

자신의 손발에서 씻어내고 있는 중이었다.
다른 이들은 타는 열기를 피해 그늘에 누웠고,
나머지는 정성을 다해 그 여신의 시중을 들고 있었다.

18
여신은 자신의 활과 형형색색의 화살집을
나뭇가지에 높이 걸어두고, 자신의 은빛
가죽 장화를 날씬한 다리에서 벗어놓고
날씬한 허리춤을 끄르고, 가슴을 풀어헤쳐
더위 후에 시원한 공기를 맛보고 있었다.
전에 뛰는 데 방해될까봐 멋지게 삼단같이
땋아놓은 그녀의 황금빛깔 머리타래는
풀어져 어깨까지 치렁치렁 늘어져 있었고,
달콤한 암브로시아가 그 위에 살짝 흩뿌려져 있었다.

9 암브로시아(Ambrosia): 신들의 음식, 신들의 음료로 알려져 있다. 밀턴(Milton)의 『실낙원』(*Paradise Lost*)에서 이브가 꿈에서 멋진 사탄을 처음 만났을 때 그의 머리카락이 암브로시아에 젖어 있었다고 묘사한다.

19
그녀는 자신의 등 뒤로 비너스를 보자마자,
그처럼 느즈러진 것을 들켜 부끄러워했고,
태만한 자기 시녀들에게 반쯤 화가 났다,
그런 사실을 자신에게 미리 고하지 않아서
자신이 그처럼 부주의하게 풀어져 있을 때

들키게 한 것에 대해. 곧 널브러진 옷가지를
주워 모아서, 가슴에 안고서 최선을 다해
옷을 여미며, 그 여신을 향해서 일어섰는데,
그러는 동안 그녀의 님프들은 화환처럼 그녀를 에워쌌다.

20
그녀는 예쁜 시세리아를 깍듯이 맞고 나서
곧바로 물었다, 무엇 때문에 그녀가 달콤한
침실과 기쁨으로 넘치는 침대를 벗어나서
자신에게 어울리지 않는 황야로 온 것인지,
그런 갑작스런 변화가 기이하게 여겨진다며.
그러자 반쯤 울면서 여신이 이렇게 대답했다,
자신의 아끼는 아들 큐피드를 찾아왔다고,
그가 분에 못 이겨 그녀에게서 도망쳤는데
그녀는 그를 화나게 한 것을 대단히 후회하고 있다고.

1 시세리아(Cytherea): 비너스를 그렇게 부른 이유는 비너스가 바로 시세리아(Cytherea) 섬 근처의 바다에서 태어났기 때문이며, 그녀가 숲에 속한 존재가 아님을 강조하기 위함이다.

21
그러자 다이애나는 그녀의 허망한 호소를
비웃으며 미소를 지었고, 조롱하며 말했다.
"정말 안됐군요, 당신의 유희를 그리 크게
도와주는 쾌활한 아드님께 버림을 받다니.
당신도 그런 보답을 받게 될 수 있다니요."

하지만 비너스는 더욱 슬퍼하며 대답했다.
"어여쁜 자매님, 그런 경멸적인 교만으로
슬픔에 잠긴 마음을 힐책하지 말아주세요.
내 슬픔이 언젠가 당신의 아픔이 될 수도 있답니다.

5 **당신도 그런 보답을 받게 될 수 있다니요(ill mote ye bene apayd):** 다이애나의 말은 비너스가 정말로 고통스러웠을 것이라는 위로의 뜻으로 해석할 수도 있고 그녀가 보답을 받지 못하리라는 저주의 의미로 해석할 수도 있겠다. 어느 쪽이든 비너스에 대하여 다이애나는 비아냥거리는 태도를 취한다.

22

"당신이 자신의 영광을 숲 속과 거친 황야에
쌓아두ㄱ 야생 짐승들을 쫓아다니는 것처럼,
나의 기쁨은 모두 침대들과 침실들, 그리고
연회들과 잔치들을 즐기는 것에서 옵니다.
당신이 머리 장식을 드높이 세우고 조브조차
기꺼이 찾는 쾌락을 비웃으면 나쁜 일이지요.
우리는 둘 다 하늘의 명령을 따라야 하며,
유순한 순종을 통해 우리 직무를 담당할 뿐.
다정한 자매여, 내 고통을 키우는 비난을 삼가주세요.

23

"그리고 말해줘요, 내 아들이 남몰래 당신의
님프들 속에 숨거나, 또는 그들의 오두막에
있는 것을 들었는지. 그가 자신을 이들 중
하나로 변장하고 늘 하던 대로 그들을 향해

제 화살을 쏘았을까봐 매우 걱정이 됩니다.
그렇게 해서 오랫동안 편히 숨어 있으려고.
그는 얼굴과 외관이 그 어느 님프만큼이나
(질투는 마세요) 예쁘고 멋지기 때문이지요."
그러면서 그녀는 실눈을 뜨고 모든 님프들을 흘겨봤다.

24

하지만 그 말을 들은 피비는 심히 분하여
날카롭게 말했다. "가보세요, 부인, 예전에
그를 두고 온 마스의 침대로 가서 아들을
찾으세요. 그는 여기 오지도 않았고 우리는
어리석은 쾌락을 경멸하며, 경박한 장난에
빠질 여유도 없소. 그러나 그가 이 무리에서
잡힌다면, 그 지극한 불쾌함에 신들도 피하는
스티지언 호수에 맹세코, 심한 벌을 받으리.
내 그 허망한 날개를 잘라 다시는 날 수 없게 하리니."

1 피비(Phoebe): 달의 여신이며 동시에 수렵과 처녀성의 수호신인 다이애나를 가리킨다.
3 마스의 침대(Mars his bed): 비너스는 전쟁의 신인 마스의 연인이다. 다이애나는 여기서 비너스의 성적 타락을 조롱하고 있다.
8 스티지언 호수(Stygian lake): 지옥에 있는 4대 강 중 하나로서 버질(Virgil)에 의하면 그 지독한 위력 때문에 신들조차도 함부로 그곳에 대고 맹세하려 하지 않는다고 한다.

25

비너스는 그녀가 심히 불쾌해하는 것을 보고,
자신이 한 말에 대하여 속으로 미안해하면서

마음을 누그러뜨렸다. 곧바로 그녀를 달래려
사탕발림한 언어와 부드러운 수단들을 자신의
달콤한 입술에서 마치 샘물처럼 흐르게 했고,
아주 잘 흘려내었기 때문에, 오래 걸리지 않아
그녀는 아주 만족했고, 자기 시녀들을 보내
숲을 온통 뒤지며 이곳저곳 찾아다니게 했다,
그의 발자취나 그에 대한 소식을 찾을 수 있을까 싶어서.

3-7 비너스는 여기서 전통적인 자신의 역할 즉 화합(concord)을 수행한다.

26

그녀는 사랑의 신을 찾으려 종잡을 수 없는
숲의 모든 곳으로 자신의 님프들을 보냈다.
또한 자신도 그 여신과 함께 그들을 뒤쫓아
도망자를 찾으러 갔다. 가까이 또한 멀리,
오랫동안 찾아다니다가, 바로 그 그늘진
은밀한 곳, 아름다운 크리소고니가 이전에
혼절한 채로 누워 있던 곳에 도착한 것이다.
그녀는 잠든 상태로 (말하기도 신기하지만)
부지불식간에, 밝아오는 날처럼 어여쁜 두 아기를 낳았다.

4 가까이 또한 멀리(both far and nere): 1590년 판에는 이 구절이 없는데, 스펜서는 1596년 판에서 이 구절을 덧붙였다.

27

그녀는 임신한 줄 몰랐고 낳은 줄도 몰랐다.

즐거움 없이 임신했던 그녀는 고통도 없이
출산했다. 또한 루시나의 도움을 청할 필요도
없었다. 두 여신은 이것을 보고 경이로움에
모든 감각이 얼어붙는 듯 느꼈으며, 아무런
말도 하지 못한 채 서로를 바라보기만 했다.
결국 두 여신은 슬퍼 보이는 그녀를 무거운
잠에서부터 깨우지 않기로 의견을 함께 했고,
귀엽게 그녀 곁에 있는 여린 아기들을 데려가기로 했다.

3 루시나(Lucina): 제우스의 부인인 주노(Juno)를 가리킨다. 그녀는 출산을 하는 여인들의 수호신이기도 하다.

28

그들은 각각 아기를 하나씩 들어 안았으며,
그 아기들을 양육하기 위하여 데리고 갔다.
여신 피비는 제 아기를 한 님프에게 데려가
그 아기를 완벽한 처녀로 키우고자 하였고,
스스로 아기의 이름을 벨피비라고 지었다.
하지만 비너스는 자기 아기를 거기서 멀리
데려가 훌륭한 여성으로 키우고자 했으며,
집을 떠나 방황하는 자신의 작은 사랑 대신,
자신의 불안을 위로하고자 그녀를 아모레타라고 불렀다.

9 아모레타(Amoretta): 비너스는 이 아기를 큐피드 대신 얻었으므로 큐피드를 상징하는 사랑 즉 'Amor'의 여성형인 'Amoretta'를 이 아이의 이름으로 삼은 것이다.

29

그녀는 자신이 땅에 머물 때 주로 거하던
자신의 흥겨운 낙원으로 아기를 데려갔다.
자연이 꾸밀 수 있는 가장 멋진 곳으로서,
파포스에 있는지, 시테론 언덕에 있는지,
그나이더스에 있는 곳인지 나는 잘 모른다.
하지만 경험으로 나는 이곳이 다른 모든
유쾌한 곳을 능가한다는 것을 알고 있다.
또한 이곳은 잃어버린 연인의 이름을 따라
아도니스의 정원이라 불리는데, 명성이 자자한 곳이다.

4 파포스(Paphos), 시테론(Cythcron), 그나이더스(Gnidus): 모두 비너스의 신전이 있는 곳이다. 파포스는 사이프러스 섬에 있는 오늘날의 바포(Baffo)지역이다. 시테론 언덕은 보통 비너스와 연관이 있다고 알려진 시테라(Cythera) 섬을 스펜서가 그렇게 부른 것일 수도 있고, 제우스와 뮤즈에게 바쳐진 시테론 산(Mount Cytheron)일 수도 있다. 그나이더스(Gnidus)는 비너스 상으로 유명한 카리아(Caria) 지역의 도시 이름이다.

9 아도니스의 정원(Gardin of Adonis): 16세기에는 약초를 빨리 키우기 위하여 마련된 조그만 용기를 아도니스의 정원이라고 불렀다. 따라서 식물이 풍성하게 빨리 자라는 지역을 묘사할 때 흔히 쓰는 용어였다. 스펜서는 성서와 오비드, 또는 여러 신화에 공통적으로 등장하는 천지창조의 철학적 의미를 표현하기 위하여 이 이름을 사용한 것으로 보인다. 학자들은 이곳을 에덴동산(Garden of Eden)의 다른 표현이라고 주장하기도 한다. 그러나 에덴동산과 유사한 점들이 있음에도 차이점들이 뚜렷하여 스펜서가 이곳을 에덴으로 묘사한다고 보기는 어려운 것이 사실이다.

30

그 정원 안에는 어머니인 자연이 자신을
아름답게 가꾸고 자기 연인들의 꽃다발을
장식하는 온갖 멋진 꽃들이 심기어 있었다.
그곳에는 태어났다가 죽는 모든 존재들의

첫 번째 종자들이 각기 그 종류를 따라서
심기어 있었다. 그곳에서 싹이 트고 꽃을
피우는 모든 식물들의 끝도 없는 이름들을
여기서 거명하려면 오랜 작업이 될 것이다.
하지만 필요한 만큼은 반드시 여기서 이야기해야겠다.

31

그곳은 옛 비옥한 땅에 자리 잡고 있으며,
양쪽에 있는 두 개의 담으로 둘려 있었다.
하나는 철로, 하나는 빛나는 황금으로 되어
아무도 부수거나 넘어갈 수 없었다.
문은 이중으로 되어 있고, 활짝 열려 있어서
그리로 사람들이 안팎으로 드나들 수 있었다.
멋진 새 문이 있고, 마르고 낡은 문이 있었다.
이 문들의 문지기는 늙은 지니어스였는데,
늙은 지니어스, 그는 이중의 품성을 지니고 있는 자였다.

2-7 두 개의 담은 이중의 담, 즉 외곽에 철로 된 담이 있고 내부에 황금으로 된 담이 또 하나 있다면, 외부의 담은 부술 수 없고 내부의 담은 넘어갈 수 없다는 설명이 가능하다. 또한 양쪽에 각각 담이 있으며 황금으로 만들어진 담에는 멋진 새 문이 있고, 철로 된 담에는 마르고 낡은 문이 있다고 해석할 수도 있겠다. 문은 전통적으로 출생과 죽음을 상징한다.
8 늙은 지니어스(Old Genius): 출생의 수호신. 이 지니어스는 2권 칸토 12의 47연에 등장하는 지니어스의 또 다른 모습이라고 할 수 있다. 지니어스는 인간을 선하게 인도하는 우주적 원리(universal principle)를 가리키기도 하며 개인적으로 인간을 타락으로 유도하는 나쁜 힘을 의미하기도 한다.

32

그는 원하는 세계로 들어오고자 하는 모든
사람들을 들어오게 하고, 나가게 해주었다.
천에 천을 곱한 숫자의 발가벗은 아기들이
밤낮으로 그 주위에 매달려, 새로운 의복을
자기들에게 입혀달라고 그에게 부탁하였다.
그가 그들이 원하는 대로 죄 많은 진흙으로
옷 입히면, 그대로 영원한 운명이 부과되고,
그들은 유한한 세상에 살도록 내보내진다.
그들이 또다시 뒤쪽에 있는 문으로 되돌아올 때까지.

3 발가벗은 아기들(naked babes): 인간이 되기 전의 영혼, 인간 육체의 씨앗, 혹은 인간이 되기 전에 존재하는 식물적 영혼을 가리킨다.
6 죄 많은 진흙(sinfull mire): 인간의 육체. 육체는 인간의 죄를 대변하며 흙으로 만들어졌기 때문에 육신이 있는 인간을 죄 많은 진흙이라고 부른다.

33

그런 후에 그들이 다시 되돌아오게 되면,
그들은 또다시 바로 그 정원에 심기어서,
마치 육체의 부패나 죽음의 고통을 결코
겪어보지 못했던 것처럼 새롭게 자란다.
그렇게 그들은 수천 년을 거기서 머문다.
그런 후에 그가 다른 모습의 옷을 입히고
다시 그들을 변화무쌍한 세상으로 보내고,
그들은 처음 자란 그곳으로 다시 돌아온다.
그렇게 둥근 수레바퀴처럼 그들은 늙고 다시 젊어진다.

34

그곳은 정원사가 정리하거나, 파종하거나,
심거나, 가지 칠 필요도 없다. 모든 것은
창조된 그대로, 저 스스로 자라고 있었다.
또한 전지전능하신 주님께서 생육하고
번성하라고 그들에게 처음에 명령하신
저 위대한 말씀을 잘 수행하고 있었다.
또한 그들은 여울이나 구름에서 나오는
물로 메마른 뿌리를 적실 필요도 없었다.
그들은 스스로 영원한 습기를 머금고 있었기 때문에.

35

거기는 무궁한 모양과 아직 아무도 모르는
기이한 형태의 생명체들이 자라고 있었고,
온갖 종류들이 여러 가지 다양한 화단에서
저 스스로 심기어, 적절히 줄지어 번성한다.
어떤 것은 이성적인 영혼을 입기 적당하고,
어떤 것은 짐승을, 어떤 것은 새의 모습을,
또 모든 어류의 풍성한 알의 모습을 하고,
각각의 종류에 따라 끝없이 번창하였기에,
바다가 그들을 모두 담고 있을 수 없을 것처럼 보였다.

5-8 『신약성서』 중 『고린도전서』 15장 39절을 참조할 것. "모든 육체가 같은 육체는 아니니 한 종류는 사람의 육체요, 다른 것은 짐승의 육체요, 다른 것은 물고기의 육체요, 다른 것은 새의 육체라."

36

그들은 날마다 자라고, 날마다 세상으로
보내져 세상을 더욱 가득 채우게 되었다.
하지만 근원은 소진되거나 줄지 않았고,
태곳적에 그것이 처음 창조되었을 때처럼
영구적인 물량이 항상 그대로 남아 있었다.
왜냐하면 이 세계의 드넓은 자궁 안에는
진저리 나는 어두움과 깊은 두려움 속에
거대하고 영원한 카오스가 있어서, 자연의
풍성한 후손을 이루는 재료를 공급하고 있기 때문이다.

6-8 카오스(Chaos): 혼돈이라고도 먼억알 수 있는 태초의 존재로서, 밀턴도『실낙원』2권 911행에서 카오스를 "자연의 자궁이며, 자연의 무덤"(the womb of nature and perhaps her grave)이라고 묘사한다.

37

만물은 거기서 자신들의 원형을 따오고,
자신을 형성하는 물질을 빌려오는 것인데,
그것이 특정한 형체와 모습을 갖추게 되면
육체가 되고, 그러면 끔직한 그림자로부터
빠져나와 생명의 상태로 들어가게 된다.
그 원료는 영원하며, 그 상태로 지속되어,
생명이 쇠퇴하고 형체가 허물어질 때에도
소진되지 아니하고, 무로 돌아가지 않으며,
다만 변화하여, 때때로 이렇게 저렇게 바뀔 뿐이다.

6   원료(substance): 물질의 원형. 어원으로 보면 존재의 근원, 즉 모든 물체가 특정한 형태를
    이루기 전에 이미 선험적으로 존재하는 물질을 가리킨다.

38

원료는 바뀌지도 변하지도 않으며, 다만
그 형태와 드러나는 모양만 변하는 법.
왜냐하면 모든 원료는 기질과 양상에 따라
자신의 겉모습을 여러 가지 다양한 형태로
변화시키도록 조건 지워져 있기 때문이다.
형태란 변화무쌍한 것이며 그 본성에 따라,
혹은 필연성에 의해서 쇠퇴하게 되어 있어,
저 아름답고 청초한 꽃도 시드는 법이다,
마치 신선한 백합이 햇살 앞에서 시들어가듯이.

39

아도니스의 정원에서 피어나는, 꽃을 포함한
모든 생명체에게 있어서 최대의 적은 바로
사악한 시간이다. 그는 큰 낫으로 무장하고
피어나는 식물과 다른 좋은 것들을 베어내어
그들의 모든 영광을 땅바닥에 내동댕이쳐서
거기서 시들고 지저분하게 망가지게끔 한다.
그는 주변을 날아다니다 제 처진 날개로
잎이나 꽃봉오리를 무차별하게 쳐서 떨구며,
어떤 동정심으로도 맹렬한 앙심을 누그러뜨리지 않는다.

3 사악한 시간(wicked Time): 아도니스의 정원에 있는 꽃들이 시간의 지배를 받는다는 사실은 그동안 학자들 사이에서 논쟁의 대상이 되어왔다. 과연 시간이 정원 안에 있는 존재인지, 아니면 정원 밖에 있는 것인지는 분명치 않다. 정원은 불변의 지역이며 거기서 밖으로 나오는 생명은 그 순간부터 죽음을 향해서 진행한다는 스펜서의 설명에 의하면, 정원은 그 자체로 시간의 지배를 받지 않는 것처럼 보인다. 하지만 정원에 있는 꽃들이 시간의 지배를 받는 것은 분명한 사실로 보인다. 시간이 큰 낫을 든 존재로 의인화되는 것은 르네상스 시대에 흔히 사용되는 비유이다. 앤드루 마벌(Andrew Marvell)의 「수줍은 연인에게」(To His Coy Mistress)를 참조할 것.

40

하지만 그처럼 아름다운 것들이 망가지고
상하는 것을 보고 때때로 신들이 동정한다.
또한 위대한 어머니 비너스는 애통해한다,
제 소중한 기쁨, 아끼는 지식들을 잃는 것을.
그녀가 정원을 거닐 때 그들을 보면서도
그러한 비참함에서 회복시킬 수 없을 때면
그 모습에 동정심이 그녀의 가슴을 찌른다.
살아 있는 모든 것은 그 법의 적용을 받고,
모든 것은 시간이 지나면 썩어 최후를 맞는 법이다.

41

그러나 그들의 근심거리인 시간만 빼고는,
이 매혹적인 정원에서 자라는 모든 존재가
행복할 수밖에 없고 영원한 기쁨을 누린다.
여기서는 모든 게 풍족하고 즐거움이 넘치며
지독한 증오나 어리석은 질투도 없이, 달콤한

사랑이 부드러운 열정을 그들에게 퍼붓는다.
애인들은 각각 정직하게 자기 연인을 품으며
새들은 각기 자기 짝을 알고, 어느 누구도
남들의 매력적인 쾌락과 흥겨운 행복을 질투하지 않는다.

42

그곳은 봄이 계속되고, 가을도 계속되어
같은 시간에 두 계절이 함께 만나고 있다.
그래서 가지들은 유쾌한 꽃들을 만개하고
상큼한 색상으로 흐드러진 봄을 장식하며,
또한 동시에 그들은 과실의 무게에 힘겨워
하고 있는 묵직한 나무에 올라가기도 한다.
한편 흥겨운 새들은 저희의 포근한 거처인
나뭇잎 사이 그늘에서 한가로움을 즐기면서,
의심 없는 진정한 사랑을 사방으로 이야기하고 있다.

1-2 봄과 가을, 즉 싹이 돋아나고 동시에 과실이 열매 맺는 것을 전통적으로 낙원의 조건으로 여겼다. 성서에 의하면 에덴의 동산에서도 식물의 싹이 나는 것과 동시에 열매가 맺는다. "땅이 풀과 자기 종류대로 씨 맺는 채소와 자기 종류대로 열매 맺는 나무 곧 열매 속에 씨가 있는 나무를 내니라."(「창세기」 1장 12절)

43

그 낙원의 한가운데에는 웅장한 산이 하나
우뚝 서 있었으며, 그 꼭대기를 빙 둘러싸고
은매화나무가 어두운 숲을 이루며 자랐는데,
검은 가지의 예리한 가시는 항상 꼿꼿하여,

험한 짐승들도 보드라운 싹을 따 먹지 못했고,
마치 정상을 에워싸고 있는 화환처럼 보였다.
그 풍성한 줄기에서는 달콤한 진액이 떨어져
그 고귀한 방울방울로 온 땅을 장식했으며,
지극히 맛있고 지극히 달콤한 기쁨의 향기를 쏟아냈다.

44

또한 그 그늘진 곳 가장 깊숙한 은신처에는
즐거운 쉼터가 하나 있었는데, 기교가 아니라
나무들이 저절로 기울어져 만들어진 곳이다.
그 나무들은 비스듬히 꼬이며 뒤엉킨 무성한
담쟁이로 제 빽빽한 가지들을 서로 엮었는데,
그 가운데는 들장미와 인동덩굴도 있어서
그 가장 깊은 곳의 천장을 이루고 있었기에,
피버스의 빛살도 그 사이로 내리쬘 수 없었고,
에올러스의 매서운 광풍도 전혀 해를 끼칠 수 없었다.

8-9 피버스(Phoebus), 에올러스(Aeolus): 피버스는 태양을 가리키며, 에올러스는 바람의 신이다.

45

그 주변에는 온갖 종류의 꽃들이 자랐는데,
옛적에 슬픈 연인들이 그렇게 변한 것이다.
상큼한 히아신스는 피버스의 애인이었으며,
가장 소중한 사랑.

물가를 좋아하는 순진무구한 나르시스,
구슬픈 아마란터스, 최근에야 꽃이 되었고,
구슬픈 아마란터스, 그 자줏빛 핏덩이에서
아민타스의 가엾은 운명을 보는 듯하구나.
달콤한 시인의 운율이 그를 영원히 살게 하였으니.

3 히아신스(Hyacinthus): 그리스 신화에 의하면 태양의 신 피버스(Phoebus)는 자신이 가지고 놀던 고리가 바람의 질투로 잘못 날아가 자신의 연인 히아신스를 죽이게 되자, 이 자줏빛 꽃이 잃어버린 연인의 피에서 피어나도록 했다.
4 이 행은 1609년에 추가된 것인데, 스펜서는 사랑은 예나 지금이나 짧은 것임을 강조하기 위하여 일부러 이 행을 불완전하게 만든 것으로 보인다.
5 나르시스(Narcisse): 나르시서스(Narcissus), 즉 수선화를 가리킨다. 그리스 신화에서 물 위에 비친 자신의 모습과 사랑에 빠져 죽은 미모의 청년으로 그가 죽자 물가에서 이 꽃이 피었다고 전해진다.
6 아마란터스(Amaranthus): 아마란스(Amaranth)는 비름과에 속하는 자줏빛 관상식물이지만, 그리스어로 '영원히 시들지 않는다'는 의미가 있다.
8 아민타스(Amintas): 스펜서와 동시대를 산 시인 필립 시드니 경(Sir Philip Sidney)을 가리키는데, 그는 1586년에 죽었기 때문에 "최근에서야 꽃이" 되었다고 부르는 것이다. 당대의 많은 시인들이 시드니의 때 이른 죽음을 아쉬워했고 그를 위해 애가를 지었는데, 스펜서도 그 중 하나였다.

46

아름다운 비너스는 종종 그곳에 머물면서
사랑하는 아도니스와 즐거움을 함께했고,
분망한 소년이 주는 달콤한 쾌락을 취한다.
그는 꽃들과 귀한 향료에 둘러싸여 아직
그곳에 남몰래 누워 있다고 하기도 하지.
그녀가 세상과 그녀의 사랑을 질투하는
스티지언 신들에게서 그를 감춘 것이다.

그렇게 그녀는 언제든지 원할 때면 혼자서
그를 독차지하고 그의 감미로움을 만끽하는 것이다.

7 스티지언의 신들(Stygian Gods): 지옥의 신들. 스틱스(Styx)는 지옥에 있는 네 강 중 하나이다.

47

사람들 말이 진실인 것 같다. 그는 어쩌면
영원히 죽지 않은 채, 모든 것이 잊혀버리는
음산한 밤에 한없이 묻혔는지도 모른다.
비록 언젠가는 그도 죽을 수밖에 없으리.
하지만 변화 속에서 영원히 존재하게 되고
때때로 변신하고 다양하게 모습을 바꾸며,
끊임없이 다음 단계로 이어져가는 것이다.
사람들은 그를 모든 형태의 근원이라 한다.
그래서 그는 살아서 모든 이에게 삶을 주어야만 하리라.

8 모든 형태의 근원(the Father of all formes): 아도니스는 형태(form)를 대변하고 비너스는 물질(matter)을 대변하는 것으로 보고 있다. 여기에는 물질은 변하지 않고 다만 그 형태만 끝없이 바뀌는 것이라는 스펜서의 생각이 담긴 것으로 보인다.

48

거기서 지금 그는 영원한 행복 속에 산다,
자기 여신을 즐겁게 하고, 그녀를 즐기며.
또한 잔혹한 엄니로 그를 찔러 죽여
적이 되었던 짐승에 대한 두려움도 없이.
왜냐하면 자신의 귀여운 연인이 한때 그를

괴롭히던 야생 멧돼지의 공격을 피하도록
그녀가 그놈을 그 산 아래 틈새에 있는
튼튼한 바위 동굴 안에 영원토록 단단히
가둬놓아 아무도 풀어줄 수 없도록 해두었기에.

6 야생 멧돼지(wilde Bore): 그리스 신화에 의하면 비너스의 연인이었던 아도니스는 사냥을 하다가 야생 멧돼지에 받혀서 죽었다.

49

거기서 지금 그는 영원한 기쁨 속에 산다,
그곳에 오는 수많은 신들과 친구가 되어,
그리고 아무 위험이 없는 행복을 즐기는
날개 달린 소년과도 함께 친구가 되어.
그 소년은 노략질과 잔혹함으로 세상을
약탈하면서, 많은 가엾은 이들의 구슬픈
가슴 속에 자신의 승리를 드높이 구가하고
그곳으로 찾아와서는, 제 예리한 화살을
곁에 놓아두고, 예쁜 아도니스와 장난을 치고 있다.

4 날개 달린 소년(the winged boy): 사랑의 신 큐피드(Cupid)를 가리킨다.

50

또한 그의 진정한 사랑, 어여쁜 사이키도
그와 함께 놀고 있었다. 어여쁜 사이키는
부당한 비난과 오랜 고생 후 최근에 그와
화해했는데, 그의 어머니 비너스는 그녀를

매도하며 그에게서 잔혹하게 떼어놓았었다.
하나 지금 그녀는 지속적인 사랑과 행복한
상태로 그와 살면서, 그의 아기를 낳았다.
플레저는 신과 인간을 모두 즐겁게 해준다.
플레저는 큐피드와 최근의 사이키 사이에 낳은 딸이다.

9 플레저(Pleasure), 큐피드(Cupid), 사이키(Psyche): 큐피드의 애인이던 사이키는 큐피드의 엄한 명령에도 불구하고 밤마다 자신을 찾아오는 연인 큐피드의 얼굴을 훔쳐보려다가 버림을 받았다. 분노한 비너스는 사이키에게 여러 시련을 주었는데, 사이키는 숱한 어려움을 겪은 후에 불사신의 몸이 되어 하늘에서 큐피드와 혼인한다. 그리고 둘 사이에서 낳은 아이가 볼룹타스(Voluptas), 즉 즐거움을 의미하는 플레저이다.

51

그곳에 위대한 비니스는 이 어여쁜 아기,
즉 크리소고니의 작은 딸을 데리고 갔고,
사이키에게 맡겨, 커다란 신뢰와 정성으로
아기를 돌보게 했으며, 아기를 키우면서
진정한 여성이 되도록 훈련시키도록 했다.
사이키는 자기 친딸인 플레저보다 그녀를
더욱 소중히 보살폈으며, 플레저와 그녀가
동무가 되도록 했다. 또한 그녀에게 온갖
사랑의 원칙들과 훌륭한 여성됨에 대하여 가르쳤다.

52

그렇게 그녀가 자라 우아함과 아름다움으로
완벽하게 성숙하여 고귀한 본보기가 되자,

사이키는 그녀를 세상의 눈앞에 제시하여,
유일하게 진정한 사랑의 모범이 되게 하고,
이 세상에 사는 모든 아리따운 여성들에게
지극히 순결한 애정의 길잡이 별이 되게 했다.
그녀는 선녀 궁정으로 왔고, 거기서 수많은
이들은 그녀의 훌륭한 몸가짐을 흠모하여,
잔혹한 사랑에 제 연약한 가슴이 찔려 상처를 입었다.

53
하나 그녀는 사랑을 누구에게도 주지 않고
숭고한 기사 스쿠다모어 경에게만 주었는데,
신실한 사랑으로 그에게 자신의 사랑하는
마음을 단단히 묶어 영원히 지속되게 하고,
소중한 그 기사를 위하여 끔찍한 적으로부터
가해지는 쓰라린 고통을 꿋꿋이 견디어냈다.
그자는 그녀의 이전 사랑과 확고한 신의를
저버리도록 그녀를 핍박하고 강요하였는데,
그 애처로운 이야기는 다른 곳에서 읽을 수 있으리.

2 스쿠다모어 경(Sir Scudamour): 아모렛과 스쿠다모어의 이야기는 칸토 11~12에 등장한다. 5행의 "끔찍한 적"(an hainous enimy)은 칸토 12에 등장하는 마법사 비서레인(Busirane)을 가리킨다.

54
하나 나는 잘 아오, 그대는 먼저 티미아스가

제 형제들과 함께 죽여 넘어뜨린 저 끔찍한
포스터에게서 잽싸게 도망치던 겁먹은 여인이
어찌되었는지 알고 싶어할 것이라는 것을.
다시 말하면, 훌륭한 플로리멜은 끔찍한 사랑,
끔찍한 사랑인 그녀의 가장 소중한 마리넬을
찾아서 숲을 헤매다가 잔혹한 불행에 빠져서,
그대가 이미 들은 바와 같이, 공연한 두려움의
날개를 달고 아서 왕자에게서 도망치고 있었던 것이다.

칸토 7

마녀의 아들은 플로리멜을 사랑하나
그녀는 죽기를 바라고 도망치다.
새터레인은 귀부인의 시종을 구하다,
거인 여성의 포악무도함으로부터.

1

굶주린 짐승에게서 방금 도망쳐 나온,
무리에서 홀로 떨어진 암사슴 한 마리가
제 발걸음 소리조차 두려워 달아나는데,
아주 작은 바람의 웅얼거림에 흔들리는
나뭇잎 소리 하나에도 두려움이 커지듯이,
아리따운 플로리멜은 위험에서 벗어나서
한참 후까지 공연히 두려워서 달아났다.
어떤 그림자를 보거나, 무슨 소리가 나면,
자신이 이미 빠져나왔는데도 전과 똑같이 두려워했다.

2

그날 저녁 내내 그녀는 달아나기만 했고,
밤이 다 되도록 가는 길을 멈추지 않았다.
그녀는 결코 나른한 수면에 빠지지 않았고

피곤하여 급한 걸음을 늦추지도 않았으며,
마치 두려운 대상이 아직 바로 뒤에 쫓아와
그녀를 잡으려는 듯, 쉬지 않고 달아났다.
그녀의 흰 말은 그녀의 지친 손목에서
고삐의 지휘권을 넘겨받아 우격다짐으로
그녀를 태우고 제가 좋다고 여기는 곳으로 달려갔다.

8 고삐의 지휘권(maistring raines): 이성의 통제를 벗어난 열정을 묘사할 때 전통적으로 사용하는 비유이며, 말이 플로리멜의 통제력을 넘겨받아 제멋대로 달린 결과가 17연까지 묘사된다고 볼 수 있다.

3

그렇게 오랫동안 천부저인 § 기기 그에게
호흡과 기력을 공급할 수 있는 데까지
말은 발걸음을 재촉하며 앞으로 나아갔고
그녀를 모든 위험 너머로 데리고 갔으나,
오랫동안 버티며 결코 쉬려 하지 않았다.
말은 끊임없는 질주로 체력이 다해서
마침내 어쩔 수 없이 넘어져 누워버렸고,
한 발자국도 더 떼지 못했다. 고귀한 여인은
그 때문에 갑자기 커다란 당혹감에 사로잡히게 되었다.

4

말에서 내려야 했기에, 걸어갈 수밖에 없는
여행자는 그런 길에 익숙지 않았기 때문에,

그녀는 운명이 모두를 공평하게 다스리며,
유한한 인간의 비참함을 노리개로 삼는다는
힘들고 가혹한 교훈을 얻을 수밖에 없었다.
그렇게 오랫동안 길을 가던 그녀는 마침내
아래쪽으로 작은 골짜기가 내려다보이는
어느 언덕에 이르게 되었는데, 그 골짜기는
나무가 **빽빽**하게 채워져 숲이 전체를 뒤덮고 있었다.

5

높은 나무들 꼭대기에서 그녀는 희미하고
가벼운 수증기가 모락모락 하늘을 향해
피어오르는 작은 연기를 볼 수 있었는데,
그곳에 사람이 살고 있으리라는 표시로
받아들인 그녀는 그것을 보고 반가워했다.
곧바로 그녀는 발걸음을 그쪽으로 향했고
마침내 지치고 비참한 상태로 그 장소에
도착했다. 그녀의 소망은 자신이 그곳으로
도피하여 지친 육신을 쉴 수 있으리라는 것이었다.

6

그곳 침침한 계곡 사이 빈터에서 그녀는
잔디로 주변을 두르고 나뭇가지와 갈대로
아늑하게 지어진 작은 오두막을 찾았는데,
그곳에는 한 마녀가 끔찍한 옷차림을 하고

일부러 궁핍하게 아무렇게나 살고 있었다.
그렇게 다른 모든 이들과 떨어져, 혼자서
살기를 택함으로써 제 악마 같은 행동과
지옥 같은 마법을 사람들에게서 감추고
누구든지 미운 자를 멀리서 몰래 해치려는 것이었다.

7
처녀는 그곳에 도착해서 안으로 들어갔고,
바닥에 노파가 어떤 악한 계략에 몰두하며
(그렇게 보였다) 앉아 있는 것을 보았다.
노파는 그녀가 갑자기 나타난 것을 보자,
먼지 나는 바닥에서 황급히 떨쳐 일어나
잔혹한 눈빛과 움푹 팬 죽음의 시선으로
기겁한 사람처럼 그녀를 잠시 노려보았다,
너무 놀라서 한마디 말도 하지 않은 채.
하지만 겉모습은 두려워 감각이 얼어붙은 듯 보였다.

8
마침내 두려움을 분별없는 분노로 바꾸며
노파가 물었다, 어떤 악마가 그녀를 이리
데려왔으며, 그녀는 누구고, 귀찮고 싫은데
무엇 때문에 생소한 이곳에 온 것인지?
처녀는 두려운 생각에 가득 차, 노파에게
부드럽게 답했다. "할머니 사시는 집에

우연히 들어오게 된 무기력한 처녀에게
화를 내지 말아주세요. 무지하고 지쳐서
폭풍이 지나갈 때까지 쉴 수 있는 곳을 찾아왔어요."

9
그러면서 그녀의 수정 같은 두 눈에서는
눈물 몇 방울이 살며시 흘러내렸는데,
마치 두 개의 동양 진주처럼, 순수하게
그녀의 눈빛 뺨을 비추었다. 그리고 그녀가
가만히 한숨 쉬니, 어떤 짐승이나 야만적인
가슴이라도 그 가엾은 처지에 대한 슬픔에
녹아내리거나 동정심에 누그러들었을 것이다.
그리고 악행만을 즐거움으로 삼고 살아온
사악한 노파도 그처럼 불쌍한 광경에 심히 동요했다.

10
하여 미숙하게 그녀를 위로하기 시작하며,
그녀의 하소연에 대한 여성다운 동정심으로
그녀의 눈물 젖은 눈에서 눈물을 닦아주며
그녀에게 앉으라고 말하면서, 힘들고 지친
손발을 잠시 쉬도록 했다. 그녀는 그토록
힘든 괴로움에 처해 있는 터였기 때문에,
그런 조잡한 태도에 아무 경계심도 없고
경멸심도 없이, 태풍이 지난 후의 새처럼

그 작은 휴식을 기뻐하며 곧 먼지 많은 바닥에 앉았다.

11

그리고 그녀는 찢어진 옷들을 벗어 개키고
금빛 화환과 호화로운 장식물로 헝클어진
머리타래를 가지런하게 정리하기 시작했다.
사악한 노파는 그런 모습의 그녀를 보자
그녀의 신성한 모습에 심히 놀라워하면서
그녀가 이 세상 사람이 아니라, 여신이거나
다이애나를 시중드는 님프라고 여기면서,
겸손한 태도로 그녀를 숭배하러 생각했디.
아름다움처럼 신성한 것을 숭배하는 것은 당연하다.

12

이 사악한 여인은 사악한 아들이 있었는데,
그녀의 늙고 힘겨운 삶에 대한 위로였으나,
게으른 촌놈으로서, 아무 짝에도 쓸모없어,
단지 언제나 게으름에 빈둥거리기만 하고,
명성을 얻는 데 마음을 쓰거나, 그 어떠한
정직한 일을 시도해본 적도 결코 없었고,
하루 종일 햇빛을 받으며 게으름 부리거나
아니면 나태한 그늘에서 잠자기 일쑤였다.
그런 게으름이 그를 천박하고도 비열하게 만들었다.

13

아침에 집에 돌아와서 그는 제가 이제까지
본 중에서 가장 아름다운 이가 제 어머니
곁에 땅바닥에 앉아 있는 것을 발견했다.
그러한 모습은 그자를 엄청나게 압도했고,
그의 천박한 마음은 두려움과 경외심으로
내심 충격을 받아, 마치 부지불식간에 밝게
빛나는 해를 보게 된 자가 너무 강한 빛에
눈이 부셔 곧바로 제 연약한 눈을 돌리듯,
그렇게 그녀를 바라보며, 오랫동안 놀라서 서 있었다.

1 아침에(at undertime): 아침, 한낮, 오후, 저녁, 식사 시간 등 하루 중 어느 때일 수 있으나 플로리멜이 밤새도록 말을 달렸다는 설명 때문에 아침이라고 번역하였다. 하지만 그가 게으른 존재이며, 햇빛에 눈이 부신다는 비유로 보면 한낮이라고 할 수도 있을 것이다.

14

마침내 그는 제 어머니에게 조용히 물었다,
그녀가 대체 어떤 존재이며, 어디서 나타나
그처럼 이상한 복색을 하고 그곳에 있는지,
또한 어떤 사건으로 그녀가 거기 온 것인지.
하지만 그녀는 거의 정신이 나간 사람처럼
멍하니 그를 볼 뿐, 아무 대답도 하지 않았다.
마치 그동안 스티지언 해변에서 방황하다가
최근에 되살아난 유령을 보고 그러는 것처럼.
그렇게 그들은 그녀를 보고, 또 서로 보며 놀라워했다.

15
그러나 아름다운 처녀는 온순하고 착해서
훌륭한 태도를 갖고 그들에게 잘해주었고
우아한 말투를 사용하여 그들의 야만적인
감각을 순화하였기에, 얼마 되지 않아서
그녀는 그 황량한 곳과 친숙해지게 되었다.
그동안 그 잡놈은 그녀의 그토록 친절하고
예의 바른 태도에 천한 연심을 품고 야비한
마음 속에 그녀에 대한 사랑을 품게 되었다.
그처럼 더럽게 타는 것은 사랑이 아니라 야비한 욕정이다.

16
천한 불꽃은 남몰래 그의 애간장을 태웠고,
곧이어 포악한 화염으로 타오르게 되었다.
하지만 그는 그녀에게 제 욕망을 발설할
뻔뻔스러움도, 그런 심장도 가지지 못했다.
그의 야비한 생각은 감히 그처럼 높은 것을
바랄 수 없어, 다만 조용한 한숨과 교태로
그녀가 제 극진한 애정을 알아주길 바랐다.
그는 그녀에게 수없이 애정을 표현했으며
여러 가지 정성 어린 선물을 수도 없이 가져다주었다.

17
그는 온통 청명한 붉은 색조의 자줏빛으로

물든 야생 능금을 숲에서 자주 가지고 왔고,
종종 작은 새들을 가져와, 그들이 달콤한
지저귐으로 제 연인을 칭송하도록 가르쳤다.
때로 그는 꽃다발을 가져와 그녀의 아름다운
머리를 멋지게 장식해주었다. 때로는 마치
그녀에게 포로로 사로잡힌 동료 하인인 양
야생 다람쥐를 묶어서 그녀에게 가져왔다.
이 모두를 그녀는 순하고 잔잔한 표정으로 받아주었다.

18

하지만 그녀는 시간이 흘러 그 황량한 집을
떠날 때가 되자, 그곳에서 빠져나올 방도를
남몰래 궁리하기 시작했다. 왜냐하면 그녀는
그 마녀나 아니면 그 아들이 꾸밀 것 같은
악행을 예견하고 이를 두려워했기 때문이다.
그녀는 될 수 있는 대로 은밀하게, 이제는
오랜 휴식 후에 피로를 모두 해소한 말에
또다시 제 믿음직한 마구와 안장을 채워
최근까지 잃었던 길을 올바르게 되찾아가도록 했다.

9   잃었던 길(miswandred ways): 2연에서 말이 플로리멜의 통제력을 넘겨받아 제멋대로 달렸는데 이제 플로리멜이 다시 통제하여 갈 길을 올바르게 찾아간다는 의미로 해석할 수 있다.

19

그리고 새벽이 채 밝아오기도 전에 일찍이

그녀는 집을 뛰쳐나와 갈 길을 향해 갔다.
그녀는 경계하며 갔고, 무슨 소리만 나도,
아니면 무슨 그림자만 보여도 두려워했다.
그녀는 계속 저 음흉한 노파나 무지막지한
아들에게 되잡힐까봐 무서워했기 때문이다.
그들은 너무 늦게 일어나 저희의 아름다운
손님이 떠난 것을 알게 되었고, 둘이 함께
엄청나게 비통해했다. 마치 파멸이라도 한 듯이.

20

그러나 저 음탕한 애인은 그녀가 떠났기에
인간이 들어본 중에 가장 비통하게 울었다.
그는 절망에 빠져서 제 가슴을 마구 쳤고,
얼굴을 할퀴었으며, 제 이빨로 거친 살을
물어뜯고 헝클어진 제 머리를 쥐어뜯었다.
슬픈 어미는 아들의 지독한 비참함을 보고
커다란 수심에 잠겼으며, 그 연약한 감각이
그를 망칠까봐, 또한 사랑은 광증이라는데
그의 사랑이 발작으로 변할까봐 두려워지기 시작했다.

21

그녀는 그를 구제할 방도를 끝없이 찾았다,
약초나 주술을 통해, 또는 대화나 눈물로.
하지만 눈물이나, 주술도, 약초나, 대화로도

그의 내장을 찢는 격분을 가라앉힐 수 없었다.
열정은 너무 강해 이성의 말을 듣지 않는 법.
다른 모든 방도가 소용이 없다는 것을 알고
그녀는 다시 제 사악한 마법으로 되돌아가,
자신의 악마 같은 사술을 통해 그녀를 다시
데려오거나, 아니면 아예 죽여버리겠다고 생각했다.

22
곧 제 숨겨진 동굴에서 그녀는 강건한
용기가 있는 자라도 질겁하게 할 정도로
무서운 모습을 한 끔찍한 짐승을 불러냈다.
괴물처럼 생겼고, 등은 기묘하게 새겨진
천 가지 색깔의 점들로 온통 얼룩져 있었다.
게다가 모든 짐승들을 추월할 만큼 날렵했다.
산 사람은 한 번도 그런 것을 본 적이 없다.
그는 풀을 먹고 사는 다른 동물들과 달리
여성의 육체를 먹고 사는 하이에나와 모습이 흡사했다.

9 하이에나(Hyena): 중세 동물기에 의하면 하이에나는 무덤을 파서 시체를 먹으며 마녀들의 조종을 받는다고 알려져 있다. 스펜서는 이 짐승을 특히 여성을 향한 색욕의 상징으로 묘사한다.

23
그녀는 그를 불러내 곧바로 명령을 내렸다,
무슨 일이 있어도 빨리 그녀를 추격하라고,

그가 그녀를 잡아 그리로 데려오기 전에는
잠시도 쉬지 말고 편히 숨도 쉬지 말라고,
아니면 그 밉살스런 미모를 삼켜버리라고.
괴물은 말이 떨어지자 급히 달려 나갔고,
신속하게 가면서 그녀의 발자취를 따라서
확고하고 잽싸게, 철저하게 냄새를 맡으며,
모든 것을 추월하였고, 머지않아 그녀를 따라잡았다.

24
걱정스런 처녀가 그를 가까이서 보게 되자
재빨리 도망치라고 밀힐 필요조차 없있다.
그 끔찍한 모습에 그녀는 너무나도 두려워
차라리 죽을지언정 그를 피하고자 하였고,
그녀의 날쌘 말은 그녀가 느끼는 두려움을
가벼운 자기 발에 아주 잘 적용하였기에,
제 호흡이 제게 힘을 공급하는 동안에는
그녀를 태우고 위험에서 벗어나도록 했다.
하지만 그 힘이 다하자 발걸음이 쳐지기 시작했다.

25
그녀가 이를 눈치채자, 지난번의 바로 그
너무도 끔찍한 곤경을 생각하며 경악했고,
자신의 안위를 몹시 두려워하기 시작했다.
때마침 그녀는 해변에 다가가기 시작했고

더 이상 달아날 수가 없게 되어버렸으며,
자신을 탐욕의 제물로 바칠 처지에 놓였다.
흡사 포기한 사람처럼 그녀는 절망적으로
자신의 둔중한 말에서 재빨리 뛰어내렸고,
불안한 자신의 안전을 두 발이 담당하도록 하였다.

26

아버지의 복수심에 불타는 손을 무서워한
부정한 머라도 그 반밖에 빨리 못 달렸고,
처녀성을 지키고자 에게 해변을 달리던
겁에 질린 다프네도 그 반밖에 못 빨랐다,
플로리멜이 광포한 괴물에게 잡히기 전에
바다에 닿기 위해서 달아나는 속도보다는.
그녀는 그 폭군에게 사로잡히느니 차라리
물에 빠져 죽는 것을 선택하였기 때문이다.
공포는 날개를 제공했으며, 필요는 용기를 가르쳤다.

2 머라(Myrrha): 그리스 신화에 의하면 머라는 아시리아(Assyria)의 왕 테이아스(Theias)의 딸이며 아도니스(Adonis)의 어머니이다. 비너스는 머라를 부추겨 그녀의 아버지와 근친상간을 하도록 했으며, 후에 이 사실을 알게 된 테이아스는 격분하여 딸을 죽이려고 하였다. 결국 신들은 그녀를 몰약나무(myrrh tree)로 변하게 했으며, 아도니스는 이 나무에서 태어났다고 한다.
4 다프네(Daphne): 그리스 신화에 의하면 큐피드의 화살을 맞은 아폴로는 다프네를 사랑하게 되어 그녀를 쫓았는데, 다프네는 자신의 정조를 지키려고 도망치다가 강의 신인 페네우스(Peneus)에게 기도를 하자 신은 그녀를 월계수로 변하게 했다. 그 후 월계수는 아폴로의 상징이 되었다.

27
마침 (지고하신 신께서 그리 정하신 것이다)
그녀가 물결이 넘실대는 해변에 도착하여
그 엄청난 위력 속으로 뛰어들려는 순간에,
그녀 앞에 떠 있는 쪽배 한 척이 보였고,
한 늙고 가난한 어부가 거기서 자고 있었다,
자신의 그물을 모래 위에서 말리는 동안에.
그녀는 그 속으로 뛰어들었고, 노를 저어
그 가벼운 쪽배를 해안에서부터 저어 나갔다.
그녀는 뭍에서 찾지 못한 안전을 바다에서 찾은 것이다.

28
괴물은 제 먹이를 막 덮치려고 하던 차에,
앞서 나간 제 기대가 어긋나버리게 되었다.
하지만 험한 바다로 뛰어들 생각은 못하고
오랫동안 그 모습만 탐욕스레 바라보다가,
결국 빈손으로 추격을 포기해야만 하였고
주인에게 허망한 소식을 전해야만 하였다.
하지만 제 악마 같은 격분을 터뜨리기 위해
지쳐서 절뚝거리는 그녀의 말에게 달려들어
구원자가 나타날 겨를도 없이 잔인하게 죽여버렸다.

29
자신의 지옥 같은 탐욕을 채우기 위하여

말의 배를 갈라놓았는데, 마침 한 기사가
여행 중에 우연히 그리 지나가게 되었다.
그는 훌륭한 젊은이였으며, 피비린내 나는
전투를 치른 누구보다도 큰 힘을 가졌다.
그러나 젊은 기사들을 매혹하곤 하던
헛된 가식과 궁정의 봉사에는 흥미가 없고,
꾸미지 않고 진정한 자신이 되고자 했다.
그에게는 실제와 외양이 같은 것이었기 때문이다.

30
그는 다름 아닌 선한 새터레인 경이었다,
그는 늘 하던 대로 숲과 들판을 방랑하며
거친 모험을 찾아 외지를 다니는 중이었다.
그는 연기 무성한 대장간에서 만든 것 같은
투박하고 거친 강철로 완전무장하고 있었고,
방패에는 새터의 머리 하나가 새겨 있었다.
그는 야만적인 괴물이 우윳빛 말의 시체를
먹고 있는 그곳에 이르자마자 즉각적으로
말을 구하려고 뛰어가, 탐욕스레 그에게 달려들었다.

1 새터레인 경(Sir Satyrane): 1권 칸토 6에서 처음 등장하여 우나(Una)를 새터들에서 탈출시키고 그녀를 겁탈하려는 산스로이(Sansloy)와 결투를 벌였다. 그는 새터와 티아미스(Tiamis)의 자식으로 그가 받은 야생적인 교육은 트로이 전쟁의 영웅 아킬레스(Achilles)가 어렸을 때 반인반수인 그의 스승 카이론(Chiron)에게서 받은 교육과 매우 흡사하다.
6 새터(Satyr): 숲에서 사는 뿔 달린 반인반수의 존재로 대체로 호색을 대변하지만, 여기서는 미개함이나 세속에 물들지 않은 자연적 탁월함을 대변하는 것으로 보인다. 새터레인은 새터와 인간 사이에서 출생했고 타고난 미개함을 극복하고 훌륭한 기사가 되었다.

31

거기서 그는 저 괴물이 아무 거리낌 없이
찢고 있는 말이 바로 어여쁜 플로리멜이
타고 다니던 말이란 것을 곧 알게 되었고,
여성적 자부심의 꽃인 아리따운 처녀에게
나쁜 일이 생겼을까봐 매우 걱정하였다.
그는 그녀를 몹시 사랑했고, 이름난 자신의
업적마다 그녀의 이름을 크게 높여왔기에.
더구나 그는 그녀가 도망치다가 떨어뜨린
금빛 허리띠를 보고, 가슴이 아주 철렁 내려앉았다.

32

슬픈 걱정과 불안한 괴로움에 가득 차서
그는 사악한 괴물에게 사납게 달려들었고,
엄청난 타격과 단호한 공격을 가해서
그가 치명적인 위험으로부터 자기 자신을
방어하느라 제 먹이에서 떨어지도록 했다.
기사는 그 타락한 육신에 수많은 상처들을
새겨놓았고, 거기서 많은 피가 흘러내렸다.
그런데도 그를 죽일 수는 없었고, 가격하면
할수록 그만큼 더 새롭고 난폭하게 괴물이 달려들었다.

8-9 색욕의 상징인 괴물의 몸은 타락한 육신(corrupted flesh)이어서 상처를 받을수록 힘이 커진다. 이 괴물은 2권 칸토 11에 등장하는 말레거(Maleger)와 흡사한 특징이 있으며, 말레거를 아서가 제압할 때처럼 새터레인은 다음 연에서 칼을 버리고 맨손으로 그와 싸운다.

33

기사는 어떻게 그의 목숨을 끊을 수 있을지,
원하는 승리를 얻을 수 있을지 알지 못했다.
싸울수록 그는 점점 더 강해졌으며, 자신은
힘이 빠져 약해지는 것을 느꼈기 때문이다.
그는 크게 분개하였으며, 자기 자신의 칼을
격렬하게 내던져버리고 나서, 그 짐승에게
날쌔게 달려들자, 그 짐승은 커다란 고통에
으르렁거리며, 사로잡히게 된 것에 분노했다.
하지만 기사는 그를 억지로 붙잡고, 타격을 퍼부었다.

34

마치 급박한 범람을 막고 그 파괴적인 힘을
굳건한 강둑으로 막으려 애쓰던 이가 되려
강물을 평소보다도 더 많이 부풀리게 하여,
풍요로운 들판을 거의 다 덮도록 넘치게 해
온 지역이 모두 바다처럼 보이도록 만들면
풍성한 밭고랑이 잠겨 모두 황폐화되듯이.
수확을 위해 수도 없이 많은 공허한 기도를
올린 비통한 농부는 한 해 동안의 제 모든
고생이 순식간에 허사가 된 것을 보고 크게 울듯이.

* 이 비유는 얼핏 본문의 내용과 무관해 보이지만, 억지로 막는 것이 더 큰 화를 부른다는 의미에서 괴물을 힘으로 제압하려는 새터레인의 노력이 헛된 것임을 보여준다. 32연에서 묘사된 것처럼 괴물의 몸은 상처를 입을수록 힘이 강해지는 특성이 있다. 그 자신이 타락이며 부패이기 때문이다.

35

기사는 그를 붙잡고 힘으로 그를 제압했다.
오랫동안 그를 붙잡고 쉬지 않고 내리쳐서
마침내 괴물은 맹렬함이 줄기 시작하고
강력한 승자에게 온순한 자세로 웅크렸다.
기사는 괴물이 플로리멜에게 가한 것으로
생각한 돌이킬 수 없는 악행을 복수하려고
모든 방법으로 그에게 고통을 가하려 했다.
칼로 쳐서는 그 육체를 죽일 수 없었기에.
괴물의 창조자가 주술로 그를 그렇게 만든 것이다.

36

그는 처녀가 날씬한 허리에 두르고 있었던
금빛 허리띠를 손에 집어 들고, 그것으로
짐승을 묶었는데, 짐승은 그 생소한 끈을
매우 싫어했기 때문에 크게 울부짖었으나,
감히 승자에게 맞서지는 못했으며, 다만
포식자에게서 도망치는 양처럼 벌벌 떨었다.
그리고 해변에서 어디든지 그를 따라다녔다,
마치 오래전에 복종하는 법을 배운 것처럼.
하지만 그전에는 결코 그런 순종을 배운 적이 없었다.

37

그렇게 기사가 그 짐승을 끌고 다니는데

멀리서 거대한 여자 거인이 잿빛 점박이
준마를 타고 한 강건한 기사에게서 빠르게
도망치는 것을 보았다. 기사는 끈질기게
맹렬히 추적하며 그녀를 붙잡으려 하였다.
그녀는 무릎에 한 불쌍한 난쟁이를 얹고
있었고, 그는 철사 줄로 손발이 꽁꽁 묶여
심한 고통 속에서 말 위에 가로 누웠는데,
그녀는 그를 제 욕망의 포로로 삼으려는 것이었다.

38

새터레인이 그것을 보자, 그는 지체 없이
그가 사로잡은 짐승을 자유롭게 풀어주고,
그녀가 지나가기 전에 그녀와 맞서겠다고
마음을 정하여, 최단 거리로 가로질러 갔다.
하지만 그녀는 전혀 아랑곳하지 않은 채
빠르게 앞으로 말을 달렸다. 이를 본 그는
막강한 자신의 창을 신중하게 내리 겨누고
그녀를 향해 돌진했다. 그것을 본 그녀는
스스로 싸울 채비를 갖추며, 제 짐을 곁으로 던졌다.

39

마치 떨고 있는 산비둘기를 움켜쥐고 있는
참매 한 마리가 높은 곳에서 독수리가
깃털 달린 날개로 희박한 공기를 가르며

있는 힘을 다해 내리꽂아 오는 것을 보고,
맹렬히 화를 내며 제 먹이를 땅에 내던지고
전투에 대비하여 제 자신을 추스르는 듯이.
그렇게 여자 거인은 싸우려고 달려 나왔다.
불타는 두 눈은 분노의 불꽃으로 번득였고,
드높은 신을 찢어버리듯 신성모독하는 저주를 발했다.

40
그녀는 손에 거창하게 큰 철퇴를 지녔는데
그것으로 많은 사람들의 생명을 빼앗았다.
하지만 내지른 타격이 목표에 닿기도 전에
그의 창이 그녀의 넓은 방패 중앙을 때렸다.
하지만 창대가 돛대만큼 컸는데도 불구하고
그 강철은 방패를 쪼개버리지도 못했으며
그녀를 굳건한 안장에서 밀어내지도 못하고,
다만 단단한 강철 위로 미끄러져 수천 갈래로
떨리는 소리만 내었을 뿐이며, 그녀 곁을 스쳐 지나갔다.

41
맹렬한 타격에 그녀의 말은 주춤거렸지만
그녀는 그 위력에도 마치 오래된 참나무를
가격하면 그런 것처럼 미동도 하지 않았다.
아니면 올림푸스 산 꼭대기 드높은 곳에
세워진 대리석 기둥을 가격하는 경우처럼.

젊고 용감한 투사들은 불타는 마차 바퀴로
가까이 다가가 그것을 가격하려 하지만,
때린 자는 누구나 놀이의 흥취를 망치고
형편없이 망가진 모습으로 구경거리가 되는 것이다.

5 대리석 기둥(marble Pillour): 원래는 올림픽 경기에서 경주로를 표시하기 위해 사용된 기둥인데, 스펜서가 실수로 올림푸스 산(Mount Olympus) 꼭대기에 세워진 기둥으로 묘사한 것이다. 해밀튼(Hamilton)에 의하면 이러한 오류는 르네상스 작가들의 글에서 흔히 나타난다.

42

하지만 타격 때문에 몹시 화가 난 그녀는
눈을 홉뜨고 그에게 끔찍한 무기를 겨눴다.
그것은 그의 투구를 크게 강타했기 때문에
그는 드높은 투구 장식을 낮춰야만 했으며
부서진 투구 앞가리개를 가슴까지 내렸다.
그는 너무 경악하여 말을 달리지도 못하고
다만 앞뒤로, 좌우로 비틀거리기만 하였다.
자신의 잔혹한 적이 그런 모습인 것을 보자
그녀는 날렵하게 그의 바로 곁에 나란히 접근했다.

43

그리고 막강한 손으로 그의 멱살을 잡고
불안한 자리에서 그를 강제로 잡아챘는데,
그는 저항할 수도, 어찌해볼 도리도 없이
강제로 낚아채어져서 마치 죽은 시체처럼

처참한 모습으로 그녀의 말에 가로누웠다.
그녀는 그를 잡고 달아났다. 그녀를 뒤쫓던
기사는 그것을 보고, 자신의 고귀한 영혼이
흔들릴 만큼 커다란 동정심이 일어났으며,
그녀가 빨리 도망치는 만큼 속도를 높이기 시작했다.

44

그녀는 그가 가까이 다가오는 것을 보고는
분노에 가득 차 자신의 짐을 내던져버렸다.
왜냐하면 그녀는 전투를 치를 생각이 없고
자신을 좀 더 가볍게 하여 달아나려 했기에.
그러나 대담한 기사는 그녀를 바짝 따라와
번번이 뒤쪽에서 그녀를 내리칠 뻔하였다.
하지만 그녀는 그가 다가온 것을 볼 때마다
돌아서서 한 판 싸움을 하려는 척하였다.
하지만 기사가 멈추게 되면, 또다시 달아나곤 했다.

45

이때쯤에 훌륭한 새터레인 경은 오랫동안
그를 혼절시켰던 꿈에서 깨어나기 시작해
주변에 아무도 없는 것을 보고 엄청나게
슬퍼하며 훌륭한 기사의 업적을 빼앗아간
자신의 잔혹한 운수를 저주하기 시작했다.
그러다 결국 강력한 적에게 사로잡혔다가

자신 때문에 구원을 얻은 가엾은 시종이
진흙땅에 나동그라져 있는 것을 보았는데,
그는 일어설 수도 없고 손발을 움직이지도 못했다.

46
그에게 다가간 그는 그 비참한 곤경에서도
그가 온화한 인품과 수려한 얼굴을 지녀,
연약한 숙녀들의 마음에 타오르는 사랑의
격정을 지필 만하다는 것과, 이제 청초하게
꽃피는 나이에 이른 것을 잘 알 수 있었다.
기사는 그를 일으켜 철사 줄을 풀어주고
그 후에 그의 출생에 대해 묻기 시작하며
어떻게 그가 저 거인 여성의 손에 잡혔고
그녀를 쫓아서 대지를 누비던 자는 누구인지 물었다.

47
그러자 아직도 두려움에 떨며 시종이 말했다,
"그 거인 여성은 아간테라고 불리는데, 바로
하늘을 상대로 전쟁을 벌이며, 언덕을 높이
쌓아올려 하늘과 경쟁하고, 조브를 권좌에서
몰아내려고 시도했던 타이탄의 딸이랍니다.
그녀의 아비는 타이페우스인데, 쾌락에 미쳐
자신의 힘으로 살해한 인간의 피에 취하고,
자신의 어머니인 대지와의 근친상간을 통해

그녀를 낳았는데, 그때 태어난 쌍둥이 중 하나이지요.

2 아간테(Argante): 다음 행에 등장하는 쌍둥이 오빠 올리판트(Allyphant)와 함께 타이페우스(Typhoeus)의 자식들이다. 고전 신화에 의하면 타이페우스는 제우스에 대항한 반란군의 우두머리인데, 스펜서는 그를 타이탄 중 하나로 묘사한다. 이들의 어머니는 대지 텔루스(Tellus)이다. 이 쌍둥이의 출생은 벨피비와 아모렛의 출생과 대비되어 사랑에 대한 부자연적인 왜곡을 대변한다. 타이페우스는 1권 칸토 5의 35연에서도 그 이름이 언급되었다.
3-4 그리스 신화에 의하면 타이탄들은 조브가 새로 차지한 권좌에 대항하여 항거하였고 오사산(Mount Ossa)을 펠리온 산(Mount Pelion) 위에 쌓아올려 올림푸스 산의 성벽과 겨루고자 하였다. 올림푸스의 신들은 결국 플레그라(Phlegra)에서 타이탄들을 물리쳤다.

48

"그때의 출산에서 그녀가 낳은 다른 아기는
막강한 올리판트라고 알려져 있는데, 그는
예부터 많은 순례기사들을 크게 쳐부쉈고
많은 이들을 비참한 곤경에 빠뜨려 왔어요.
사람들 말이, 상상을 초월하는 것이지만,
이 쌍둥이는 어미의 자궁 안에 갇혀 있어
미처 밝은 세상으로 이끌려 나오기도 전에
육체적 색욕으로 둘이 함께 뒤섞였으며,
그토록 흉물스럽게 세상에 제 모습을 드러냈답니다.

2 올리판트(Allyphant): 제프리 초서(Geoffrey Chaucer)의 『토파즈 경의 이야기』(*The Tale of Sir Thopas*)에 등장하는 커다란 거인의 이름인데, 르네상스 시대에 코끼리(elephant)를 가리키는 어휘였다.

49

"그들은 그 후에도 같은 죄악 속에 살았고,
자연의 법칙과 선한 몸가짐을 배반했지요.

칸토 7 233

하지만 가장 큰 치욕은 그 여자 쌍둥이로서
그녀는 그토록 더럽게 저가 타고난 육체를
탐식하고 제 오빠의 거처를 더럽히는 것에
만족하지 못해, 다른 온갖 육체의 수렁에서
뒹굴며 짐승들에게 제 육체를 범하게 했어요.
그녀는 욕정의 불길로 그토록 뜨겁게 타서
이 모든 것으로도 육체적 욕구를 잠재우지 못했지요.

50

"그러자 그녀는 모든 나라를 헤매고 다니며
타오르는 제 갈증을 채우고 즐거운 변화로
상상력을 만족시킬 젊은이를 찾아다녔어요.
제 욕정을 채워주기에 적당한 자를 찾으면
자신이 가장 신뢰하는 막강한 힘을 통해서
그를 납치하여 한 은밀한 섬으로 간답니다.
거기서 그는 죽을 때까지 영원히 사로잡혀
그녀의 음탕한 쾌락의 종이 될 수밖에 없고
치욕스런 방식으로 그녀의 더러움에 빠지게 되지요.

51

"그녀는 저처럼 순진한 녀석을 붙잡으려고
오랫동안 누워서 기다리며 숨어 있었는데,
그녀의 감옥으로 저를 데려가서, 그곳에서
자신의 추잡한 쾌락을 만족시키려 했지요.

제가 아리따운 콜럼벨에게 서약했고 아직
굳건히 지켜오고 있는 그 맹세를 깨느니
저는 차라리 수천 번이라도 죽으렵니다.
제 이름은, 말씀드릴 필요가 없겠습니다.
귀부인의 시종이라고 부르세요, 그게 어울립니다.

5 콜럼벨(columbell): 프랑스어로 'colombelle'이며 비너스의 새인 '작은 비둘기'라는 뜻이다. 또는 라틴어로 비둘기라는 뜻인 'columba'와 아름답다는 의미인 'belle'가 합성된 단어로 볼 수도 있겠다.
9 귀부인의 시종(Squire of Dames): 숙녀들을 섬기는 시종인데, 그가 하는 일의 특성은 2권 칸토 1의 21연에 묘사된 "귀부인의 육체를 섬기는 자"(Squire of the Dame's body)라는 명칭에서 잘 나타난다. 귀부인이라고 번역하였지만 여인이 반드시 유부녀라는 의미는 아니다.

52

"하지만 보신 대로 여자 거인을 추적하던
대담한 기사는 보이는 것과 다른 분이며,
아리따운 처녀인데, 그녀는 무예의 법도나
전투의 업적에 있어서 그 고귀한 가치가
모든 여성보다 우월하며, 많은 기사들을
능가할 것입니다. 팔라딘이라고 불리지요.
그녀는 죽음에서 그대를, 그대는 공포에서
저를 구했지요. 저 괴물과 상대하여 싸울
사람은 그녀뿐이고 그녀만큼 순결한 이도 없답니다."

6 팔라딘(Palladine): 작품에 다시 등장하지 않는 기사인데, 그녀의 이름은 지혜의 여신인 팔라스 아테나(Pallas Athena)에서 온 것이다. 로마 신화에서 아테나에 해당하는 미네르바(Minerva)는 정절을 수호하는 여신이기도 하다.

53

새터레인이 말했다, "그런 일에 맞는 분이군,
하지만 말해보시게 그대 귀부인의 시종이여,
그대가 최근에 서약했다는 맹세는 무엇인가?"
그가 말했다, "그건 제가 분명히 말해드리죠,
혹시라도 거슬리는 것이 있다면 용서하세요.
내가 사랑하고 섬기던 고귀한 숙녀께서는
내가 오랫동안 구애하고 지치도록 섬겼는데,
내가 과연 사랑을 받을 자격이 있는지, 또한
결코 변치 않을 것인지 어찌 알 수 있겠냐고 물었죠.

6-7 여기서 귀부인의 시종이 제 여주인을 섬기는 방식은 다른 봉사도 포함하겠지만 다분히 성적인(sexual) 것이다.
8-9 그녀가 시종의 사랑을 확인하는 방식은 다음 연에 묘사하는 것처럼 이율배반적이다. 시종은 자신이 그녀의 사랑을 받을 자격이 있다는 것을 증명하기 위하여 다른 여인들을 섬기면서 동시에 그녀에게 충실해야 하기 때문이다.

54

"나는 그분이 택하는 어떤 방식도 좋으니,
내 생명을 구하든 버리든 명하라고 했지요.
곧 그녀는 제게 명했죠, 끝없이 고통 받으며
외부 세상을 자유롭게 방황하며 다니면서
어디를 가든지 간에, 내 힘과 기술을 다해
고귀한 부인들을 섬김으로써 그분들에게
똑같은 충성을 다 바치라는 것이었습니다.
그리고 열두 달이 지나면 그들의 이름들과

서약들을 승리한 놀이의 전리품으로 가져오게 했지요.

55
"나는 어여쁜 숙녀들을 너무도 잘 섬겼고
그들의 귀여운 가슴에서 애정을 찾았기에
그해가 자신의 여정을 다 마치기도 전에
내 훌륭한 행동에 대한 삼백 가지 맹세와
내 멋진 몸의 일부에 대한 삼백의 세 배가
되는 감사를 가져와 그녀에게 바쳤습니다.
그녀는 그것을 보고, 내 고통을 더하려고
충실한 내 진정한 의도에 대한 보상으로
나에 대한 가혹한 처벌을 생각해내기 시작했습니다.

56
"말하기를, 내가 다시 여행을 떠나야 하며,
똑같은 방식으로 온 세상을 떠돌아다니며,
내가 제시하는 무수한 탄원에도 불구하고
자신들의 서약을 내게 내주기를 거절하고
영원히 순결하고 흠 없이 지내는, 그만큼
많은 다른 여인들을 찾기 전에는 절대로
그녀를 찾을 생각을 하지 말라는 것이었죠."
기사가 말했다, "아, 착한 시종, 한마디로
말해주오, 그런 여인을 몇 명이나 찾아서 기록했소?"

57

그가 말했다, "기사님, 과연 그처럼 현명한
사람을 모두 밝히는 데 한마디면 충분합니다.
나는 이미 삼 년이나 외지에 머물고 있으면서
그들을 찾아다녔는데, 그처럼 행실이 반듯한
사람은 단 세 명이었어요." "그대가 제공한
호의를 거절한 (기사가 웃으면서 말했다)
그 세 명이 어떤 이들인지 물어봐도 되겠소?
분명코 논할 가치도 없을 정도로 못생겼거나,
아니면 미개하게 성장하여 그런 것을 본 적이 없겠지."

58

그가 말했다, "나를 거절했던 첫 번째는
분명히 흔히 볼 수 있는 매춘부이었는데,
나와 그런 짓 하기를 단호하게 거절했어요,
내가 은전을 충분히 주지 않았기 때문이죠.
(그 말에 새터레인은 박장대소를 하였다)
두 번째는 성스러운 수녀님을 선택했는데,
나를 자기 고해신부로 삼지 않으려 했어요.
그녀 말이, 만일 그녀가 나를 믿고 맡기면
내가 자기 비밀을 누설할 것을 알기 때문이라는 거죠.

59

"세 번째는 하층계급의 어떤 처녀였는데

시골의 오두막에서 우연히 만나게 되었죠.
저는 정말 상상도 못했어요, 정결이 그처럼
소박한 생활 속에 자리 잡고 있다는 것을.
그런데도 그녀는 아름다웠고 그녀의 용모에
소박한 진실이 적절하게 담겨 있었습니다.
나는 예의 주시하면서 오랫동안 구애했고
내가 원하던 즐거움을 얻기를 기대했지요.
하지만 처음부터 끝까지 그녀는 멀리 있기만 했지요.

60
"그녀를 제외하고는, 어떤 다른 이유가 아닌
그 자체만의 이유로 굳건하고 흠결이 없는
정결을 지닌 여인은 결코 찾을 수 없었지요.
적절한 시간이나 장소가 없었거나 지저분한
망신이나 수치가 두려워서 피했을 뿐이지요.
하여 나는 내 귀부인의 사랑을 얻을 희망이
전혀 없어서, 그처럼 절망적인 처지에 놓여,
내 모든 나날들을 그처럼 헛되게 낭비하며
부정절한 여인들과 견줄 만한 정절한 이를 찾고 있어요."

61
새터레인이 말했다, "정말로 귀부인의 시종,
그대는 어리석게도 엄청난 과업을 떠안았구려,
감사는 적고, 그로 인한 원망은 많은 일이니,

알시데스의 과업 중 하나로 쳐도 되겠구려."
그러고 나서 최근에 그가 생포한 그 괴물을
놓아주었던 원래의 장소로 되돌아가 보니
괴물은 없었다. 그 괴물은 줄을 끊어버리고
자신의 노파에게로 다시 되돌아간 것이다,
아리따운 플로리멜이 어찌 되었는지 알려주기 위하여.

4 알시데스(Alcides): 헤라클레스(Hercules)를 가리킨다. 그는 첫 번째 과제를 실행하기 전에 하룻밤에 테스피우스(Thespius)의 딸 50명을 섬겼다.

칸토 8

마녀는 눈처럼 하얀 여인을 만든다,
플로리멜과 흡사하게.
불한당에게 당한 그녀를 프로테우스가 구하고,
파리델이 찾아다닌다.

1

내가 이 역사를 기록하면서 가슴이 온전히
순수한 동정심으로 녹아내린 적이 많았다,
내가 지금 기록하고 있는 이 고귀한 처녀는
스스로 아무런 잘못도 저지른 적이 없는데,
위로를 받을 아무런 희망이나 구원도 없이
그와 같은 어려움 속에 뛰어들어야 했으니,
굳은 바위 같은 심장도 그녀의 슬픔을 그보다
더하게 하지는 못했으리라고 나는 믿는다.
왜냐하면 고난은 비난보다는 자비를 구하기 때문이다.

3 고귀한 처녀(This gentle Damzell): 플로리멜을 가리킨다.

2

최근에 그녀를 받아준 저 저주스런 노파는
저 자신의 악독한 마음을 더욱 격분시켜

그녀의 운명을 단축시키든가, 그게 아니면
통렬한 고통을 오랫동안 늘이기를 원했다.
제 사악한 사술을 써서 얼마 전에 내보낸
저 짐승이 이제 그녀의 망가진 허리띠에
묶인 채 되돌아온 것을 보고, 그 허리띠를
그 괴물이 이미 파괴한 것에 대한 호사스런
전리품의 일부로 여기고, 마음에 놀라운 기쁨을 느꼈다.

3

그것을 가지고 아들에게 황급히 달려갔다,
그것을 보면 그가 크게 안도할 줄 여기며.
그런데 그는 일이 그렇게 된 줄 확신하고
이전의 슬픔이 새로운 격분으로 되살아나
처음보다 더 격렬해졌고, 제 가슴에서
심장을 통째로 찢어내려고 했다. 그녀가
죽었다고 단정했기에, 모든 희망이 제게서
사라졌다고 여겼으며, 그 때문에 어리석은
제 병을 오랫동안 키웠고 오랫동안 잘못 생각하였다.

4

그런 생각으로 그는 엄청나게 광분하였고
그녀가 비밀 은신처로 피신하지 않았다면,
분노에 사로잡혀 제 어미를 죽였을 것이다.
거기서 그녀는 제 사술의 도구인 정령들과

노닐곤 했는데, 거기서 그녀는 익숙하게
그들을 모두 불러내 자신을 돕도록 했으며,
슬픔 속에 망연자실한 그녀를 도와 그녀가
넋이 나가버린 제 아들을 어떻게 치유할지
그 방법을 끊임없이 찾으라고 그들에게 명령했다.

5

그들의 책략과 그녀 자신의 사악한 재주로
그녀는 어떤 놀라운 작업을 궁리해냈는데,
세상에서 아직 실행된 적이 결코 없었다.
자연조차도 그런 작업을 부러워하였으며
위조된 것이 진품을 부끄럽게 만드는 것을
보고 불만스러워했다. 그녀는 이전 여인과
똑같은 다른 이, 즉 인상과 몸매가 너무도
생기 있고 비슷해서 많은 이가 혼동할 만한
또 한 명의 플로리멜을 만드는 일에 과감히 착수했다.

* 마녀가 가짜 플로리멜을 만드는 이야기는 앞으로 닥칠 플로리멜의 모험을 가짜 헬렌(Helen)의 신화와 비교할 수 있게 해준다. 가짜 헬렌의 신화에 의하면 헬렌은 파리스(Paris)를 따라서 트로이(Troy)에 가지 않았으며, 추적을 두려워한 파리스는 이집트로 달아났다. 이집트의 왕이던 프로테우스(Protheus)는 헬렌을 그곳에 두고 가도록 요구했으며 구름을 이용하여 가짜 헬렌을 만들어 파리스와 함께 트로이로 보냈다. 진짜 헬렌은 프로테우스와 이집트에 있었고 트로이 전쟁이 끝난 후에 헬렌의 남편인 메넬라우스(Menelaus)가 그녀를 되찾았다는 이야기이다.

6

그녀가 그 육체를 만드는 데 사용한 재료는

단단한 틀 속에 응고된 순결한 눈이었는데,
방랑하는 정령들이 그녀에게 가르쳐주었고,
다른 사람들은 아무도 모르는 곳, 리피아
언덕의 그늘진 빈터에 그것을 모아두었다.
그녀는 그것을 정제된 수은과 아직 한 번도
봉인에 쓰지 않은 새로운 밀랍에 반죽하고,
완전무결한 주홍과 뒤섞어서, 그것이 마치
눈으로 보기에는 살아 있는 홍조를 띠는 것과 같았다.

4 리피아 언덕(the Riphoean hils): 흑해 북부 스키타이(Scythia) 지방에 있는 산으로, 산꼭대기가 만년설로 덮인 것으로 알려져 있다. 당대 지리학자들은 이를 러시아에 있는 우랄 산맥(Ural Mountains)을 지칭하는 이름으로 사용하였다.

7
두 눈 대신에 그녀는 은빛 구멍 속에 불타는
등 두 개를 넣었는데, 마치 하늘처럼 빛났고,
잽싸게 움직이는 정령에게 맡겨두어 흡사
여자의 눈처럼 움직이고 희번덕거리게 했다.
노란 머리타래 대신 그녀는 황금 실타래를
생각해내어 그녀의 곱슬머리를 만들어냈다.
그렇지만 황금 실타래는 플로리멜의 어여쁜
머리보다 세 배나 덜 노랬다. 또 생명 대신에
그녀는 정령 하나를 죽은 육체에 넣어 다스리게 했다.

8
사악한 그 정령은 아첨의 술수로 가득했고
다른 모든 것보다 더욱 아름다운 척하여,
한때 암흑의 군주와 함께 천상의 축복과
영원한 휴식으로부터 추방되기도 했었다.
그에게 플로리멜처럼 보이게 하기 위해
어떻게 해야 하는지, 어떻게 말해야 하는지,
어떤 몸짓을 하는지 가르칠 필요도 없었다.
왜냐하면 그는 위조하는 것에 탁월했으며,
여성들이 부리는 모든 농간에 매우 능했기 때문이다.

9
그녀는 그를 그렇게 만들어놓고, 플로리멜이
최근에 두고 간 화려한 옷으로 치장했기에,
그때 그녀를 본 사람은 모방한 것이 아니라
분명히 원래의 그녀라고, 아니면 어쨌거나
그것이 가능하다면, 그녀보다 더 아름답다고
말했을 것이다. 그런 후에 노파는 그녀를
쇠약해져 누워 있는 제 아들에게 데려갔다.
그녀를 본 그는 바로 일어나기 시작했으며,
제가 오랫동안 찾았던 바로 그 처녀라고 생각했다.

10
그리고 그녀를 자신의 두 팔로 꼭 껴안고

그처럼 반가운 모습에 엄청나게 기뻐하며
곧바로 이전의 창백한 고통을 다 잊었다.
하지만 가짜는 더더욱 그녀처럼 보이려고
수줍은 듯 살며시 그의 포옹을 뿌리쳤다.
그러나 여전히 온화한 표정을 유지하면서
멍청이가 헛된 즐거움을 누리게 하였다.
그렇게 그녀는 창조자가 부여한 명령대로
그림자를 가지고 오랫동안 그를 즐겁게 해주었다.

11
그런데 어느 날 탁 트인 공간에서 온화한
공기의 신선함을 맛보며 그녀를 위로하고
한가로운 시간을 보내기 위해 제 어여쁜
우상과 함께 그가 숲 속을 걷게 되었는데,
마침 한 기사가 그리로 길을 잡게 되었다.
하지만 그는 기사가 아니었으며, 무력을
사용하는 데는 언제나 절망적인 허풍쟁이,
교만한 브라가도키오였는데, 그는 허황된
허풍으로 명예를 얻고 그렇게 명성을 유지하는 자였다.

8 브라가도키오(Braggadocchio): 허풍을 의미하는 'brag'와 이탈리아어 형용사 'occhio'의 합성어이다. 로마 희극에서 물려받은 전형적인 허풍쟁이 군인(braggart soldier)의 변형으로서 2권 칸토 3의 4연에 처음 등장할 때 다음과 같이 묘사되었다. "그때 마침 배회하는 한 부랑자가 있었는데, / 그는 도덕과 용기에는 전혀 마음이 없고, / 그 비겁한 가슴에는 명예에 대한 생각이 결코 / 깃든 적이 없으며, 그의 저속한 본성에는 / 허풍 떠는 것을 즐기는 기질이 담겨 있다."(II. iii. 4. 1~5)

12

그 불한당이 수많은 비싼 장식으로 치장한
아름다운 이와 함께 있는 것을 그가 보고
더 이상 그럴 수 없을 정도로 놀라워했고
그 한 쌍을 서열이 무너진 관계로 여겼다.
그는 곧 그 멍청한 광대에게 피 묻은 창을
과감히 겨눴는데, 그자는 두려움에 질려서
혼비백산하면서 곧바로 땅에 엎드려버렸다.
그가 말했다, "악당아 이 여인은 내 사랑,
네가 다른 말하면 죽으리라, 내 그녀를 데려가련다."

4 서열이 무너진 관계(a fowle disparagement): 서열이 좀 더 높은 남성과 결혼해야 하는 여성이 자신보다 서열이 낮은 남성과 어울리는 것이 여성에 대한 모독이라고 하는 생각을 의미한다. 브라가도키오는 스스로 귀족은 아니지만 기사의 행색을 하며 천민(peasant)을 경멸한다.

13

질린 불한당은 감히 반박도 행동도 못 하고
다만 떨며 선 채, 그에게 먹이를 내주었다.
그는 그녀의 환심을 살 만한 여유도 없어서
지체 없이 트롬파트의 말에 그녀를 태우고
다시 탈환할 틈도 주지 않고 데려가버렸다.
브라가도키오는 이 땅에서 가장 아름답고,
대부분의 남자가 그리 여길 전리품을 얻은,
그 행복한 날 이후로, 그렇게 저 스스로를
누구에게도 못지않은 당당한 존재로 여기게 되었다.

4 트롬파트(Trompart): 2권에서 브라가키오의 허풍에 질려 그의 하인이 된 자이다. 트롬파트의 이름은 조작하다는 뜻이 있는 'trump'에서 온 말로 사기꾼이나 아첨꾼을 의미한다.

14

그러나 그는 추격에서 벗어났다고 여기자
사랑과 난잡한 색욕의 언어를 동원하여
제 여인에게 다정히 말을 건네기 시작했다.
그는 그렇게 허망한 용도로 아첨하는 말을
잘 꾸며냈고, 그게 그에게 가장 잘 어울렸다.
하지만 그에 대해 그녀는 마치 자신이 그의
위세에 속하게 된 것이 분한 듯, 그가 저를
강요하여 제가 목숨보다도 소중하게 여기는
명예를 빼앗았다는 듯, 단지 가벼운 눈길로만 응대했다.

15

그렇게 둘은 오랫동안 사랑을 이야기했는데,
강건한 준마를 타고 가는 어느 무장한 기사가
길목에서 우연히 그들과 마주치게 되었다.
텅 빈 땅을 내딛는 준마의 말발굽 소리는
천둥소리처럼 울렸고 내시의 용기를 거의
잠재울 만하였다. 하지만 완강한 표정으로
그는 경악하는 여인을 위로하려고 애썼다.
그녀는 두려움에 온몸을 떠는 것 같았고
자신을 폭행에서 구해달라고 유순하게 그에게 청했다.

2 무장한 기사(armed knight): 나중에 4권 칸토 2의 4연에서 페로우 경(Sir Ferraugh)으로 밝혀지는데, 여기서는 전투적인 모습으로 등장하는 그의 특성만을 묘사한다.
5 내시(Capon): 비난할 때 쓰는 용어인데, 브라가도키오가 실제로 내시라는 것이 아니라 용기는 없으면서 허풍을 떠는 그의 성품을 드러내는 서술이다.

16

낯선 기사가 격렬하게 앞으로 나와 가까이
다가서자, 과감한 말투와 모욕적인 태도로,
저 허풍쟁이에게 힘껏 큰 목소리로 말했다,
여인을 압수할 테니 자신에게 내놓으라고
아니면 더 이상 말할 것도 없이 싸워보자고.
그 도전은 너무나도 강압적으로 보였기에
허풍쟁이는 크게 당황하여 어쩔 줄 몰랐다.
하지만 극한의 위험이 닥친 것을 보고도
그는 교묘히 가장하여 그것을 가볍게 보는 듯 꾸몄다.

17

말하기를, "그대 멍청한 기사여, 내가 많은
위험천만한 칼끝을 통과하여, 싸워 이겨서
쟁취한 것을 몇 마디 말로써 훔쳐가려느냐.
그대의 준마가 달리는 것을 보거나 자신을
보존하고 싶다면, 이 끔찍한 싸움을 피하고
머리를 잘릴 위험이 없는 다른 곳을 찾으라."
그 거만한 말투에 상대방 기사는 엄청나게
분노하기 시작했고 그에게 말을 돌리라고

명령하면서 그렇지 않으면 반드시 죽으리라고 했다.

18
브라가도키오가 말했다, "그렇다면 그대는
힘을 겨뤄 수명을 줄이고 싶은 게 분명하니
우리 함께 말을 돌려, 둘이 공평한 시합으로
다시 마주쳐 각자 행운의 기회를 잡아보자."
그렇게 말하고, 둘은 한 펄롱의 거리만큼
말을 돌려 갔다, 같은 거리를 달려오기 위해.
하지만 브라가도키오는 일단 제 피 묻은 창을
돌린 후에, 다시는 얼굴을 돌이키지 않았고,
제 사랑을 그대로 둔 채, 잽싸게 꽁무니를 빼버렸다.

5 펄롱(furlong): 거리의 단위로 1/8 마일, 약 201미터이다.

19
그가 도망치는 것을 본 기사는 추적하는 데
전혀 신경을 쓰지 않고 여인에게로 다가가
트롬파트에게서 그녀를 가볍게 일으켜 안고
그 사랑스러운 짐을 제 준마에 얹어놓았고
지체 없이 그녀를 데리고 달아나버렸다.
그는 믿고 있었다, 그와 함께 가는 여인이
다름 아닌 아름다운 플로리멜이라는 것을.
또한 그녀도 그에게 항상 그렇다고 말했다.
그렇게 그는 천상에 있다고 믿었다, 지옥에 있으면서.

20

하지만 진짜 플로리멜 그녀는 멀리 있었고,
기이한 운명 때문에 큰 재난을 겪으면서
조심스런 항해자의 역할을 해야만 하였다.
최근의 불행이 그녀를 육지로부터 바다로
옮겨놓고 거기서 정처 없이 헤매게 했으니.
그런데 그곳에서도 잔인한 복수의 여왕은
그녀를 궁정의 기쁨과 익숙한 즐거움에서
그토록 멀리 떼어놓은 것에 만족하지 않고,
힘겨운 불행의 새로운 물결을 그녀에게 덮어씌웠다.

21

그런데 저 괴물의 잔혹함을 피하기 위해
어부의 쪽배 속으로 피신한 후, 오랫동안
그녀는 거대한 바다 물결 위를 떠다니면서
자신도 모르게 조류에 밀려 나가고 있었다.
바람은 잔잔했고, 하늘은 청명하기만 했다.
에올러스 경은 모든 바람을 가두어놓아
폭풍의 격분을 불러일으키지 않도록 했다,
그녀의 통곡과 흐느낌을 보고 동정했기에.
하지만 그러는 동안 내내 어부는 곤히 잠들어 있었다.

6 에올러스 경(Dan Aeolus): 바람의 신인데 존칭 'Dan'을 붙인 것은 바람이 플로리멜에게 동정적이기 때문으로 보인다.

22

마침내 충분히 잘 만큼 잔 후 그가 깨어났고
제 쪽배가 물결에 흘러가는 것을 보았을 때,
그는 망연자실했고, 그처럼 엄청난 사고가
난 것이 놀라워서 제 가슴을 세 번 때렸다.
그러나 저 빛나는 미모의 광채가 보기 드문
빛을 발해 배가 아름답게 물드는 것을 보고,
그는 더 놀랐으며, 자신이 아직 잠이 들어서
꿈을 꾸고 있거나, 어떤 광기가 제 의식을
무감하게 했거나, 제 두 눈을 현혹시켰다고 여겼다.

23

하지만 그녀를 자세히 보면서, 그는 그것이
환상도 아니고 허상도 아닌 것을 알게 되고
그녀가 원기를 크게 회복시켜준다고 느꼈다.
또한 늙은 영혼 속에 새로운 기쁨이 깨어나
언 정신에 활기를 불러일으키는 것을 느꼈다.
그러자 그녀가 어떻게 왔는지 거칠게 물었다.
그녀가 말했다. "아, 아저씨, 어떤 가혹한
불행이 절 데려왔는지 바로 말할 수 없네요.
하지만 제가 지금 안전하게 여기 있게 되어서 기뻐요.

24

"그러나 착한 분이여, 우리는 먼 바다에 있고

커다란 물결이 넘실거리기 시작하고 있어서
육지는 더 이상 우리 시야에 보이지 않으니,
청컨대 이 작은 배를 잘 조정하여 바다에서
육지보다 더 험한 일이 생기지 않게 해주세요."
그 말에 늙은이는 멍청히 싱긋거릴 뿐이었고,
제 쪽배는 갈 길을 잘 알고 있다고 말했다.
하지만 그의 음흉한 눈은 쉴 새 없이 그녀의
아리따운 얼굴에 머물고, 눈빛 피부를 주목하고 있었다.

25
그 모습은 그의 굳어버린 육신에 탐욕스런
욕정의 은밀한 자극을 심어놓았기 때문에,
메마르고 시든 육체를 새롭게 되살려놓았고
곧이어 불꽃으로 타오를 열기를 지펴놓았다.
잘 마른 나무가 가장 빨리 타 재가 되는 법.
그는 막무가내로 달려들어 격에 맞지 않게
거친 손으로 그녀를 성급히 밀치려 하였다.
그러나 그녀는 성난 경멸감으로 그에 맞섰고
그의 노망한 무례함에 대해서 부끄럽도록 책망하였다.

26
하지만 착함이나 예의를 전혀 모르는 그는
그녀의 날카로운 힐책에 개의치도 않았다.
늙은 말에게 측대보를 가르치기는 힘든 법.

전에는 겨우 연기만 나던 내면의 모닥불은
격렬하게 타오르는 과격한 불길로 변하여
이제는 제 의지에 힘을 더하기 시작하면서
그에게 적합하지 않은 짓을 하도록 강요했다
그는 야만스레 그녀를 쓰러뜨리고 그 멋진
옷이 고기비늘로 덮여 망쳐지는 것도 개의치 않았다.

3 측대보(amble): 승마 용어로서, 말이 같은 편의 두 발을 동시에 올려서 걷는 방식을 말한다.

27
무력한 처녀는 그를 막으려고 애를 쓰면서
있는 힘을 다했고, 헛되이 그를 비난하였다.
그녀는 그 거친 악당에게서 자신의 명예를
지키려, 손과 발을 다 써서 거세게 항거하며
인간의 도움이 끊어진 하늘을 향해 외쳤다.
오, 용감한 기사들아, 이 여성을 사랑한다고
뻐기더니, 그녀가 음탕한 놈에게 더렵혀지는
지금은 어디에 있는가? 도움이 가장 필요한
이때에 그녀가 그대들의 잘못과 나태함을 꾸짖을지니.

28
하지만 그대 새터레인 경이나, 아니면 그대
페리듀어 경이 그녀의 가엾은 처지를 안다면,
얼마나 신속하게 그대들이 육지에서 잃었던
수많은 함대를 바다에서 끌어모았을 것인가.

그대들은 복수심과 무자비한 격분을 발하여
탑들과 도시들과 왕국들을 초토화시키고도
그대들의 타오르는 분노를 삭이지 못했으리.
그러나 만일 컬리도어 경이 그것을 알았다면
살아 있는 누구도 그의 잔혹함을 진정시키지 못했으리라.

1 새터레인 경(Sir Satyrane): 칸토 7에 등장하여 플로리멜을 찾아다닌 기사.
2 페리듀어 경(Sir Peridure): 2권에서 아서가 읽는 『영국 왕의 역사』(The Chronicle of British Kings)에 언급된 인물(II. x. 44. 9)로서 작품에는 등장하지 않는다. 다만 몬머스의 제프리(Geoffrey of Monmouth)에 의하면 그는 아서 왕의 원탁의 기사며, 이름은 라틴어 'perdure'에서 온 "참는 자"(one who endures)라는 의미가 있다.
8 컬리도어 경(Sir Calidore): 6권의 주인공인 예절의 기사. 그의 이름은 아이러니하게도 라틴어 'calidus', 즉 분노나 격분의 의미가 있다.

29

하지만 그녀의 기사가 아무도 근처에 없으니,
보라, 어떻게 하늘이 스스로 자비를 베풀어
순결함에 대하여 그 지고한 은혜를 베풀어서
괴로운 처지에 있는 그녀를 구해주는지를.
드높은 신께서 순진함을 그토록 보호하신다.
그녀가 그토록 완고하게 저항하며 오랫동안
찢어지는 비명으로 드넓은 바다를 조르는데,
그때 마침 프로테우스가 거품이 이는 물결을
따라 자신의 물고기들을 몰고 외지를 순회하고 있었다.

8 프로테우스(Proteus): 『오디세이』(Odyssey)에 등장하는 바다의 신인데, 호머는 그를 물고기의 사육자, 포케이(Phocae)라고 부른다. 프로테우스는 자신의 형체를 마음대로 바꿀 수 있는 것으로 알려져 있는데, 그 때문에 변화하는 자연, 특히 계절의 순환을 상징하는 존재로 알려져 있기도 하다. 작품의 각 권에서 칸토 8은 언제나 은총의 힘을 대변하는 아서 왕자가

등장하여 주인공을 위기에서 구한다. 그러나 여기서는 아서를 대신하여 프로테우스가 플로리멜을 구출하는 것이 특이하다.

30

프로테우스는 예로부터 바다의 목동이었고,
넵튠의 거대한 무리들을 다스리고 있었다.
머리가 온통 물거품처럼 하얀 노인으로서
이슬 젖은 수염도 은빛으로 물들어 있었다.
그토록 처량하게 온 바다에 울려 퍼지는
저 가엾은 울부짖음 소리를 그가 듣고서,
빠른 마차를 성급히 그쪽으로 몰고 갔는데,
그 마차는 비늘 있는 물개 한 무리에 묶여
주위에 거품을 일으키며 물결 위로 이끌리고 있었다.

31

그리고 항해 지도나 돛도 없이 제 마음대로
떠돌아다니고 있던 저 어부의 배에 이르자
거기서 끔찍한 광경을 보게 되었고, 그것은
즉시 여린 동정심과 깊은 적개심으로 그의
마음을 사로잡았다. 그는 곧바로 탐욕스런
악당을 제가 바라던 먹이에서 끌어냈는데,
악당은 이제 먹이를 거의 다 잡은 참이었다.
그리고 그는 자기 무리가 갈 길을 잡아주던
지팡이로 악당을 심하게 내리쳐 혼비백산하게 하였다.

32

그러는 동안 저 불쌍한 처녀가 일어났는데,
더러운 쓰레기로 차림새가 심히 헝클어지고
눈물로 어여쁜 눈과 얼굴이 얼룩져 있었다.
그녀의 마음은 저 끔찍한 겁탈에서 자신을
지키려는 힘겨운 고생으로 거의 부서졌으나,
누가 자신을 그처럼 수치스런 행위로부터
구해주었는지 보려고 그녀가 올려다보자,
수치심과 엄한 모습에 대한 더 큰 두려움에
주저앉아 무릎에 얼굴을 숨기고 크게 비명을 질렀다.

33

그녀는 아직 심한 위험에서 벗어나지 못했고
다만 또 다른 위험으로 바뀌었다고 생각했다.
마치 두려움에 떨고 있는 자고새가 자신을
공격한 예리한 매에게 거의 다 잡혀 있다가
탈출하여, 땅에 내려앉아 피신하려 하는데
거기서 탐욕스런 턱을 가진 배고픈 사냥개가
저를 찢어버리려 하는 것을 보게 된 것처럼.
그러한 곤경과 지독한 당혹감에 플로리멜은
사로잡혀 있었다, 프로테우스가 거기서 그녀를 보았을 때.

34

그러나 그는 부드러운 언어를 통해 그녀를

위로하려고 노력했고 용기를 북돋아주며,
더는 야만스런 적이나 자신을 두려워하지
말라고 이르고, 자신이 누군지 말해주었다.
하지만 이 모든 것으로도 그녀의 두려움을
막지 못했고 그녀를 전혀 위로하지 못했다.
그녀의 연약한 가슴은 얼어붙는 냉기로
내부가 마비되어, 그녀의 정신은 혼미하고
모든 의식은 황당함에 사로잡혀 넋이 나가버렸다.

35
그는 그녀를 자신의 거친 두 팔로 안아 들고
자신의 언 입술로 매우 부드럽게 입 맞추니
차가운 고드름이 그의 거친 수염에서부터
그녀의 상아빛 가슴 위로 떨어져 내렸다.
하지만 그 자신은 너무나도 바삐 움직이며
그녀를 혼절에서부터 깨우려고 노력했고,
저 어부의 더러운 보금자리에서 그녀를
옮겨서 자기 자신의 마차로 데리고 왔다.
그리고 거기서 많은 상냥한 언어로 그녀를 잘 대했다.

36
그러나 과감한 공격을 통해서 감히 미녀를
범해보겠다고 생각한 늙은 호색한에게는
가증스런 잘못에 대한 벌을 내리기로 했다.

얼마 전 일로 아직 떨고 있는 그를 붙잡아
자신의 마차 뒤에 묶어, 그가 그토록 심히
괴롭혔던 그 처녀를 기쁘게 해주려 했다.
치욕스럽게 그를 파도 사이로 끌고 다녔고,
그렇게 한 후에는 해변에 내팽개쳐 버렸다.
그리고 그는 플로리멜을 자신의 처소로 데려갔다.

37
그의 거처는 바다의 밑바닥, 어느 커다란
바위 아래 자리 잡고 있었는데, 그쪽으로
성난 조류가 저만찬 경멸감으로 밀어닥쳐
분노한 물결의 끊임없는 작용으로 인한
침식작용으로 텅 빈 동굴 하나가 생겼는데,
마치 거친 석공의 손이 날카로운 기구로
오랫동안 노력하여 파낸 것처럼 보였다.
그는 거기서 살았는데, 파노피라고 부르는
청소를 맡은 늙은 님프 외에는 아무도 보이지 않았다.

1 바다의 밑바닥(the bottome of the maine): 번역은 바다 밑으로 했지만, 버질에 의하면 프로테우스의 거처는 해변에 있는 거대한 바위 뒤 산기슭 방향으로 뚫린 동굴이다. 플로리멜을 데려간 정황으로 보아 그의 동굴은 바닷 속보다는 해변에 있다고 보아야 할 것이다.
8 파노피(Panope): 바다의 님프인 네레이드(Nereid) 중 하나로서 그리스어로 그녀의 이름은 "모든 것을 본다"(all-seeing)는 뜻이 있다.

38
그는 애처로운 플로리멜을 그리로 데려가

할 수 있는 최선을 다해 그녀를 위로했고,
파노피도 또한 불멸의 존재가 인간에게
할 수 있는 최대한 그녀를 잘 대접해주어
그녀의 호감을 얻어 그를 기쁘게 하려 했다.
그는 아첨하는 말로 부드럽게 구애했으며
그녀의 눈을 현혹할 멋진 선물을 주었다.
하지만 그녀는 선물들과 그 제공자를 둘 다
경멸했고, 아첨하는 자의 알랑거림도 모두 경멸하였다.

39

그는 매일 이것저것으로 그녀를 유혹하며
한시도 그녀를 가만히 내버려두지 않았다.
그럴수록 그녀는 단호히 그를 거절하였고
그가 꾸며내는 어떤 친절함도 모두 혐오했다.
그녀는 제 가슴을 그만큼 굳건히 봉했다.
때때로 그는 자신이 신이라면서 우쭐댔다.
하나 그녀는 인간을 가장 사랑한다고 했다.
그러자 그는 자신을 인간으로 변형했다.
그러면 그녀는 선녀의 기사만을 사랑한다고 말했다.

40

그러자 그는 자신을 선녀의 기사로 꾸몄다,
자신을 어떤 모습으로도 바꿀 수 있었기에.
그리고 그녀에게 자신을 왕처럼 드러내고

왕국들을 그녀 앞에 제시하면서 자신의
연인이자 진정한 부인이 되어달라고 했다.
하지만 이 모든 것이 소용없는 것을 보고
좀 더 강한 방법으로 그녀를 복종시키려고
종종 날카로운 협박으로 그녀를 공격하여,
그녀의 고집불통의 용기를 누그러뜨리려고 생각했다.

* 전통적으로 프로테우스는 위험에서 탈출하기 위해 여러 모습으로 자신을 변형하는 존재인데, 여기서처럼 그가 남을 사로잡기 위해 자신의 모습을 바꾸는 것은 아리오스토(Ariosto)의 『성난 올랜도』(*Orlando Furioso*)에서 따온 것이다.

41

그는 자신을 무서운 모습으로 변형시켰다,
한때는 거인처럼, 한때는 악마의 모습으로,
그리고 켄타우르처럼, 그리고 폭풍우처럼
물결 안에서 포효했다. 그렇게 하여 제가
원하는 대로 그녀의 마음을 얻으려 했다.
하지만 겁박이나 호의나 그가 할 수 있는
다른 모든 것도 그녀가 받아들이지 않자,
그는 그녀를 동굴 아래 깊숙이 떨어뜨리고
그곳에서 그녀를 제 영원한 포로로 삼겠다고 위협했다.

3 켄타우르(Centaure): 허리 위는 사람의 형태이며 아래는 말의 모습인 전설적인 존재인데, 호색의 상징으로 알려져 있다.

42

그녀에게는 영원한 속박이 정절의 상실이나

자기 사랑을 변절하기보다 더 바라는 것이었다.
가볍게 사랑을 바꾼다고 해서 누군가로부터
자신의 잘못이나, 헤픈 것을 비난받느니보다
차라리 고통스런 슬픔 속에 죽기를 원했다.
가장 덕 있는 처녀여, 그대의 몫은 영광이며,
성인들이 천상의 찬양으로 왕관을 씌우리니,
가장 달콤한 찬양으로 그들은 그대의 행동을
내 시구를 초월하는 노래를 통해 영원토록 널리 알리리라.

43
천사들이 부르기에 적합한 노래가 될 것이나,
아직 내 연약한 뮤즈가 묘사할 수 있는 것은
그대의 훌륭한 정절을 극찬하게 될 것이고
그대의 기억할 만한 이름을 온 세상의 모든
고결한 여인들의 가슴에 새겨두게 될 것이니,
그녀들이 그대의 덕 있는 행동을 따르고
그대의 영원한 명성을 공유하도록 하리라.
그대를 이처럼 불쌍한 상태로 두고, 이전에
못 다한 새터레인의 이야기를 하려니 마음이 편치 않다.

44
그는 귀부인의 시종과 오랜 대화를 마쳤는데,
시종은 자신의 헛된 모험에 대한 이야기로
여인들보다 그 자신을 더 수치스럽게 했다.

죽인 것으로 여긴 하이에나를 찾지 못하자
기사는 시종과 함께 자신이 처음 가던 길로
되돌아왔다. 그들이 앞으로 나가고 있는데
한 멋진 기사가 평원을 달리는 것을 보았다.
그는 마치 어떤 모험을 하려는 듯 보였고
그의 몸가짐에는 남자다운 강건함이 내비치고 있었다.

4 하이에나(Hyena): 노파의 명에 따라 플로리멜을 추격하던 괴물을 가리킨다. 22연의 9행에서 그는 하이에나와 모습이 흡사하다고 묘사된다.

45

새터레인 경은 그를 향해 인사를 건넸다,
그가 누구이며 어디로 가는지 알기 위해서.
가까이 다가가자, 그의 가슴에 그려져 있는
타오르는 심장과 투구 꼭대기 장식의 색을
보고, 곧바로 그가 파리델이라고 생각하기
시작했다. 그랬기에 그에게로 다가가서는
최대한의 경의를 표하며 그에게 인사하고
먼저 먼 외지의 소식에 대해 묻기 시작했다.
그러고 나서, 그가 지금 어떤 모험을 찾고 있는지 물었다.

5 파리델(Paridell): 트로이의 왕자 파리스(Paris)에서 스펜서가 가져온 이름으로 여겨진다. 파리스는 그리스의 헬렌(Helene)을 트로이로 납치해 트로이 전쟁의 원인을 제공한 인물이다. 1권 칸토 4에서는 호색을 대변하는 레처리(Lechery)가 손에 쥔 것이 "타오르는 심장"(burning hart)인 것을 상기하면 파리델의 성품을 짐작할 수 있을 것이다.

46

그에 답하여 그가 말했다, "나쁜 소식이오,
지금 선녀의 궁정에서 모두 이야기하는데,
큰 유쾌함을 슬픈 울음으로 바꾼 소식은
얼마 전 교만한 마리넬이 쓰러졌다는 것과
아름다운 플로리멜이 그를 찾으러 나서며
갑자기 떠나갔다는 것이오. 그녀가 떠난 후
무예가 남보다 탁월했던 용감한 기사들은
모두 그녀를 지키려고 각자 떠돌고 있소.
나도 (부족하지만) 그중 하나로 참가하고 있다오."

47

새터레인 경이 말했다, "아 고귀한 기사님,
그대 수고가 모두 헛될까 정말 두렵구려.
감사 받지 못할 수고를 스스로 떠맡으시어
죽은 이를 위해 자신을 희생하게 되었구려.
내 통탄할 두려움은 그대가 이제 플로리멜이
영원히 죽었다고 여기게 될 것이라는 거요.
그녀를 사모한 처녀의 고귀한 기사들이 모두가
나와 함께 쓰라린 후회를 하게 될 것이고,
아름다운 여인들도 모두 영원토록 안타까워할 것이오."

7   처녀의 고귀한 기사들(the noble nights of Maydenhead): 선녀여왕인 글로리아나 (Gloriana)를 섬기는 기사들을 총칭하는 이름으로 스펜서가 지어낸 것이다.

48

파리델이 그 말을 들었을 때, 그의 안색은
심하게 변하기 시작했고, 실망하는 듯했다.
그리고 말했다, "기사님, 그처럼 애매하게
말씀하시니 내 어찌 그것을 사실로 믿겠소?
무슨 말을 들었거나, 그대를 그처럼 믿게 한
두려움의 정당한 원인이라도 보았단 말이오?
진실로 그것이 아니라면 어떤 자라서 감히
그녀의 고귀한 피로 제 손을 물들일 엄두를
낸다는 말입니까? 하늘조차 그런 잔인함을 증오한다오."

49

"본 것을 영원히 슬퍼할 테지만, 이 두 눈이
보았다오 (그가 말했다), 한 괴물 같은 짐승이
그녀가 여행할 때 타고 다니던 말을 죽이고
그 내장으로 피가 낭자한 잔치를 벌이는 것을.
그 표시는 그녀가 분명히 죽지는 않았더라도
적어도 사라졌다는 것을 보여주는 것이오.
더구나 그런 의심을 더욱 크게 품는 이유로
그녀의 황금 허리띠가 희생자의 유물처럼
흙과 피에 더럽혀진 채, 동댕이져 있는 것을 보았다오."

50

파리델이 말했다, "아 어쩌나 슬픈 징후요,

신이 그것을 좋은 징조로 바꾸지 않는다면
그 여인의 안전에 대해 심히 걱정해야겠소.
하지만 내가 가야 할 길을 그만둘 수는 없소,
좀 더 확실한 진실을 찾아 알게 될 때까지."
그가 말했다, "기사님, 성공하시길 빌겠소.
또한 새터레인도 그대 뒤에 가까이 있겠소.
또한 이 수색에 나선 다른 기사님들에게도
내 힘을 보태고, 그들의 과업에 동반자가 되리다."

51
귀부인의 시종이 말했다, "고귀한 기사님들,
그처럼 칭송받을 수고가 성공하시길 빕니다.
하지만 태양은 이제 광채를 접기 시작하며
서쪽 바다의 이슬 젖은 물방울에 잠기면서
자신의 지친 마차에서 말들을 풀고 있는데,
괜찮으시면 기사님들도 역시 성급한 열정을
누그러뜨리시기 바랍니다, 하늘의 광채와
인간의 힘이 회복되는 내일이 다시 오기까지.
그러므로 괜찮으시다면 저 성으로 갈 길을 돌리시지요."

52
모두 그 제안을 반겼다. 그래서 그들은 모두
함께 그들 앞에 있는 성으로 나아갔는데,
곧 그곳에 도착하자, 거기서 그들은 쉽사리

들어갈 수 없도록 제지당했다, 순례 기사를
언제나 환영해야 하는 법인데. 그 때문에
그들은 놀랍도록 불쾌해했고, 마침내 젊은
시종이 그들에게 이유를 설명하기 시작했다,
그곳에 묵기를 청하는 이들을 왜 배척하는지.
그대에게 그 이야기를 하자면 더 많은 시간이 필요하겠다.

칸토 9

말베코는 이방 기사들을 배척하다.
성마른 질투심 때문에
파리델은 브리토마트와 마상 시합을 하고,
각자 자기 가문을 소개하다.

1

용감한 기사님들과 영예로운 여인들이여,
내 모든 수고는 그대들을 위한 것이라오.
나는 정말 두렵다오, 이 불쾌한 소재가
하찮은 원망으로 내 시를 욕되게 하거나
그대들의 선한 인내심에 상처를 줄까봐.
나는 방종한 여인에 대해서 쓰고 있는데
그녀는 제 방종한 음란함으로 그대들의
고귀한 광채로 빛나는 영예를 더럽히며
부정절한 기사 하나로 기사도가 무참히 손상된다오.

2

하지만 나쁜 인간들의 사례가 선한 분들께
누를 끼치지 않아야 하오. 선함은 악함과
대비되어 더욱 선명히 드러나는 것이라오,

검정과 대비될 때 흰색이 더욱 흰 것처럼.
하나의 잘못으로 모두 창피하지는 않은 법.
보시오, 모든 선함이 존재하는 천상에서도
천사들 중에서 사악한 영혼들이 한 부대를
이루어 행복한 축복으로부터 타락하였으니,
과연 모든 여인 중 하나가 잘못했다고 놀랄 일이오?

3

그렇다면 제하들, 대체 어째서 새터레인과
파리델이 성으로부터 응당 받아야 할 만한
환대를 받지 못하는 것인지 알고 싶다면
들어보시구려. (그 시종이 이야기를 했다)
"그곳에 고약하고 괴팍한 불한당이 사는데,
예의범절이나 궁정에 대한 지식도 없으며
사람들의 평판에도 상관하지 않는 자요.
제 모든 시간을 홀로 격리된 채 지내는데,
그래도 마음껏 탕진할 재산은 엄청나게 많이 있지요.

4

"더러운 이득을 탐하는 데 정신이 팔려서,
사악하게 번 재물을 쌓는 데만 열중하며
그 때문에 남들을 괴롭히고 저를 망칩니다.
그런데 그는 가진 재물보다 미모가 뛰어난
어느 어여쁜 여인과 관계를 갖고 있었는데,

둘은 그가 감당 못할 나이 차이가 있었고
또한 서로 너무 다른 조건을 가지고 있어요.
그녀는 제 또래와 어울려 놀기를 즐기고
질투에 대한 경계나 심한 억제로부터 자유롭기를 원해요.

5

"하지만 그는 늙었고 마른 풀처럼 시들어서
아름다운 여인들을 충족시키기에 부족해요.
그 때문에 남모를 죄의식을 가지고, 언제나
그녀가 진심으로 대하는지 의심하고 한쪽
눈을 껌뻑거리며 그녀를 계속 감시합니다.
그는 살아 있는 사람이 그녀에게 접근하거나
그녀와 함께 있는 것을 참을 수 없어 하고,
그녀에게 타고난 즐거움과 본성적인 쾌락을
빼앗으려 아무도 못 보게 밀폐된 침실에 숨겨둡니다.

4-5 한쪽 눈을 껌뻑거리며(his other blincked eye): 늙어서 눈이 어두워졌거나 껌뻑이는 것인데, 그의 다른 한쪽 눈은 멀었다. 칸토 9연 27연 6~7행을 볼 것.

6

"그는 말베코, 그녀는 헬레노어로 불리는데,
어울리지 않게 엮여 한 쌍이 된 것이며,
그것이 그가 의심을 품을 이유가 전혀 없어
보이는 자들만 제외하고는 그 어떤 기사도
이곳에 들어오도록 하지 못하는 이유랍니다."

그러자 새터레인 경은 미소 지으며 말했다.
"감시와 심한 억압을 가지고 천방지축으로
타고난 여성의 마음을 잡아두기를 바라다니
내 보기에 그는 정말로 심하게 미친 것이 분명하오.

1 말베코(Malbecco)와 헬레노어(Hellenore): 말베코는 라틴어로 사악하다는 뜻의 'malus'와 숫염소라는 뜻의 'becco'를 합친 이름이다. 이탈리아어로는 사악한 뿔이라는 의미로 바람피우는 아내를 둔 남자, 즉 오쟁이 진 남자(cuckold)이다. 전통적으로 그는 늙은 연인(senex amans), 즉 젊은 여성과 결혼하여 끝없이 아내를 감시하다가 결국 망신을 당하는 희극적 인물의 전형이다. 헬레노어는 트로이의 헬렌에서 온 이름인데 'Helen'과 창녀를 뜻하는 'whore'의 합성어라는 주장도 있다. 자신의 남편인 말베코에게 그녀는 바람피우는 아내이며, 파리델에게 그녀는 헬렌의 역할을 한다.

7

"제가 막을 수 없는 것을 헛되이 두려워하네.
제가 못된 짓을 하려고만 하면 여성의 술책은
아거스도 속일 수 있다는 걸 누가 모르겠소?
스스로 방황하려는 그녀의 발을 붙잡을 것은
강철 끈도 아니요, 백 개의 눈도 아닐뿐더러
황동의 담이나 많은 불침번의 밀정도 아니오.
다만 부드러운 예법을 겸비한 견고한 선의와
그녀를 기쁘게 해줄 만한 시기적절한 봉사로
그녀를 잡을 수도 있겠지만, 그게 아니면 모두 헛되오."

3 아거스(Argus): 질투심 많은 주노(Juno)가 자신의 남편인 조브(Jove)와 결합하지 못하도록 하기 위하여 이오(Io)를 감시하도록 시킨 괴물인데 눈이 백 개인 것으로 알려져 있다. 눈이 하나인 말베코가 얼마나 무력한지 암시하는 대목이다.

8

파리델이 말했다, "그렇다면 그런 봉사에
자신을 팔아, 온 삶을 서글픈 노예로 지내는
사람은 그보다 더욱 미친 것이 아니겠소?
비록 금으로 만든 것이라도 자신의 족쇄를
사랑하는 자는 분명코 바보라고 생각하오.
하지만 남의 흉을 보고 있을 때가 아니오.
바로 이 노망한 늙은이가 우리를 내치면서
의도적으로 경멸하는 것을 참아야 하겠소?
차라리 모두 함께 쳐들어가서 그를 죽여버립시다."

9

새터레인이 말했다, "아니오, 먼저 그에게
우리를 들여보내 달라고 부드럽게 청합시다.
그 후에는 잔인한 위협으로 그를 겁박하여
그가 어쩔 수 없이 성문을 열도록 만듭시다.
모두 실패한다면, 우리가 무력으로 점령하여
후에 저 악당의 경멸에 대한 마땅한 대가를
자신의 끔직한 죄에 맞도록 치르게 합시다."
그 제안을 모두 환영했다. 그러자 파리델은
일어났고, 가만가만히 그 성문 앞으로 접근하였다.

10

거기서 조용히 두드리며 들어가기를 청했다.

성의 주인은 그때 저가 문지기인 척하면서
그에게 답했다. 지금은 모두 자기 방으로
쉬러 갔으며, 침실에서 자고 있는 주인에게
모든 열쇠가 전달되었기에, 아무도 감히
주인을 꿈에서 깨울 수 없다는 것이었다.
그러므로 부디 참아달라고 점잖게 청했다.
그러자 파리델은 태도를 바꾸기 시작했고,
힘으로 지독한 처벌을 가하겠다고 그를 협박했다.

11

하지만 소용없었다. 그는 굽히지 않았고,
이제는 굳게 잠긴 성문 앞에서 오랫동안
기다렸기에, 밤이 성큼 다가와 있었으며
청명한 하늘이 잔뜩 짙은 구름으로 덮여
지독한 폭풍의 돌풍이 불어치기 시작했다.
폭우와 우박이 너무도 거세고 끔찍하여
마침내 이 훌륭한 동료들은 어쩔 수 없이
성문 곁에 돼지를 치기 위해 마련해놓은
작은 오두막 안으로 뛰어들어 피신해야만 하였다.

12

마침 그들이 피신하고 난 후에 우연히
다른 기사가 폭풍에 밀려 그곳으로 와서
성에 도착했고, 다른 이들이 한 것처럼

간절히 부탁하며 뒤늦게 입장을 청했다.
하지만 다른 이들처럼 아무 소용 없었다.
그 기사는 단호하게 입장을 거절당했고
그 때문에 심히 불쾌하여, 그런 쓰라린
처우에 대해 어떻게 복수할지 생각하며
예절의 이름으로 그 불한당을 한없이 비난하였다.

13

그러나 견딜 수 없는 폭풍을 피하기 위해
그는 근처에 피신할 곳을 찾아야 했으며
폭우를 피하기 위해 바로 그 오두막으로
찾아왔는데, 이미 많은 객으로 가득 차서
자신을 들이지 않는다는 것을 알게 되었다.
그러자 그는 엄청나게 화를 내기 시작하며
자신이 그들과 함께 거기 묵든지, 아니면
원하든 말든 그들을 쫓아내겠다고 맹세했다.
그렇게 각자에게 도전했고, 그렇게 둘에게 도전했다.

9 여기서 두 사람은 새터레인과 파리델이다. 귀부인의 시종은 기사가 도전할 상대가 아니기 때문이다.

14

두 사람은 요긴한 거처를 떠나기 싫었고
두 사람은 어둠 속에서 싸우기도 싫었다.
두 사람은 그에게 자리를 내주고 싶었으나

두 사람은 그의 과시를 잠재우고도 싶었다.
하지만 그가 마치 감히 짖지 못하는 개를
꾸중하면서 개집으로 몰고 가듯이, 그처럼
모욕적으로 협박하는 것을 듣고 파리델은
특히 마음이 상했으며, 도전을 받았을 때
겁쟁이처럼 구석에 있느니 차라리 죽겠다고 작정했다.

15
그는 황급히 자신의 말에 다시 올라타고
앞으로 돌진했다. 마치 오랫동안 대지의
공허한 동굴 속에 숨겨져, 컴컴한 감옥
안에 단단히 묶여 있던 사나운 광풍이
뛰쳐나갈 출구를 찾을 수 있을 때까지
자신의 본성에 거슬리는 거대한 대지를
흔들며 마치 두려운 듯 떨게 만들듯이.
그러다가 바람은 튀어나오고 제 광포한
광풍으로 땅과 바다를 위협하며 하늘을 뒤덮는다.

16
그들은 강철 머리 창을 굳건히 겨누고서
격렬한 힘과 분기를 가지고 서로 마주쳐
상대에 대한 무섭고 과격한 조우 때문에
사람과 말이 함께 거칠게 땅에 쓰러졌고,
한동안 무감각한 시체처럼 누워 있었다.

그러나 파리델은 타격으로 심히 다쳐서
젊은 시종이 그를 일으켜 세운 다음에야
반격을 가하기 위해 일어날 수 있었다.
그제야 그는 빛나는 칼을 빼들고 주위로 휘둘렀다.

17
하지만 새터레인이 나와서 멈추게 하고
화를 누그러뜨리도록 부드럽게 간청하여,
두 사람이 싸움을 멈추고 화해하게 되자
그들은 성 주인을 상대로 마땅한 복수를
가해서 값을 치르는 데 협력하기로 하였다.
그들은 서로 동의하고 성문으로 나아가
꺼지지 않은 불로 그것을 태우려 하면서
그들 공동의 적인 저 무례한 불한당에게
처참한 죽음이 아니면 끔찍한 고통을 주겠다고 했다.

18
말베코는 그들이 정말로 성문을 태우려고
작정한 것을 보고, 그들이 불지르려는 것이
진심이라 듣고는, 두려운 속도로 뛰어나와
성벽 위에서 그들을 부르면서 모든 것을
참아달라고 그들에게 겸손하게 사정했다.
하인이 무식해서 제대로 응대하지 못했고
외지인들의 요청에 부족하게 대접했다고.

기사들은 아무것도 믿지 않았지만 기꺼이
모든 것을 용서했고 때늦은 입성을 거절하지 않았다.

19

그들은 어느 훌륭한 방으로 안내되었으며
필요 이상의 온갖 것으로 대접을 받았다.
하지만 주인은 남몰래 그들을 언짢아했고
자비심보다는 두려움에 그들을 환대했다.
그러나 그들은 그것을 짐짓 못 본 척하며
스스로 환대받았다. 각자 자신들의 젖은
옷을 벗기 시작했고 힘든 부녀들을 풀어서
벌칸의 타오르는 불길 곁에 두어 말렸고,
또한 최근에 상처 입은 부위들을 치유하기 시작했다.

8 벌칸(Vulcan): 대장장이와 불의 신. 화산(volcanoes)도 그의 이름에서 연유하였다. 그는 멀시버(Mulciber)라고 불리기도 한다.

20

또한 저 낯선 기사도 다른 사람들과 함께
똑같은 이유로 옷을 벗어야만 하게 되었다.
그러나 그녀가 드높은 투구를 벗었을 때,
멋지게 땋아 올린 그녀의 금빛 머리타래가
저절로 치렁치렁 흩어져서 흘러내리면서
그녀의 뒤꿈치에 닿았다. 마치 오랜 시간
제 빛을 구름 속에 감추고 있던 태양이

증기가 증발하자 황금빛 광채를 드러내며
공기를 꿰뚫고 자신의 하늘빛 광채를 쏘아내는 것처럼.

21
그녀는 그동안 팔다리의 아름다운 모습을
감추고 있던 묵직한 사슬 갑옷도 벗었으며,
그녀가 말을 탈 때 언제나 두르고 있었던,
잘 주름 잡힌 겉옷을 벗어 내리자 그 옷은
그녀의 날씬한 옆구리로부터 흘러내려서
꾸밈없는 수줍음과 함께 발아래 떨어졌다.
그러자 그녀가 여성이라는 것을 이제까지
모르고 있다가 모두 똑똑히 보게 되었다.
이제껏 본 중에서 가장 아름다운 여성이라는 것을.

22
그녀는 마치 거인들을 정복하고 쳐부순 후
돌아온 지 얼마 되지 않은 미네르바 같았다.
새빨간 용광로처럼 큰 콧구멍에서 화염을
뿜어내던 거만한 엔셀라두스는 그 전투에서
창에 꿰뚫려 죽었고, 그로 인해 더욱 높아진
헤무스 산 꼭대기에서 굴러떨어져 내렸다.
여신은 영예로운 승리를 맛보며 쉬기 위하여
자신의 고고한 머리에서 투구를 끌렀으며,
왼쪽 팔에 묶인 자신의 골곤 방패를 풀기 시작했다.

1 거인들(Giaunts): 그리스 신화에 의하면 그들은 우라누스(Uranus)가 대지에 흘린 피에서 튀어나온 거대한 존재, 즉 타이탄들(Titans)로서 펠리온(Pelion) 산 위에 오사(Ossa) 산을 만들어 신들이 살던 올림푸스(Olympus)를 공격했으나 실패하였다.
2 미네르바(Minerva): 로마 신화에서 전쟁의 여신이며 벨로나(Bellona)라고도 불린다. 그리스 신화에서는 팔라스 아테나(Pallas Athena)라고 불리며 처녀성을 수호하는 여신이기도 하다. 그녀는 제우스의 딸이며 완전무장한 채 제우스의 옆구리에서 튀어나왔다고 알려져 있다. 거인 엔셀라두스와의 전투를 치른 것은 제우스인데, 스펜서는 미네르바가 참전한 것으로 그린다.
4 엔셀라두스(Enceladus): 거인들 중 하나로, 신화에 따르면 제우스에게 죽임을 당하여 에트나 산(Mount Etna) 밑에 불태워졌는데, 화산의 불길을 아직도 내뿜고 있다고 전해진다.
6 헤무스(Hemus): 발칸 반도의 트라스(Thrace) 지방과 모이시아(Moesia) 지방을 나누는 하이미(Haemi) 산맥을 가리키며, 제우스는 이곳에서 하늘의 통치권에 도전한 뱀처럼 생긴 괴물 타이피우스(Typhoeus)를 죽였다.
9 골곤(Gorgons): 여성의 모습을 한 세 괴물인데, 뱀의 머리카락과 날개와 황동의 발톱, 거대한 이빨이 있으며 이들 중 하나가 메두사(Medusa)이다. 메두사는 미네르바의 신전을 망쳐버린 죄로 골곤이 되었으며, 그녀의 모습은 너무 끔찍해서 누구든지 그녀를 보면 돌로 변해버렸다. 페세우스(Perseus)는 거울을 이용하여 그녀를 직접 보지 않음으로써 그녀를 죽일 수 있었는데, 후에 미네르바는 메두사의 머리를 자신의 방패에 새겼다.

23

그들이 그것을 보자 그토록 기이한 광경에
엄청나게 놀랐기 때문에 넋이 빠져버렸고,
서로 바라보다가 모두 멈춰 선 채로 그녀를
쳐다보았다. 마치 갑작스런 커다란 공포에
사로잡힌 듯이. 마침내 그동안 자신들이
크게 잘못 보아온 그녀의 훌륭한 모습과
영광스러운 자태를 바로 바라보고, 처음에
실수한 것을 즐거워했으나, 그녀의 놀라운
미모는 여전히 새롭게 그들의 굶주린 눈을 채워주었다.

24
하나 그들의 굶주린 눈은 만족하지 못하고
보면 볼수록 더 보고픈 욕망에 사로잡혀
신성함을 관조하는 태도로 굳게 고정된 채
언제까지나 그 자리에 멈춰 서 있기만 했다.
그러나 무엇보다도 그들은 자신들이 경험한
그녀의 기사도와 고귀한 위력에 놀랐고
그녀가 누구인지 무척 알고 싶어하였다.
하지만 어느 누구도 그 말을 꺼내지 못했다.
다만 모두 그녀를 좋아했고, 모두 그녀를 사랑했다.

25
파리델은 최근의 패배와 수치스런 불명예
때문에 다소 불만스럽게 여기기는 했지만,
곧 자신의 악감정을 누그러뜨리게 되었다.
그녀의 아름다운 눈이 주는 우아한 시선과,
자신도 최근에 겪고, 그 때문에 흠모하던
기사다운 고결함 때문에. 저녁이 준비됐다.
그러자 그들은 말베코에게 청했다, 예의상
그들이 그의 부인을 알현하도록 해달라고,
그리고 함께 식사하여 자신들을 더 즐겁게 해달라고.

26
하지만 그는 호기심 강한 요청을 피하려고

그녀가 거기 올 수 없는 이유를 지어냈다.
건강이 악화하여 좀 전에 쉬러 들어갔으며,
저녁 습기가 환자에게 나쁘기 때문이라고.
그러나 어떤 변명도 받아들여지지 않았다.
그들은 그녀가 오기 전엔 먹지 않으려 했다.
그녀는 아주 적절한 우아함을 갖추고 와서
그 자리에 어울리는 정중한 인사를 하고,
점잖고 예의 바른 부인의 모습으로 자신을 내보였다.

27

그들은 식탁에 앉았고, 새터레인의 자리는
그녀의 바로 앞이었고, 파리델은 옆이었다.
그러나 주인 자신은 여전히 브리토마트를
흘겨보면서 앉아, 새터레인 경을 놓칠세라
한시도 눈을 떼지 않고 지켜보고 있었다.
하지만 파리델 쪽에 있는 감긴 눈으로는
그의 모든 행동이 가려서는 볼 수 없었다.
그래서 그는 그 예쁜 얼굴을 실컷 보았고
제 은밀한 사랑의 전갈을 마음껏 그녀에게 전달했다.

1-5 새터레인은 헬레노어의 맞은편에 앉았고 파리델은 말베코의 왼편에, 말베코와 헬레노어 사이에 앉았기 때문에 왼쪽 눈이 먼 말베코는 파리델을 보지 못하고 오히려 브리토마트를 경계한다. 그녀가 아직도 남성인 줄로 착각하거나, 그녀가 여성임을 알면서도 여성조차도 질투의 대상으로 삼는다는 의미로 볼 수도 있겠다.

28

시시때때로, 아무도 보지 못하고 있을 때,
은밀한 전갈을 담고 있는 눈빛으로 말하며,
그녀를 뚫어보며 제 은밀한 마음을 전했다.
그는 예부터 그런 기교를 배웠기 때문이다.
그녀 또한 그런 천박한 지식을 잘 알았기에
그의 눈에서 그 뜻을 약삭빠르게 읽었으며
그에게 끊임없이 같은 응답을 해주곤 하였다.
그녀는 그에게 불타는 화살 하나를 쏘았는데,
그 끝은 내밀한 욕정과 질투의 공포로 독이 묻어 있었다.

29

그는 그 치명적인 공격을 방어하지 않았고,
제 여린 가슴을 넓게 열고 상처를 입었다.
거짓된 혼합물로 가득 찬 그 사악한 화살은
그의 두 눈을 통과했고 남몰래 그의 가슴에
미끄러져 들어가 거기에 심한 상처를 냈다.
하지만 그 고통은 그에게 새롭지도 않았고,
전혀 고통도 아니었다. 그는 그런 위력을
흔히 겪었으며, 흔히 헛된 사랑을 해봤기에
그럴 것을 당연히 예상하고 있었고, 즐겼기 때문이다.

30

그때부터 그는 저가 잘 아는 방식을 통해

내부의 고민을 넌지시 알릴 방도를 찾았다.
그러자 그는 은잔에 담긴 바커스의 과즙을
식탁에 쏟았다, 마치 그 잔이 넘어졌거나,
아니면 그 과실주가 흘러서 넘친 척하면서.
그리고 춤추는 거품으로 미래 점을 치거나
거기에 글을 써서 제 사랑이 드러나게 했다.
그것을 그녀는 이미 익숙한 듯이 잘 읽었다.
포도주의 신비함이 갖는 신성을 더럽히는 성찬식이었다.

* 이 연과 다음 연에 묘사되는 게임은 코타부스(Kottabus)라고 불리는 고대의 놀이이다. 고대 그리스에서는 잔에 포도주를 가득 채우고 사랑하는 사람에게 전달하면서 잔이 흘러넘치는지 여부에 따라 상대방이 자신을 사랑하는지 예측하였다. 엎질러진 포도주 위에 글을 써서 사랑의 메시지를 상대방에 전달하는 방식으로 사용되기도 한다.
9 성찬식에 쓰이는 포도주는 기독교의 전통에서 신성한 신비함을 상징하는 것인데, 파리델은 그 포도주를 세속적이고 불법적인 사랑에 이용한다는 것이다.

31

그렇게 그의 손에서 축배를 넘겨받은 그녀는
일부러 실수하는 척하면서 시치미를 뗀 채,
그 죄 많은 잔을 공연히 자신의 무릎에 쏟아
제 내부의 불꽃을 끄고 싶은 욕구를 보였다.
그와 같은 내밀한 표시로 그들은 비밀스러운
제 뜻을 이루고, 한쪽 눈의 감시를 피했다.
저를 속이려는 연인들을 지키고 감시하려면
노인에게 두 눈이 필요했다. 그렇게 원숭이는
그들의 절묘한 수단에 의해 말베코의 망토로 들어갔다.

8-9 이들이 말베코를 바보로 만들었다는 뜻인데, 초서(Chaucer)의 『수녀원장의 이야기』(*The Prioress' Tale*) 서문에서 따온 구절이다. "원숭이를 어떤 이의 모자에 집어넣는다"(to put an ape in his hood)는 것은 그 사람을 바보로 만든다는 속담이다. 어떤 학자는 이 속담이 광대가 원숭이를 어깨에 메고 다녔다는 사실에서 나왔다고 주장하기도 한다.

32

이제 고기와 술로 그들이 배를 다 채우자
저 점잖은 부인은 모험심 강한 기사들에게
자신들이 겪은 무용담에 대해 들려달라고
제안하면서, 모두에게 자신의 출생 내력과
자신의 이름이 무엇인지 말해달라고 했다.
그러자 우아한 언변과 다채롭게 구사하는
제 말솜씨에 대한 타고난 자부심을 품은
파리델이 그녀의 마음을 끌 너무도 적절한
기회에 대해 기뻐하며, 이렇게 말했고, 모두 주목했다.

33

"지금은 단지 공허한 이름으로만 남아 있고
자신의 재 속에 깊숙이 묻혀 있는 트로이여,
비록 옛적에 분노한 신들과 잔인한 하늘이
그대 머리에 비참한 운명을 덧씌우기 전에
그대는 그 명성보다 훨씬 더 위대했지만,
그대의 영광스런 후손과 하늘에서 시작된
가문에 대해 자랑한들 무슨 소용이 있으랴.
그대에 대한 값있는 칭송은 더럽혀졌으며

그 후손은 떨어졌고 그 영광은 근래에 훼손되었으니.

* 여기서부터 51연까지 이어지는 서술로써 작품에 등장하는 영국의 역사가 마무리된다. 2권 칸토 10의 5~68연까지 알마(Alma)의 성에서 아서 왕자가 읽는 『영국 왕의 연대기』(The Chronicle of British Kings)는 트로이(Troy)의 후예인 부르터스(Brutus)가 영국에 도착한 때부터 아서의 아버지인 우서 펜드래곤(Uther Pendragon)이 왕이 될 때까지의 역사이다. 또 3권 칸토 3의 27~50연에서는 마법사 멀린(Merlin)이 아서 왕 시절부터 엘리자베스 여왕에 이르기까지 역사를 미래로 제시한다. 그리고 이제 여기서는 역사의 시작이라 할 수 있는 트로이의 멸망부터 트로이 인들이 영국에 도착하기까지 역사가 서술된다.

34

"세상의 가장 유명한 영웅이며, 그로 인해
트로이가 불에 타버리고 태곳적 일리온의
웅장한 탑들이 구슬픈 폐허가 되게 만든
전쟁이 발발했던, 파리스 경이라는 이름은
그 고귀한 명성을 통해 널리 알려져 있소.
그는 막강한 무력과 대담한 용기를 가지고,
그동안 그리스가 뻐기던 기사의 소유물 중
최고의 미인을 라키다이몬에서 빼앗아 왔소,
비너스가 훌륭함에 대한 선물로 그에게 준 것이라오.

* 여기서부터 37연까지 이어지는 트로이의 멸망에 대한 파리델의 이야기는 말베코의 성에서 앞으로 일어날 일에 대한 서언이라 볼 수 있다. 파리스와 헬렌의 정신적 후손인 파리델과 헬레노어의 간통으로 성이 멸망하기 때문이다. 사실 파리스가 헬렌을 겁탈한 이야기는 간통에 대한 원형적인 이야기이며, 파리델에 의해 재현된다. 파리델의 이야기에는 르네상스 시대에 이미 잘 알려진 파리스와 헬렌 이야기의 도덕적 측면 즉 그들의 도덕적 타락 때문에 트로이가 멸망했다는 내용이 빠졌으며, 이는 그들의 성품으로 보아 오히려 당연하게 여겨진다.
1 영웅(Worthy): 역사적, 성서적, 신화적, 전설적 영웅(Nine Worthies) 아홉 명 중 하나를 가리키는 것으로, 중세에는 이들이 이상적인 기사도를 실현하는 존재로 추앙되었다. 하지만 파리스는 이들 중 하나가 아니며, 이야기의 화자인 파리델이 사실을 왜곡했다. 아홉 영웅은 헥토(Hector), 알렉산더 대왕(Alexander the Great), 줄리어스 시저(Julius Caesar), 여호수

아(Joshua), 다윗(David), 주다스 마카베우스(Judas Maccabeus), 아서 왕(King Arthur), 샤를르마뉴(Charlemagne), 볼리온의 곳프리(Godfrey of Bouillon)이다.
2   일리온(Ilion): 트로이의 다른 이름.
8   라키다이몬(Lacedaemon): 스파르타의 다른 이름이며, 아가멤논(Agamemnon)의 동생 메넬라우스(Menelaus)가 그의 부인 헬렌(Helene)과 함께 살던 곳이다.

35

"어여쁜 헬렌은 빼어난 아름다움의 꽃이며
막강한 정복자들이 받을 수 있는 화환인데,
그녀 때문에 수많은 귀부인들은 자신들의
연인이 죽는 것과 고귀한 전사들의 시체가
아름다운 스카만더 평원에 널브러진 것을
멀리 트로이의 탑에서 바라보고, 그 무거운
상실감에 슬피 통곡하였던 것이며, 그들의
결실 없는 생명들이 밭이랑 아래에 심기고
잔터스의 모래 언덕이 피로 흘러넘치는 것을 보았다오.

5   스카만더(Scamander): 9연에 등장하는 잔터스(Xanthos)와 함께 트로이에 있는 강을 지칭하는 이름인데, 스펜서는 스카만더를 평원으로 바꾸어 묘사한다.

36

"내 혈통은 그로부터 직접 이어져왔는데
그는 십 년의 트로이 공략보다 훨씬 이전에
그가 아이다 산에서 양치기로 있는 동안에
예쁜 오이노니에게서 귀여운 아들을 낳았소.
지나간 즐거움을 기억하려고 그녀는 아기를
아버지의 이름을 따서 파리우스라 불렀고,

그리스군이 프라이엄의 영토를 파괴한 후
그는 타다 남은 트로이의 유물들을 모아서
그것을 가지고 거기서 항해하여 파로스 섬으로 왔소.

3 아이다(Ida): 트로이에 있는 산 이름. 파리스는 트로이의 왕 프라이엄(Priam)의 둘째 아들인데, 그를 낳기 전에 그의 어머니 헤카베(Hecuba)는 횃불로 도시를 불태우는 꿈을 꾸었다. 그녀는 갓 태어난 아기를 아이다 산에 버렸는데, 목동이 아기를 발견해 파리스라고 이름을 붙이고 목동으로 키웠다.
4 오이노니(Oenone): 강의 신 세브렌(Cebren)의 딸이며 파리스의 아내인 님프이다. 파리스가 비너스의 뇌물을 받고 그녀의 편을 들어 헬렌을 얻은 것이 트로이의 몰락을 가져왔다는 것은 그의 부도덕한 선택이 빚은 결과이며, 그의 아내인 오이노니는 후에 버림을 받았으나 코리서스(Corythos)라는 아들을 낳았는데, 스펜서는 그의 이름을 패리우스(Parius)로 바꾼 것이다.
7 프라이엄(Priam): 트로이의 왕.
9 파로스(Paros): 에게 해(Aegean sea)에 있는 섬의 이름.

37

"그곳은 이전에는 나우사라고 했는데 그가
파로스라고 불렀고, 그는 수년간 통치하며
폰틱 해변에 나우시클을 건설하였으며
그가 죽으면서 그곳을 다음 서열에 있던
아들 파리다스에게 남겨주었소.
나 파리델은 그의 혈통을 받은 후손이라오.
그러나 예쁜 여인의 사랑과 영예를 얻으려
내 고향 땅을 떠났고, 나의 인생과 수고의
목표가 되는 무예를 추구하는 데 내 인생을 바치려 하오."

1 나우사(Nausa): 이 지명에 대해서는 분명히 알려진 것이 없다. 다만 파리우스가 나우사에 건설한 도시인 나우시클(Nausicle)이 폰틱(Pontick) 해변 즉 흑해 연안이라는 것으로 미루어보아, 파로스의 여정이 트로이에서 에게 해로, 거기서 다시 흑해 지역으로 이어졌으며, 로

마로 향한 아에니어스(Aeneas)의 여정과는 반대인 것을 알 수 있다.
5 이 행은 다른 행들과 달리 5보(pentameter)가 아니라 3보(trimeter)인데, 역사 이야기가 끊기는 부분이기 때문에 스펜서가 일부러 행의 길이를 짧게 한 것으로 해석할 수도 있겠다.

38

고귀한 브리토마트는 트로이 전쟁에 대해,
그리고 파멸한 프라이엄의 도시에 대해서
파리델 경이 말하는 가엾은 이야기를 듣고
그 애처로운 행동에 크게 마음이 움직였고
그 옛 종족에서부터 자신의 혈통이 나왔다고
그녀가 들었던 바로 그 나라를 상대로 한
그리스인들의 잔인한 짓에 심히 분개했다.
귀한 브리튼인은 당찬 트로이인에서 왔고,
트로이뉴언트는 옛 트로이의 식은 재로 건설되었기에.

9 트로이뉴언트(Troynouant): 새로운 트로이(New Troy)라는 뜻인데, 16세기에는 런던을 종종 새로운 트로이라고 불렀다.

39

잠시 가만히 한숨을 쉬고, 이렇게 말했다.
"오 명성을 떨치던 도시의 슬픈 몰락이여,
그토록 오랫동안 승리를 통해 통치하면서
아시아 전체에 주권자의 명예를 떨쳤는데,
어느 슬픈 밤에 불에 타 무너져버렸구나.
네 불운한 운명에 대해 듣고, 깊은 연민에
잠기지 않을 돌 같은 마음이 어디 있으며,

아침에 새로 피었다가 저녁에 시든 그대를
인간의 비참한 형편의 표본으로 삼지 않을 수 있겠느냐?

40

"보시오, 기사님, 그대의 가여운 하소연이
어떻게 그 고통에 참여할 자를 찾았는지.
국가의 대의와 공공의 적이 주는 모욕만큼
가혹한 괴로움을 주는 것은 없을 것이오.
하지만 슬픔을 가눌 수 있다면 이야기로
돌아가시오. 나는 아에니어스에게 어떤 일이
일어났는지 알고 싶소. 사람들이 말하기를
그는 도시의 참담한 불길에 소멸하지 않고
오히려 자기 자신을 안전하게 피신시켰다고 합니다."

6 아에니어스(Aeneas): 트로이의 왕자이며 용사로서, 트로이가 함락되었을 때 그곳을 탈출하여 로마에 정착한 것으로 알려져 있다. 그의 후손인 브루터스가 로마에서 영국으로 건너왔다는 신화에 따라 영국인의 선조로 여겨지기도 한다.

41

"어여쁜 비너스가 낳은 안키세스의 아들은
(그가 말했다) 불길에서 안전하게 도망쳤고
유품 하나를 가지고 바다로 피신하였는데,
치명적인 실수로 인해 수년간을 바다에서
지냈고, 그가 정착하게 되기까지 정처 없이
해변에서 해변으로 떠돌며 리비아 해안을

배회했다오. 그러면서 불쌍한 자기 백성을
승리자의 복수의 손길로부터 지키기 위해
이국땅을 지나며 숱한 고생과 역경을 견뎌냈다오.

1 안키세스의 아들(Anchyses sonne): 아에니어스(Aeneas)를 가리킨다. 아에니어스는 아버지 안키세스를 트로이에서 구출하였다.
2 리비아 해안(Lybicke sands): 오늘날의 리비아라기보다는 북아프리카 해안을 가리키는 것으로 보아야 할 것이다.

42

"마침내 그는 라티움에 도착하게 되었는데,
거기서 그는 자신을 다시 쫓아내기 원하는
내륙의 종족과 끔찍한 전쟁을 벌이게 됐고,
결국 어쩔 수 없이 늙은 라티누스와 혼인의
계약을 맺어야 했소. (운명이 그리 명했소)
혈연의 혼인 계약이며 피로 물든 계약이
이루어져 많은 이가 구슬프게 통탄했다오.
경쟁자를 죽이고 승리자는 겨우 강을 통해
탈출했으니, 어렵게 자신의 혼인을 칭송 받은 셈이오.

1 라티움(Latium): 이탈리아의 타이버(Tiber) 강과 누미쿠스(Numicus) 강 사이에 있던 나라 이름. 이곳 사람들은 이탈리아에서 가장 오래된 원주민들이며 특히 알바 롱가(Alba Longa) 사람들은 자신들이 트로이 인들의 후예라고 주장해왔다. 고대 로마를 가리키는 라틴과 라틴어는 이들을 가리키는 것이다.
4 라티누스(Latinus): 라티움의 왕이며 반인반수의 파우누스(Faunus)와 님프 마리카(Marcia) 사이에서 태어났다고 알려져 있다. 아에니어스는 라티누스의 딸 라비니아(Lavinia)와 혼인했는데, 이 때문에 루툴리안(Rutulians)족의 투누스(Turnus)와 전쟁을 했다. 왕은 라비니아를 투누스에게 주기로 약속했기 때문이다. 아에니어스는 마침내 투르누스를 죽이고 라비니아와 혼인했다.

43

"하지만 결국 그는 승리자로서 살아남았고
라티누스와 함께 왕국을 나누어 통치했다오.
하지만 후에 두 나라가 각자 자기 이름으로
주권을 행사하려고 서로 싸우기 시작하자,
그의 아들 율러스가 트로이의 혈통을 이은
열혈 청년들을 모두 이끌고 그곳을 떠나서
옛 알바에 자신의 왕권을 따로 세웠는데,
거기서 도시가 번성했고, 로물루스가 그곳을
일신하여 로마로 편입시킬 때까지 오랫동안 굳건했소."

5 율러스(Julus). 아스카니우스(Ascanius)를 가리키는데, 그는 트로이의 왕 프라이엄(Priam)과 헤카베(Hekabe) 사이에서 태어난 크레우사(Creusa)가 아에니어스와 혼인하여 태어난 아들이다. 그는 7행에 등장하는 알바 롱가(Alba Longa)의 창건자이며, 아에니어스가 라비니아와 혼인하여 얻은 아들이라는 주장도 있는데, 스펜서는 후자를 따른 것으로 보인다.
7 알바(Alba Longa): 라티움에 있던 도시 이름.
8 로물루스(Romulus): 로마의 창건자. 마스(Mars)가 일리아(Ilia)를 통해서 낳은 아들이며, 일러스의 후손이라고 알려져 있다.

44

브리토마트가 말했다, "맞아요, 맞아. 바로
거기서 후세의 영광이 새롭게 피어났으며,
트로이는 잿더미에서부터 또다시 일어나서
두 번째로 주권을 가진 왕의 자리에 앉아
온 세상을 자신의 통치 아래 두게 되었지요.
하지만 흩어진 트로이의 후예들 가운데서
모든 영광과 위대한 과업의 수행에 있어서

첫 번째와 두 번째 트로이가 감히 대등하다고
여기지 못할 세 번째 왕국이 앞으로 일어날 것이오."

9 세 번째 왕국(a third kingdome): 로마는 종종 두 번째 트로이라고 불렸으며, 튜더 왕조(Tudors)는 자신들의 선조인 브루터스(Brutus)가 트로이의 후예라는 사실을 강조하면서 런던을 세 번째 트로이라고 불렀다.

45

"트로이뉴언트라고 불리는 그곳은 풍부한
템스 강의 물결이 곁을 따라 흐르고 있고,
물살이 분노로 으르렁거리며 사납게 마구
밀려와 모든 이가 거센 물살을 거스르기를
두려워하는 그 강의 완강한 목 부분 위로
왕국이 두 발을 고정시키고 드높이 서서,
이국땅에서는 그곳을 세상의 기적이라고
칭송하며, 그곳을 지나는 모든 사람들이
멀리서 그곳을 바라보며 하늘을 찌른다고 여기다.

* 런던을 따라 흐르는 템스 강 상류에 세워진 런던교(London Bridge)의 교각 때문에 조수가 흐르는 시간에는 급물살이 일었으며, 런던의 성과 건물들은 강의 상류 지역을 따라서 건축되었다. 브리토마트는 런던을 왕국과 동일시한다.

46

"트로이의 브루트가 처음 그 도시를 찾았고,
하이게이트는 서쪽에 오버트게이트는 북쪽에
경계를 설정했지요. 그것이 내륙의 경계이며,
두 개의 강이 나머지 경계를 짓고 있습니다.

그 영역이 너무 커서 그는 처음부터 그곳을
자기 왕국이 머물 최고의 지역으로 여겼지요.
그처럼 큰마음은 더 작은 곳에 머물 수 없고,
작은 지역으로는 전쟁의 위업으로 알비온을
맨 처음 정복했던 그 위대한 영광을 담을 수 없었지요."

1 트로이의 브루트(Troian Brute): 트로이의 후예인 브루터스가 로마를 떠나 영국에 도착하여 런던을 수도로 왕국을 세웠다는 설명이다.
2 하이게이트(Hygate)와 오버트게이트(Overt gate): 런던 서쪽에 있는 하이게이트(High gate) 는 오늘날까지 남아 있지만, 북쪽의 경계를 이루는 오버트게이트 즉 열린 문(Open gate)은 어느 것인지 확실치 않다.
4 두개의 강(two rivers): 하나는 당시 런던 남쪽에 있던 템스(Thames) 강이며, 다른 하나는 무엇인지 분명치 않으나 런던 중앙을 가로지르는 월부룩(Walbrook) 강이라는 주장도 있다.
8 알비온(Albion): 영국을 가리키는 가장 오래된 이름이며, 아직도 영국을 지칭하는 이름으로 사용되기도 한다.

47

파리델이 말했다, "아 아리따운 여기사님,
제 부주의한 착오를 용서해주시길 빕니다.
늙은 네몬이 말하는 것을 옛적에 들었는데
제가 정신이 없어서 그만 잊었군요.
과연 그가 말했소 (내 기억이 확실하다면),
옛 트로이의 가문에서 또 하나 나무가
자라나 경이로운 높이로 뻗어 올라갔으며
그가 아는 세상의 끝에 있는 구석구석까지
자신의 막강한 가지를 멀리 드넓게 드리웠다는 것이오.

3 늙은 네몬(aged Mnemon): 그리스어로 기억(Memory)을 의인화한 것이다.

48

"네몬이 말할 때마다 항상 극구 칭송하던
바로 그 브루트는 불운의 화살을 잘못 쏘아
실비우스의 아들을 살해하게 되고, 그 후
자신이 잘못했다는 사실이 두려워서, 혹은
수치심에, 심한 비난을 피하려고 도망치며
젊은이들을 한 무리 바다로 데리고 가서
오랫동안 힘들게 방황하며 거기 머물렀고,
오세아누스의 바다에서 많은 기복을 겪고
위대한 모험을 했는데, 지금 하기엔 너무 긴 이야기요.

8 오세아누스의 바다(Ocean main): 오세아누스(Oceanus)는 바다 혹은 대양을 의인화한 것이다.

49

"마침내 운명의 길을 따라 그들은 드넓고
휑히 트인 한 섬으로 밀려가게 되었는데,
그들에게는 북쪽 끝에 있는 듯이 보였소.
휴식 후 그들은 그곳을 널리 탐색하다가
그곳이 살기 아주 적합하다는 것을 알았소.
그곳은 모든 것이 먹고살기에 풍요롭고,
사람의 발길이 없어 아무도 살지 않는데,
다만 인육을 먹으며 인간의 피를 마시는
거인 종족이 거대한 나라를 이루고 있는 곳이었지요.

50

"고달픈 전쟁과 오랜 노력 끝에 그들을
정복했소, 많은 용감한 브리튼인을 잃고.
그 전쟁에서 막강한 코리네우스가 죽인
거대한 고마굣과 늙은 데본이 무찌른
콜린이 넘어져 대지에 차갑게 누웠는데,
대지는 그들의 거대한 몸집 아래 떨었소.
이것은 아주 유명한 이야기로서 황동의
기념비에 영원토록 새겨질 만한 것이며
모든 고대의 영웅들의 가치를 훨씬 뛰어넘는 것이오.

3-5 코리네우스(Corineus), 고마굣(Goemagot), 데본(Debon), 콜린(Coulin): 코리네우스와 데본이 각각 거인족인 고마굣—고그마곡(Gogmagog)으로 부르기도 한다—과 콜린을 죽인 내용에 관해서는 2권 칸토 10의 10연과 11연에 서술되어 있다.

51

"위대한 트로이노반트도 그가 세웠고 또한
아름다운 링컨도 그가 세웠는데, 둘 다 널리
이름을 떨쳤지만, 이젠 동에서 서로 끝까지
뒤져봐도 아름다운 두 도시를 찾을 수 없소,
클레오폴리스를 빼고는. 나는 늙은 네몬이
그리 이야기하는 것을 들었소. 하니 기사님,
그대와 같은 나라의 인척으로 인사드리며,
얼마 전 우리가 둘 다 모르고 벌인 싸움에
대해서도 용서를 청하오." 그렇게 파리델은 말을 마쳤다.

1 트로이노반트(Troynovant): 새로운 트로이(New Troy)라는 뜻인데 런던을 가리킨다. 16세기에 영국인들은 자신들이 트로이의 후예라고 믿었다.
2 링컨(Lincoln): 영국 동부의 링컨셔(Lincolnshire)에 있는 도시.
5 클레오폴리스(Cleopolis): 그리스어로 영광의 장소라는 의미이며, 요정 나라의 수도이며 런던에 대한 알레고리이다.

52

그러나 그가 이러한 말을 하는 동안 내내
예쁜 헬레노어 부인은 그의 입술에 매달려
주의 깊게 쳐다보고 온 관심을 기울이며,
이젠 그녀에게 없는 미미한 지혜를 써서
상상의 세계를 한없이 만들어가고 있었다.
그러면서 부지불식간에 제 연약한 마음에서
방황하는 시선과 욕망의 관심을 내보였다.
그것을 눈치챈 그는 말하면서도 끊임없이
남모르게 많은 거짓 사랑의 표정을 그녀에게 날렸다.

53

그렇게 기사들은 오랫동안 자신들이 많은
위험을 겪으면서 경험했던 기이한 일들과
고귀한 업적에 대해 다양하게 이야기하니,
이제는 습기 찬 밤이 널리 퍼지게 되었고
하늘의 등불들은 절반쯤이나 불타버렸다.
그 대화와 논의들이 모두 너무도 길다고
생각하던 늙은이는 이것을 눈여겨보면서

시간을 재고 있다가 그들에게 가서 쉬기를
청했다. 그리하여 모두는 각자의 침실로 인도되었다.

칸토 10

파리델은 헬레노어를 쟁취하다.
말베코는 그녀를 뒤쫓다.
새터들 사이에서 그녀를 찾으나
그녀는 그와 돌아가기를 거절하다.

1

이튿날 아침 피버스의 등불이 일찌감치
자신의 광채로 온 세상을 비추고, 또한
새초롬한 오로라가 그늘진 안개를 멋진
하늘에서 모두 다 몰아내버리기 무섭게,
아리따운 브리토마트와 요정의 기사는
갈 길을 가기 위하여 자리에서 일어났다.
하지만 파리델은 얼마 전 브리토마트와의
싸움에서 크게 상처를 입어, 자기 상처를
치료하기 전에는 말을 탈 수가 없다고 하소연했다.

5 요정의 기사(Faery knight): 새터레인을 가리킨다.

2

그래서 그들은 떠나고 그는 뒤에 남았다,
주인은 억지로 시중들어 주어야 할 손님을

집에 두기 싫었고, 제 집에서 자기 자신이
자유롭지 못하다고 심하게 불평을 했지만.
절제가 부족한 힘은 오만으로 향하는 법.
두 가지가 싫었지만, 세 번째는 죽음이었다.
첫 번째, 과격한 젊은이의 무절제한 지배력.
두 번째, 그가 목숨처럼 사랑하는 자신의 돈.
그리고 애써 오랫동안 정숙하게 지켜온 어여쁜 아내.

3
그러나 그는 운명과 자기 운세가 그에게
마련한 것을 인내로써 참아내야만 했다.
어리석음이란 치유책이 없는 두려움이다.
하지만 그는 나쁜 일이 생길지 모른다는
두려움에 방심치 않고 매일 지켜보았다.
감시로 나쁜 일을 막아보려고 생각했다.
그는 밤이나 낮이나 그녀가 한순간도
제 시야를 벗어나도록 놓아두지 않았다.
그렇게 그는 그녀를 괴롭혔고 자신을 힘들게 했다.

4
하지만 파리델은 자신에게 유리한 기회를
찾기 위해 그보다 더 유심히 지켜보았다.
거짓 사랑아, 너는 마법으로 예리한 시선도
감싸고 네 뜻대로 악용하는데, 사람들은 왜

네가 앞을 보지 못한다고 하며, 장님이라고
어리석은 상상을 하는가? 네 멋대로 다니며
마음에 깃든 모든 비밀을 들여다보는구나.
너는 모든 것을 보지만 아무도 널 못 보니,
이러한 모든 것이 너의 신성이 작용하기 때문이다.

5

파리델은 그런 기교를 완벽하게 갖추었기에
말배코의 절반의 시선을 속일 수 있었는데,
그는 절반의 시선을 놀랍게도 잘 속였으며
헬레노어의 두 눈도 현혹하였고, 눈과 함께
마음도 앗아버렸다, 제 상처를 치유한다는
핑계로 그가 그곳에 머무르는 시간 동안에.
큐피드도 그것을 보고, 그가 그녀의 사랑을
어떻게 훔쳤는지 알고서 남몰래 웃었으며,
아무도 자신의 즐거운 배신을 밝히지 말라고 일렀다.

3 절반의 시선(helfen eye): 칸토 9의 5연 5행에서 '껌뻑이는 눈'(blincked eye)으로 묘사된 눈으로서, 말베코의 다른 한쪽 눈은 멀었기 때문에 절반의 시선이라고 표현한 것이다.

6

박식한 연인은 시간과 기회를 놓치지 않고,
작은 것도 자신에게 유리하게 사용하지만,
어여쁜 돛을 가졌기에, 그녀에게 오르기
전에는 아무도 그 은밀한 목표를 알 수 없다.

공공의 장소와 일상적인 식탁에서 어쩌다가
그녀를 만나면 그는 일상적인 말로 그녀에게
인사했지만, 한 마디마다 미끼를 담고 있어서
불손한 주인조차도 그가 예절을 무시한다거나
주인 대접을 제대로 안한다고 그를 비난할 수가 없었다.

7
하지만 그녀가 혼자 있으면 (그런 적은 거의
없었지만) 그는 거짓 술수를 몰래 동원해서
제 마음에 있는 온갖 간교한 계략을 꺼냈다.
한숨 쉬고, 울고, 기절히고, 죽겠다고 하면서,
제 몸을 땅에 던져 그녀 곁에 바짝 붙었다.
그리고 제가 다시 살아났다고 여기게 되면,
울면서, 통곡하고, 거짓 한탄을 지어내면서
말하기를, 그녀가 자비를 보이지 않으면 저는
죽을 수밖에 없으나, 저를 죽인 그녀를 용서하겠다고 했다.

8
또 다른 때에는 호색적인 흥겨움과 즐거운
장난거리를 가지고 그녀를 기쁘게 해주었다.
달콤하게 노래하여 그녀의 기분을 전환하고,
사랑과 연인의 아픔을 시나 브랜슬, 발라드,
비어레이, 그리고 허망한 시구로 노래했다.
때로 문답놀이를, 때로 수수께끼를 만들고

칸토 10 | 301

제 머릿속에 넘치는 수천 가지 놀이를 생각해서
그것으로서 그녀의 허영을 자극하고 경멸스런
옛 사랑을 버리고 자신의 새 사랑을 받아들이게 유혹했다.

4-5 브랜슬(Bransles), 발라드(Ballads), 비어레이(Virelayes): 브랜슬은 프랑스의 춤이나 춤곡을 가리키며, 발라드는 느린 곡조의 서정곡이며, 비어레이는 프랑스에서 나온 단시나 곡조를 가리킨다.
6 문답놀이(purposes): 사랑과 관련된 질문과 답을 하는 놀이의 일종.

9

그리고 할 수만 있다면 어디서나, 언제든지
충실하게 그녀를 섬겼으며, 겸허한 자부심과
흥겨운 표정으로 가까이서 시중을 들었으나,
은밀하게 하여 그녀 외에는 아무도 몰랐고,
모든 것을 눈치챈 그녀는 전부 받아들였다.
그렇게 그는 거짓 그물을 섬세히 드리워서
예부터 수많은 연약한 마음을 굴복시켰으며
수많은 이들을 그런 방식으로 속여온 것이다.
그렇다면 그녀가 넘어갔다는 것이 무슨 놀라운 일이랴?

10

계속되는 공격으로 부수지 못할 만큼 강한
성채나 성벽은 그 어디에도 존재하지 않고,
구호물자도 없고 구원병도 없이 오랫동안
포위 공격하면 협상하지 않을 자도 없다.
그리고 먼저 협상에 응하게 되는 요새는

곧이어 자기 자신을 내어주게 되고, 금방
승리자의 뜻에 따르는 노예가 되어버린다.
이 간교한 연인은 바로 그런 전략을 자주
시도했는데, 이제는 그것을 분명히 드러내 보인 것이다.

11

자신의 계략으로 그는 그녀를 사로잡았고,
그녀는 제 사랑과 마음을 온전히 그에게
주었다. 이득이나 해로움이나, 신뢰에 대한
염려나, 아니면 늙은 남편도 개의치 않고,
그들 오생이 신 남사로 만들기로 행세했다.
시간과 장소만이 문제였는데, 그녀는 곧
그 방법을 생각해내고 제 연인에게 말했다.
둘 다 좋아했다. 그래서 둘 다 동의하였다.
그렇게 악한 여인의 권고는 쉽게 악한 열매를 맺는 법.

12

밤은 어두워서 연인들의 도주에 적합했다.
말베코가 다른 데 정신이 팔린 것을 보고
그녀는 그의 전 재산이 감추어져 있는 그의
방으로 갔다. 거기서 그녀는 수도 없이 많은
재물을 꺼내, 그것을 가지고 도망치려 했다.
나머지는 재미로 또는 분노로 불태워버렸다.
마치 헬렌이 트로이를 태우는 불길이 하늘에

이르도록 타오르는 것을 멀리서 보았을 때,
박수를 치면서 그 슬픈 광경을 보며 즐거워한 것처럼.

7-9 버질(Virgil)의 『아에니어드』(Aeneid)에 의하면 트로이가 함락되었을 때 헬렌은 술에 취하여 춤을 추었다.

13

두 번째 헬렌인 아름다운 헬레노어 부인은
자신이 이미 피워놓은 불길을 억제하려고
남편이 애처롭게 서두르며 뛰어다니는 동안
그의 헛되고 어리석은 노력을 비웃었으며,
곧바로 뛰어 제 연인의 품으로 달려들었다.
그를 곧장 껴안으며 그녀는 남편을 향하여
너무 늦기 전에 도와달라고 크게 소리쳤다.
보라, 그 손님이 그녀를 강제로 끌어안고
차라리 죽으려고 하는 그녀를 욕보이려 하지 않는가.

14

불쌍한 남자는 도와달라는 그녀 말을 듣고,
그가 그녀를 데리고 달아나려는 것을 보고,
불안한 마음에 몹시 안절부절못하였다.
하지만 그가 다시 뒤쪽으로 눈을 돌려보니
매우 격렬하게 타오르는 불길이 제 가슴과
제 우상의 표면을 태우는 것을 보게 되고
그는 그 때문에 이중으로 고민하게 되었다.

그는 어떻게 할지, 어디로 갈지 알지 못했다.
이제껏 그처럼 비참한 상황에 처한 불쌍한 남자는 없었다.

15

그녀가 소리를 지르면, 그녀에게 가면서
불을 버려두었다. 사랑이 돈을 이긴 것이다.
하지만 막상 제 돈이 타는 것을 보게 되자
부인을 떠났다. 돈이 사랑을 저버리게 했다.
그는 제 사랑하는 부인을 잃기도 싫었지만
가장 아끼는 재물을 버리기도 역시 싫었다.
하지만 둘 다 구할 수는 없었기에, 그는 제
똥 무더기 같은 마음에 가장 소중한 것, 즉
제 욕망의 하나님이요, 눈먼 수전노의 즐거움을 구했다.

* 말베코는 여기서 미색(beauty)과 돈(money) 사이에서 갈등하고 있는데, 2권에서 절제의 기사 가이언(Guyon)이 극복해야 했던 것도 아크레시아(Acrasia)로 대변되는 미색과 마몬(Mammon)으로 대변되는 돈이었다.

16

그렇게 모든 것들이 엉망진창이 되고 있고
모든 사람이 불길을 잡으려고 바쁜 사이에
그 연인들은 사람들의 관심에서 멀어진 채
추적을 두려워할 필요도 없이, 여유를 갖고
자유롭게 목적했던 탈주를 이룰 수 있었다.
멋지고 은밀한 사랑의 수호자인 나이트는

그들을 마지막까지 안전하게 안내해주었다.
그렇게 방탕하게 서로 엮인 허황된 연인
한 쌍은 저희들이 가고 싶은 곳으로 함께 떠나버렸다.

6 나이트(Night): 여신 녹스(Nox)를 가리키며 동시에 밤을 의인화한 것이기도 하다. 여신 나이트는 1권에서 두엣사(Duessa)의 조상으로 처음 등장했으며, 3권 칸토 4의 55~58연에서는 플로리멜을 쫓던 아서가 밤을 원망의 대상으로 삼기도 한다.

17

잔혹한 불길이 잦아들기가 무섭게 말베코는
조금 전에 자신이 진화시켰던 불길 때문에
자신이 잃은 것들의 잔해를 보고는, 슬픔과
질투심의 엄청난 물결 속으로 아주 깊숙이
빠져들었으며, 내부적인 슬픔과 흉악스러운
격정 사이에 끼어 거의 빠져죽을 뻔하였다.
노호하고, 울고, 발을 구르고, 소리 질렀다.
인간에게 깃들 수 있는 모든 격정이 한꺼번에
그에게 밀려와 사로잡힌 그의 정신을 혼란스럽게 하였다.

18

그는 오랫동안 내면의 슬픔 조각을 씹으며
쓰라린 번민으로 자신의 담즙을 소진했는데,
아직도 그때의 불행에 대해 생각할 때마다
여전히 그로 인한 번민이 더욱 커져가면서
고통이 전보다 더욱 가혹해지는 것 같았다.

마침내 슬퍼해봐야 소용없다는 것과 비탄이
제 사랑을 되돌려주지 못한다는 것을 알고,
어떻게 그녀를 구출할지 궁리하기 시작하며
제 혼란스러운 머릿속에 만 가지 방법을 떠올리곤 했다.

19
마침내 결심했다, 가난한 순례자의 복장을
하고서 그녀를 찾을 만한 곳을 찾아보기로.
남모르게 숨겨둔 재물을 몸에 지니고 나서
나머지를 땅속에 묻는다. 그는 그녀를 찾아
바다와 육지를 모두 샅샅이 뒤지기로 했다.
오랫동안 그녀를 찾았고, 멀리서나 가까이,
기사나 여인들이 만나는 것을 알기만 하면
어떤 곳이든지 그녀를 찾으려고 찾아갔으며,
자신이 만나는 모든 이에게 소식이 있는지 물어보았다.

20
하지만 소용없었다. 그 여인은 너무 약아서
결코 그의 손아귀로 돌아오지 않을 것이며
그는 너무 무지해서 아무리 노력하더라도
활기찬 파리델을 기습 공격하지 못할 것이다.
어느 날 그가 지친 걸음으로 평원을 따라서
가고 있을 때, 멀리서 틀림없이 제가 찾는
이들로 보이는 한 쌍의 남녀를 보게 되었다.

그들은 숲 가에 은밀하게 웅크리고 있어서
마치 누굴 기다리고 있거나 스스로 숨어 있는 듯했다.

21
그는 이들이 바로 그들이라고 생각했으며
그가 그들의 모습을 더욱 잘 보면 볼수록
그들의 차림새가 더욱 그럴싸하게 보였다.
하나는 전투적 차림으로 전신을 무장했는데
그는 그자가 바로 파리델이라고 짐작했다.
다른 하나는 온통 여성의 모습처럼 다양한
색상의 가벼운 옷차림을 하고 있었기에
자신의 활기찬 부인과 똑같다고 생각했다.
그리고 그의 여린 가슴은 그 모습에 한없이 쓰라렸다.

22
또한 그는 한없이 그들에게 가고 싶었지만,
아직은 감히 가까이 다가가는 것을 겁냈고
무엇을 할지 몰라 멀리 떨어져 서 있었다.
마침내 지저분한 질투심의 아버지뻘 되는
극심한 연정으로부터 부추김을 받는 바람에
남몰래 가까이 기어가 진실을 알고자 했다.
하지만 그가 가까이 다가가자, 그는 쉽사리
알 수 있었다. 그것은 달콤한 제 연인도,
제 침실의 동반자인 그녀의 정부도 아니었다는 것을.

23

사실상 그는 경멸스런 브라가도키오였는데,
이전에 너무 순진했던 적으로부터 도망쳐
하인 트롬파트와 거기서 배회하고 있었다.
말베코는 그 사실을 분명히 확인하게 되자
다시 돌아서서 뒤쪽으로 도망칠 심산이었다.
그런데 트롬파트가 급히 달려와 제지하면서
제 주권자인 군주 앞에 나서라고 지시했고,
그는 매우 싫었지만, 감히 거절하지 못했다.
그래서 그 앞에 다가와서 땅위에 엎드려 큰절을 했다.

2 순진했던 적(too earnest foe): 칸토 8의 18연에 등장한 페로우 경을 가리킨다.

24

허풍쟁이는 그를 보고 무섭게 눈을 부라렸다.
마치 시선으로 그를 죽일 수 있었다는 듯이.
그래서 그는 땅에 엎어져 순하게 절을 했고
끔찍한 공포심이 그를 깊숙하게 엄습했기에
온몸과 팔다리가 후들후들 떨리는 것이었다.
그가 말했다, "천한 자여, 여기서 뭐하는가,
동등한 적수를 만나 내 무예를 시험하려고
내 여기서 창과 방패를 든 자를 기다리는데
그런 기대에 걸맞지 않게 가방과 책을 갖추고 있다니?"

9 가방과 책(bag and booke): 순례자의 대표적인 소지품. 말베코는 순례자의 복색을 했기 때문에 가방과 책이 있는 것이다.

25

그 오만한 말을 접하자 이 불쌍한 사나이는
매우 당혹스러워 땅에 납작 엎드리며 말했다.
"기사님, 저의 무례함이 기사님의 인내심을
건드리거나, 불쾌하게 하지 않기를 바랍니다.
저는 미처 모르고 우연히 이곳을 방황하는,
실의에 빠진 미천한 순례자인데, 한 여인을
찾고 있습니다." 그는 성급히 말을 멈추고
나머지를 억눌러온 구슬픈 한숨으로 채웠다,
두 눈에 눈물이 고였고, 쓰라린 몇 방울이 흘러내렸다.

26

트롬파트가 말했다. "여인이라니? 걱정 말고,
숨기는 것이 있다면 그대의 슬픔을 말하시게.
고귀한 구원자가 곁에 있으니 그대 괴로움을
말하기에 이보다 더 좋은 때는 없을 것이오.
그것이 온 세상이 다 아는 해결 방법이라오."
격려의 말은 그 약한 마음을 많이 부추겼고
그의 미약한 정신에 어리석은 희망이 깃들어,
그가 과감히 말했다. "오 가장 무서운 분이여,
친절하신 눈빛으로 불쌍한 처지에 귀를 기울여주소서."

27

그리고 비통한 한숨과 함께 말했다. "저는

얼마 전까지 가장 고귀한 여인과 살았는데,
한 기사가, 그자는 결단코 기사가 아니고,
명예를 추구하는 모든 자들의 수치였지만,
비겁한 속임수로 그녀를 제게서 앗아갔어요.
그는 그녀를 데려가 공공연히 능욕하였고
더러운 힘으로 그녀를 자신의 뜻대로 해서,
현재 무기를 가진 고귀한 기사라면 모두가
힘을 다해서 그를 벌하고 복수를 해야 할 것입니다.

28
"불쌍한 저의 억울함을 풀어줄 수 있으며
그럴 능력이 있는 가장 고귀하신 군주시여,
기사님의 승전의 창을 사용하는 데 있어서
불충한 기사에게서 여인을 지키고 정당함을
지키는 것보다 더 좋은 싸움은 없겠지요.
그러면 기사님의 명성이 크게 떨쳐지겠고,
어여쁜 숙녀들은 기사님의 위력을 칭송하고,
그리고 비록 천한 신분이기는 하지만 저는
재물로 기사님의 값진 노고를 잘 보상해드리렵니다."

29
그러면서 그는 제 가방에서 엄청난 보물을
꺼내서 그것으로 기사를 유혹하려 하였다.
하지만 그는 그런 평가를 받은 것에 대해

칸토 10 | 311

또는 투사를 그처럼 천박하게 대하는 것이
몹시 불쾌하다는 듯이 비웃듯이 흘겨보면서
말했다. "나는 네 천박한 제안이나 거칠고
예의 없는 네 말투에 대해 구역질이 난다.
수치만 아니었다면, 너와 네 돈을 땅바닥에
모두 짓밟았을 것이다." 그리고는 사납게 고개를 돌렸다.

30

하지만 거만한 외모 뒤에 저속한 마음을
감추는 제 주인의 성격을 아는 트롬파트는
그 황금을 보고는 마음속이 간질거렸기에
그 뒤로 바짝 다가가 그의 귀에 속삭였다.
그러나 그는 아직 덮치지 않고 허공에서
먹이를 낚아챌 기회를 기다리고 있었다.
결국 트롬파트는 땅바닥에 납작 엎드려서
그의 커다란 분노를 진정시키고, 섣불리
그를 불쾌하게 한 비천한 자를 용서하라고 간청했다.

5-6 브라가도키오가 곤두박질치며(stoupt) 덮치지 않고 허공에 머물러 있다(still in the wind) 는 것은 매사냥에서 사용하는 용어이다. 즉 그는 먹이를 향해 내려가지 않고 아직도 눈치를 보며 공중에서 빙빙 돈다는 뜻이다.

31

마치 용맹스런 두스페르처럼 위엄을 떨면서
마침내 그가 말했다. "너, 천박한 흙덩이여,

용서를 내리노라, 또 네 무례함도 참아주마.
이제 알아두어라, 짐은 온갖 황금의 재화나
헛된 세상이 자랑하는 모든 것들을 똥처럼
혐오하며 내게 합당한 보상으로 보지 않는다.
내 보상은 명예요, 선행의 전리품은 영광이다.
하나 유한한 인간들의 마음은 몹시 타락하여
꼴사나운 태도로 묵직한 오물을 위해 잘못 행동하도다.

1 두스페르(Doucepere): 중세 로망스에 등장하는 샤를르마뉴(Charlemagne)의 열두 기사로서 프랑스어로 'le douze pairs'라고 하는 데서 온 말이다.

32

"더욱이 네 엄청난 불행에 내가 자비로운
관심을 부여해, 아내를 되돌려줄 것이고
너의 여인을 납치해가서 기사도를 욕보인,
저 악한 기사는 그가 누구라고 할지라도,
맹세컨대, 치명적인 타격으로 수천 명을
피 흘리게 했던 내 상글라모르에 의해
머지않아 통렬하게 후회하게 될 것이다.
하늘과 땅 사이에 그가 머리를 숨길 곳은
없으며, 조만간 발견되어 즉시 죽음을 맞이하리라."

6 상글라모르(Sanglamort): "피 흘리는 죽음"(bloody death)이라는 뜻이 있는 브라가도키오의 칼인데, 그는 2권 칸토 3의 12연에서 이 칼을 다시는 쓰지 않겠다고 맹세한 바 있다. 아키마고가 브라가도키오에 대해 묻자 트롬파트는 이렇게 말했다. "저분은 위대한 모험가이신데, / 치열한 격투에서 자신의 칼을 잃어버리셨지요. / 그래서 그러한 모욕에 대한 복수를 하기 전에는 / 결코 다른 칼을 지니지 않겠다고 맹세하셨습니다."(II. iii. 12. 5~8) 브라가도키오가 잃어버린 칼을 찾은 것인지, 자신의 맹세를 저버리고 마음을 바꾼 것인지는 분명치 않다.

33

어리석은 자는 그 말에 무척 행복해졌다,
마치 그런 말로 절반이 이루어졌다는 듯이.
그리고 그에게 천 번이나 겸손히 감사했다,
그 말로 제가 죽음에서 다시 살아났다면서.
그래서 허풍쟁이는 용감히 앞으로 나아갔다.
제가 훔친 말을 천둥 치듯 격렬하게 몰고서,
마치 제가 천상과 지옥을 압도하려는 듯이
또한 온 세상을 엄중하게 꾸짖으려는 듯이.
말베코는 그 모습을 보고 희망에 차 매우 기뻐했다.

6 훔친 말(stolen steed): 브라가도키오의 말은 원래 2권의 주인공인 절제의 기사 가이언 경(Sir Guyon)의 것이었는데, 2권 칸토 3의 4연에서 가이언이 아마비아(Amavia)의 비명을 듣고 잠시 자리를 비운 사이 브라가도키오가 훔친 것이다.

34

그래서 그 세 사람은 오랫동안 함께 가며
수없이 많은 숲과 생소한 길을 지나가면서,
멀리서 방황하고 있을 그의 아내를 찾았다.
하지만 그 둘은 현재 있는 먹이, 즉 그가
보여준 보물 외에는 아무것도 찾지 않았다.
어떻게 그것을 차지할까 하는 의도에만
그들의 눈과 마음이 전부 쏠려 있었다.
그가 처음 그것들을 내보여주었던 때부터,
그것을 보고, 그들의 예리한 욕망이 돋우어졌기에.

35

그들이 함께 길을 가다가 우연히도 그들은
파리델이 빠르게 말을 달리며 오는 것을
보게 되었는데, 그는 자기 모험을 찾아가는
길목에서 용맹스런 미지의 기사와 한 판의
마상 시합을 벌이려고 준비를 갖추고 있었다.
그는 연인 없이 홀로 말을 타고 있었는데,
그녀의 방울을 낚아챈 후 그녀를 드넓은
세상에 내던져 홀로 날도록 버린 것이었다.
그는 발목 잡히기 싫어했고, 그렇게 많은 여인을 버렸다.

7-8 그녀의 방울을 낚아챈 후(having filcht her bels): 필지(filch)는 끝에 갈고리가 달린 상대를 가리키며, 방울은 매사냥에서 쓰는 용어로서 매의 주인은 매의 발목에 작은 방울을 달아 소유를 표시한다. 파리델은 방울을 낚아채 매 즉 헬레노어를 훔친 후, 귀찮아지자 매사냥꾼이 방울은 자기가 가지고 매를 날려 보내듯이 그녀의 재산을 탕진하고 그녀를 내버렸다는 의미를 전달하기 위한 것이다.

36

그 고귀한 부인은 아무렇게나 내버려진 채,
오랫동안 녹색 숲을 걸으며, 마치 버려진
방랑자처럼 야생의 위험을 두루 겪었는데,
마침내 어느 날 그녀가 하인이나 안내자도
없이 홀로 돌아다니는 것을 새터들이 보고
그녀를 붙잡아 자기네 집으로 데리고 가서
가정주부로 영원히 자기네와 함께 머물면서,
염소젖을 짜고, 치즈와 빵을 만들게 하였고

모두를 위해 그녀를 공동의 소유로 삼았던 것이었다.

5 새터(Satyres): 주로 숲 속에 거주하는 것으로 알려진 반인반수의 존재로서, 전통적인 호색의 상징이다.

37

그래서 그녀는 금방 말베코를 잊어버렸고,
비록 소중하기는 했지만, 또 다른 횡재를
찾아서 그녀를 떠난 파리델 경도 잊었다.
그래서 지금 우연히 그는 저 두 사기꾼이
말베코와 함께 있는 이곳에 도착한 것이다.
늙은 사내는 파리델 경을 보게 되자 바로
기겁을 하며 두려움에 거의 죽을 뻔했고,
제 슬픔에 대하여 아무런 말도 할 수 없어,
단지 그에게 낮게 절하며 예의 바르게 그를 영접했다.

38

그 후에 헬레노어에 대해서 그에게 물었다.
파리델이 말했다. "그녀는 내 알 바 아니오,
저 앞에 있는 숲 속에 살고 있을 것이오."
그리고 모험이 닥쳤다는 듯 말을 달려갔다.
한편 허풍쟁이는 무엇인가를 고치기 위해
제 높은 안장에서 내리는 척하고 있었다.
젊은 연인은 한가롭게 그를 기다리지 않고
제 갈 길을 갔는데, 그가 간 것을 알고 나서

그는 재빨리 말에 올라타고 그의 뒤를 쫓는 척하였다.

39
말베코가 말했다. "정말로, 그러지 마세요.
저자는 왔던 것처럼 잽싸게 가게 두세요.
왜냐하면 저자에게선 얻을 것은 별로 없고
수치를 당할 커다란 위험이 있기 때문이죠.
차라리 저자가 저기 험한 숲에 두고 왔다는
제 사랑하는 여인을 찾아가는 게 좋겠네요.
제게 가장 두려운 것은 그녀의 안전입니다.
야생 짐승들이 약탈할까봐 걱정이 되는데,
그럼 온 세상을 잃게 되고 우리는 헛수고하는 것이지요.

40
모두 동의했고 그들은 앞을 향해 나아갔다.
교활한 트롬파트가 말했다. "아 하지만 모두
알아두세요, 앞에 있는 황량한 미개지에는
거대한 괴물이 출몰하며, 많은 위험이 있어요.
용과 미노타우르스들, 지옥의 악마들도 있고
모든 여행자를 약탈하고 찢어버리는 수많은
거친 야만족도 있으니, 그 방향으로 가려는
모험을 감행하기 전에 잘 생각해보세요.
자신의 여행을 너무 일찍 처참히 마칠 수도 있어요."

5 미노타우르스들(Minotaures): 그리스 신화에 등장하는 인간의 몸에 소의 머리가 달린 괴물.

41

말베코는 엄청나게 기겁하여 멈춰 서서는
창백한 눈빛으로 나머지를 뚫어지게 보며
다가온 위험에 대한 그들의 조언을 구했다.
트롬파트가 말했다. "커다란 짐의 무게로
짓눌려 있는 당신은 내 생각으로는 여기서
안전하게 뒤에 남아 있는 것이 좋겠습니다.
제 주인과 저는 드넓은 숲을 찾아볼게요."
그 조언은 말베코의 마음에 들지 않았다.
혼자 남겨져 있는 것을 무척 두려워했기 때문이다.

42

트롬파트가 말했다. "그러면 최선의 방책은,
당신이 보물을 안전하게 여기 관목 숲 속
빈 공간에 은밀하게 감추어두거나, 아니면
위험을 피해서 땅속에 묻어두는 것입니다,
우리가 안전하게 되돌아올 때까지 만이요.
당신이 우리를 의심하지 않도록 우리 둘은
이제 멀리 가서 눈을 가리고 누워 있겠으며
당신이 보물을 감춘 곳을 훔쳐보지 않겠소."
그는 좋아서 그렇게 했고, 그들은 용감히 앞으로 나갔다.

43

이제 그들이 가장 깊은 숲 속에 들어갔는데,
수많은 백파이프의 째지는 소리와 법석이는
소동이 가까이 다가오는 소리를 들었으며,
그것은 온 숲을 공포로 가득 채우고 있었다.
그 끔찍한 소리는 허풍쟁이의 마음을 너무
혼란스럽게 하였기에, 그는 황급히 도망치며
좋든 나쁘든 간에 결코 뒤돌아보지 않았고,
그 뒤를 따라 겁 많은 트롬파트도 달아났다.
늙은이는 도망도 못 치고, 반쯤 죽은 채 땅에 넘어졌다.

2 백파이프(bagpipes): 민속 악기로서 방탕과 호색을 상징한다.

44

하지만 할 수 있는 대로 은밀히 기어가서
그가 덤불 속에 제 겁먹은 머리를 감추자,
즐거운 새터들이 상쾌한 즐거움에 가득 차
춤추며 왔고, 예쁜 헬레노어가 온통 꽃으로
꾸미고서 날렵하게 그들을 인도하고 있었다.
그녀를 새로 오월의 여왕으로 삼은 것이다.
그녀는 그들이 정한 새 영예가 자랑스럽고
그들과의 친근한 교류가 너무도 즐거워서
활기차게 춤추었고, 월계관이 얼굴을 가리고 있었다.

3 즐거운 새터(jolly Satyres): 이들은 호색적인 전통적인 새터들이며, 1권의 칸토 6에서 등장하여 우나(Una)를 구해준 새터들과는 다른 성품을 보인다.

6 오월의 여왕(May-lady): 오월의 여왕(Queen of the May), 즉 올림픽이 열리던 오월의 첫날인 메이데이(Mayday)에 경기를 주재하는 여왕으로 선택된 처녀.
9 월계관(Lawrell shade): 태양과 노래와 음악의 신인 아폴로(Apollo)를 대변하는 월계수는 승리자를 상징한다. 여기서는 헬레노어가 새터들의 여왕이 되었음을 보여준다.

45

덤불숲에 누워 숨어 있던 어리석은 사내는
흥겨운 유희를 모두 보자 매우 슬펐지만
감히 나서거나 그에 대해 말하지 못하고,
제 헬레노어의 생경한 행동을 보게 되어
다만 슬픈 생각에 가슴이 미어질 뿐이었다.
그들은 제 염소들이 새싹을 먹도록 두고,
피버스가 기울어지면서 제 황금빛 머리를
감추려 할 때까지, 발굽 달린 발로 온종일
녹색의 풀밭이 닳도록 매우 활기차게 춤을 추었다.

46

그러자 그들은 제 흥겨운 피리들을 싸들고
많은 짐승들을 모두 둥글게 한데 모았으며,
모든 새터들이 먼저 헬레노어에게 제각각
입을 맞추었고, 그렇게 모두가 입을 맞췄다.
이제 축축한 습기가 진주 같은 이슬로 땅을
덮기 시작하고 온 대지의 어둑한 그림자가
둥근 천공의 밝은 빛을 어렴풋하게 만들어,
모든 새들과 짐승들에게 각각 경고하면서

잠이 의식에 깃드는 동안 안식처로 가라고 하였다.

47

말베코는 그것을 보고 두 손과 발로 기어서
매우 잽싸게 덤불숲 밖으로 나와 가지고는
한 마리 염소처럼 염소 속으로 뛰어들었다.
제 머리에 높이 솟아오른 멋진 뿔의 도움과
안개의 습기 때문에 분간이 어렵게 된 밤과,
또한 염소처럼 생긴 제 수염의 도움으로
그는 자신을 염소로 잘 변장할 수 있었다.
그렇게 뿔 달린 짐승들과 섞여 집으로 갔고,
그래서 새터들은 아무도 그를 보거나 알아채지 못했다.

4 멋진 뿔(faire hornes): 말베코는 이제 자신의 이름, 즉 라틴어로 사악하다는 뜻의 'malus'와 숫염소라는 뜻의 'becco'를 합친 이름에 걸맞은 존재로 부각된다. 염소는 전통적으로 색욕을 대변하는 존재이며, 말베코의 머리에 난 뿔은 오쟁이 진 남자(cuckold)의 상징인데, 이제는 상상이 아닌 현실적인 뿔이 된 것이다.

48

그가 보니 밤이 되어 모두 잠자리에 들자,
제 사랑스런 아내가 그들과 함께 누웠는데
어떤 거칠고 험한 새터가 그녀를 꼭 껴안고
밤새도록 즐거운 놀이에 열중하는 것이었다.
이튿날까지 그는 아홉 번 최고조에 올랐고
말베코의 마음은 질투심으로 부풀어 올랐다.
하지만 그날 밤의 본보기는 아내가 그들을

잘 사랑해준다는 것을 보여주었다. 그들 중
하나가 하룻밤 사이에 그토록 자주 아침 종을 울렸으니.

9 아침 종을 울렸으니(ring his matin's bell): 성적 극치를 가리키는 속어이다.

49

그들이 마침내 놀이에 지쳐 잠에 빠져들자,
그는 최대한 은밀하게 그들에게 기어가서
이제는 깊은 잠에 빠진 제 아내에게 갔다.
그는 그녀의 귀에 대고 속삭이며 말하기를
그녀 곁에 있는 이가 바로 자기라고 하면서
제발 일어나서 제 말을 들어보라고 청했다.
그녀는 꿈에서 완전히 깨어나지는 않은 듯
돌아누웠다가 또다시 되돌아 눕는 것이었다.
하지만 그는 그녀를 깨우기 위해 더욱 안달하였다.

50

귀찮게 집적거리자 마침내 그녀가 깨어났고,
알아차리게 되었다. 헤픈 사랑과 지저분한
자기 행동에 대해서 자신을 닦달하던 자가
다름 아닌 자신의 옛 남편 말베코라는 것을.
그녀는 엄청난 두려움에 떨며 깜짝 놀라서
제 곁에 누워 있던 새터를 깨우려고 하였다.
그러나 그는 자비를 베풀고 옛정을 생각하여
들키지 않고 목숨을 유지하게 해달라고 빌며,

제 마음에 있던 모든 조언과 충고를 들어달라고 했다.

51
그리고 하나님과 사람이 혐오하는 음란하고
더러운 생활을 끝내고 집으로 돌아오라고
그녀를 설득하기 시작했다. 그러면 모든 것이
새로운 화합의 인연과 완전한 평화를 찾게
것이고, 그녀는 그동안 아무런 잘못도
없었다는 듯 다시 숙식을 얻게 될 것이라고.
하지만 그녀는 모두를 한마디로 거절하며
그의 설득은 그 어떤 것도 듣지 않겠다면서
활기 넘치는 새터들 사이에서 계속 살겠다는 것이었다.

52
그는 아침이 밝아오도록 그녀를 설득했지만
아무 소용이 없어서 염소 무리로 돌아갔는데,
염소들이 사방에서 뿔로 그를 들이받았고
진흙땅에 짓밟았기에, 그자의 잿빛 수염은
마구 더럽혀졌고, 그는 죽을까봐 두려웠다.
하늘에서 가장 아리따운 빛이 불그스레한
동녘에서 완전히 떠오르기도 전에, 일찌감치
그 짐승들은 우리에서 모두 풀려나왔으며,
그는 비참한 처지가 되어 그 틈에 끼어 기어 나왔다.

53

그렇게 그가 바깥문을 통과하게 되자마자
그는 제 두 발이 닳도록 잽싸게 도망쳤다,
뒤에 누가 따라오는지 앞에 누가 있는지
볼 겨를도 없이. 마치 곰 한 마리가 벌집을
따려고 벌 떼들 사이로 은밀하게 살금살금
가다가 긴장하여 경계하던 개들을 보고
그들이 제 육신을 찢어발기려고 달려들자
간신히 목숨만 건진 채 멀리 도망치면서
위험을 모면했다고 여길 때까지 멈추지 않는 것처럼.

54

그는 얼마 전 자신이 보물을 묻어둔 곳에
다다를 때까지 멈추지 않고 달려왔지만,
거기서 그것을 찾지 못했다. 그것을 천한
트롬파트가 나쁜 주인을 위해 훔쳐갔기에.
그는 미친 듯이 엄청난 분노에 빠져들어,
머리카락이 곤두서고 두 눈을 홉뜬 채로
뛰면서 도망치며, 자신에게서 달아났기에,
그를 본 사람은 그가 하도 이상해서 최근에
림보 호수에서 탈출한 것이 분명하다고 말했을 것이다.

9 림보 호수(Limbo-lake): 림보는 지옥의 변방에 위치한 지역으로서 세례를 받지 않은 자가 가는 곳이다. 그리스어로 구덩이, 구멍이라는 뜻인 'lakkos'가 라틴어로 바뀌어 전해지면서 호수 즉 'lake'가 되었다.

55

그는 높은 언덕과 골짜기를 넘어 달아났다,
마치 바람이 그에게 제 날개를 달아준 듯,
강둑과 덤불조차도 가시를 밟고 달려가는
그의 날렵한 발걸음을 방해할 수는 없었다.
슬픔, 그리고 격분, 그리고 질투와 경멸이
가는 길 내내 그의 뒤를 바짝 따라다녔고,
그 자신도 버림받은, 그토록 수치스럽게
여성에게서 버림받은 자신을 혐오하였기에,
그런 생각이 상처 입은 마음에 뱀처럼 웅크리고 있었다.

6 슬픔, 격분, 질투, 경멸(Grief, Despite, Jealousy, Scorn). 말베코의 씻어신 마음 상태를 의인화하여 설명한 것이다. 이것들은 모두 다 말베코의 일부인데, 처음에는 질투가 말베코를 따라다니다가 말베코가 질투를 구현하게 되며 마지막에는 말베코 자신이 질투가 된다는 것이다.

56

그는 계속 달아나며 계속 뒤돌아봤지만
도주도, 끔찍한 괴로움도 멈추지 않았고,
결국 그가 이른 곳은 바다를 내려다보며
무섭게 솟아오른 어느 바위 절벽이었다.
그곳은 살아 있는 사람이면 내려다보거나
꼭대기를 쳐다보기가 무서울 만한 곳이었다.
그는 이미 저주 받은 제 영혼에 절망하여
그곳에서 무자비하게 자신을 내던졌고,
그곳엔 그를 도와줄 만한 사람이 전혀 보이지 않았다.

57

하지만 오랜 고민과 자살하려는 생각으로
그는 너무나 소진하고 매우 말라 있었기에
그의 본질이 전부 없어질 정도로 소모되어
아무것도 남지 않은 공허한 영혼처럼 되어
그는 바위 위로 가볍고도 약하게 떨어졌고
그로 인하여 아무런 상처도 입지 않았으며,
어쩌다가 울퉁불퉁한 절벽에 내려앉았다.
거기서 비뚤어진 발톱으로 한참 기어가다가
그는 마침내 입구가 조그마한 동굴을 발견하였다.

8 비뚤어진 발톱(crooked clawes): 오비드(Ovid)의 『변신』(*Metamorphoses*)에 의하면 평소 난폭한 성품을 가진 대달리온(Daedalion)은 자신의 딸 키오네(Chione)의 죽음에 상심하여 파르나소스 산(Mount Parnassos)에 올라 절벽에서 몸을 던졌는데, 아폴로(Apollo) 신이 그를 불쌍히 여겨 발톱이 비뚤어진 독수리로 변신시켰다. 여기서 말베코는 독수리가 된 것은 아니지만 비뚤어진 발톱으로 동굴을 찾아가는 모습은 이와 비슷하다.

58

그는 그리로 기어들면서 그때부터 그곳을,
음산하게 어두운 그곳을 제 참담한 거처로
삼겠다고 다짐했는데, 바위가 떨어질까봐
언제나 두려워했다. 그 바위는 금방이라도
그에게 무너져 내릴 것처럼 그를 위협했기에
그는 감히 한잠도 자지 못하고, 그 상황에
대비하여 하나 남은 눈을 항상 뜨고 있으며,
한시라도 평온함 속에서 편히 쉬지 못한다.

포효하는 파도는 그의 거처를 격렬하게 두들겨댄다.

* 여기서 스펜서는 의도적으로 시제를 현재형으로 바꾸어 쓰는데, 어쩌면 말베코의 불행을 영원한 현재로 보고자 하는 의도가 있는지도 모르겠다.

59

그는 독 있는 식사거리로 두꺼비와 개구리
외에는 아무것도 먹지 않는 것에 익숙해져
그 때문에 그의 차가운 기질이 두려움과
괴이쩍은 공포심을 불러일으키는 지저분한
피와 사악한 성격을 만들어내고 있었는데,
그것이 불치의 불안으로 심장을 망쳐놓고
맹렬한 담즙을 발산하여 위장을 썩게 하며,
내부의 상처로 인해 간장을 난도질하고
죽음의 영원한 화살로 영혼을 못 박아놓는 것이다.

3 기질(complexion): 16세기에는 차고, 덥고, 습하고, 마른 네 가지 체액의 조화가 인간의 성질을 규정한다고 믿었다. 인간의 몸에서 이를 담당하는 기관은 각각 피(blood), 담(phlegm), 담즙(choler), 우울(melancholy)이며, 인간의 성질은 이 네 가지 요소의 조화에 의해서 결정된다고 보았다.
8 간장(liver): 인간의 저급한 사랑과 격렬한 감정을 통제하는 기관으로 여겨졌다. 질투심도 간이 다스리는 감정이다.

60

하지만 그는 죽지 못하고, 죽어가며 살아서,
죽음과 삶이 다 같이 그에게 부여해주었던,
새로운 슬픔으로 연명하며 삶을 이어갔으며,
고통스런 쾌락은 즐거운 고통으로 대치된다.

거기서 그 비참한 사내는 영원토록 살면서
저 자신과 모든 사람들에게 미움을 받는다.
그곳에서 은밀한 슬픔과 허망한 두려움으로
그는 형편없이 일그러졌기 때문에, 저 자신이
인간이었다는 것을 모두 잊고 젤러시라고 불리게 된다.

9 젤러시(Jealousy): 질투를 의인화한 이름.

칸토 11

브리토마트는 올리판트를 추적하고
곤경에 빠진 스쿠다모어를 발견하다.
비서레인의 집을 공격하는데,
거기 있는 사랑의 약탈품이 서술되다.

1

오, 지옥의 뱀이여, 어떤 광분이 처음에 널
프로서피나의 끔찍한 집에서 데려왔는가?
거기서 그녀는 널 가슴에 품고 오랫동안
양육하며, 고통의 쓴 젖을 먹여 키웠는데,
신성한 사랑을 끔찍한 두려움으로 바꾸고,
미운 생각으로 사랑하는 마음이 번민하고
수척해지게 만드는 사악한 질투는 자기를
소멸하게끔 하는 고통을 자신에게 주나니,
마음속에 있는 모든 감정 중에서 네가 가장 사악하다.

1 지옥의 뱀(hellish snake): 질투를 가리킨다. 광분(fury)은 퓨리(Fury)를 의미하는데 퓨리의 머리카락이 뱀으로 뒤엉켜 있다는 신화에서 나온 것이다.
2 프로서피나의 집(house of Proserpine): 프로서피나는 하계의 신 플루토(Pluto)의 배우자이며 하계의 여왕이다.

2

오, 그를 멀리 쫓아내어 사라지도록 하고
그 대신에 사랑이 영원토록 거하게 하라.
달콤한 사랑은 제 황금빛 날개를 사악한
두려움이나 쓰디쓴 쓸개즙이 전혀 없는,
신성한 감로와 순전한 기쁨의 샘에 담근다.
그대 아름다운 숙녀들이여, 남성의 가슴에
왕국을 세우니, 지혜롭게 잘 다스릴지라.
또 호도애가 자신의 짝에게 그러하듯이
사랑이 진실한 아름다운 브리토마트를 본뜰지어다.

8 호도애(Turtle): 비둘깃과에 속하는 새(turtledove).

3

그대가 이미 읽었듯, 그녀는 새터레인 경과
무례한 말베코의 집에서 나와 가고 있는데,
멀리서 한 젊은이가 역겹고 가증스런 분노를
발하며 오랫동안 자신을 쫓고 있는 거대한
거인에게서 달아나고 있는 것을 보게 되었다.
거인은 다름 아닌 올리판트였는데, 얼마 전에
귀부인의 시종이 납치되었다가 풀려났던, 저
사악하고 흉측한 아간테의 친동생이었다.
이놈은 그녀만큼 나쁘고, 그럴 수 있다면 더 나쁜 자였다.

4

왜냐하면 그 누이가 여성으로서 더러운
색욕에서 모든 여성을 능가하는 것처럼,
그는 제 남성적 성욕을 내가 이제껏 본
누구보다 더 짐승처럼 사용했기 때문이다.
브리토마트는 두려워하는 소년을 그처럼
탐욕스레 추적하는 그를 뒤쪽에서 보자,
그녀의 고귀한 마음이 크게 동요하였으며
자신의 무력으로 그를 구출하기 위하여
격렬하게 박차를 가하며 나아가, 그를 따라잡았다.

5

새터레인 경도 그녀 뒤에 멀리 처지지 않고,
그와 비슷한 격렬함으로 추격에 가담하였다.
거인은 그들을 보자, 하던 추격을 곧바로
포기하고, 재빠르게 그들에게서 도망쳤다.
둘은 함께 추격하며 그를 과감히 쫓아갔고
서로 상대방보다 앞서 가려고 애를 썼지만,
그는 그들보다 빨라 커다란 간격을 두었다.
그는 몸이 길고 노루만큼이나 날렵했으며,
이제는 두려운 적에게서 도망치려고 더 속도를 냈다.

6

그가 두려워한 것은 새터레인이 아니었으며,

바로 정절의 꽃, 즉 브리토마트였던 것인데,
그는 정결한 손의 위력을 감당할 수 없기에
그처럼 두려운 대적에게서 항상 도망쳤다.
그는 제 발을 무척이나 빠르게 움직여서
어느 숲 근처에까지 다다르게 되었는데
그 속에 뛰어들어 제 몸을 안전하게 숨겼다.
그들은 숲에 들어가 모든 곳을 수색하였다.
각자 나뉘어 수색하였기에 둘은 서로 떨어지게 되었다.

7
어여쁜 브리토마트는 오랫동안 그를 쫓다가
마침내 어떤 맑은 샘물에 이르게 되었는데,
그 곁에 한 기사가 풀밭 위에 축 처진 채
널브러져 있었으며, 바로 옆에는 그 기사의
사슬 갑옷과 그의 투구와 창이 놓여 있었다.
조금 떨어진 곳에 방패가 던져져 있었는데
그 위에 날개 달린 소년이 뚜렷한 색상으로
그려져 있어서, 어떤 전장에서든지 그것을
보면 그가 누구인지 너무도 쉽게 알아볼 수 있었다.

7 날개 달린 소년(the winged boy): 사랑의 신 큐피드(Cupid)를 가리키는데, 11연에 등장하는 이 기사의 이름이 스쿠다모어(Scudamour), 즉 방패를 뜻하는 'shield'와 사랑을 뜻하는 'd'amour'의 합성어인 것도 이와 관련이 있다.

8

그는 얼굴을 땅에 댄 채 엎드려 있었는데,
마치 그늘진 곳에서 잠들어 있는 것 같아서
용맹스런 처녀는 예의상 조용히 잠든 그를
깨우려 하지 않았으며, 깨우려 하는 것은
너무 갑자기 그를 다그치는 것만 같았다.
그녀가 조용히 서 있는데, 그가 슬프게 떨며
지극한 고통에 못 이겨 한숨과 흐느낌으로
심장이 찢어지듯 신음하는 소리를 들었기에,
동정심이 그 처녀의 가슴에서 인내심을 빼앗아버렸다.

9

마침내 쓰라린 흐느낌을 토해내면서 그가
말했다. "오, 축복받은 성인들 가운데 높이
앉아 신성하게 다스리는 주권자 하나님,
어떻게 원수의 수치스런 잔혹함을 그토록
오랫동안 복수하지 않고 참는단 말입니까?
주님은 선한 자의 탄원을 듣지 않으십니까?
아니면 주님의 정의가 조용히 잠들었습니까?
선함이 은총을 받지 못하고, 의로움이 보답을
받지 못한다면, 선하고 의로운 행동이 무슨 소용입니까?

10

"선함이 은총을 얻고, 의로움이 보상 받는다면

그러면 왜 아모렛은 비열하게 붙잡혀 있나요?
이제까지 살아서 이 땅 위를 걸어 다녔었던
그 누구보다도 그녀가 더 고결한데 말입니다.
그도 아니면 만약 천상의 정의로움이 불의한
인간의 사악한 폭행을 물리칠 수가 있다면,
그러면 왜 비서레인이 최근 일곱 달 동안이나
제 사악한 손으로 내 여인이자 내 사랑을
은밀한 동굴 속에 가두어놓은 것을 용납하는 것입니까?

7 비서레인(Busirane): 신화 속 이집트의 왕인 비서리스(Busiris)에서 따온 이름이다. 그는 이 방인을 붙잡아 제우스(Zeus)에게 제물로 바치는 등의 행동으로 잔혹함의 대명사가 되었으며, 중세에는 종종 살인의 방관자나 인육을 먹는 말들의 주인으로 등장하였기 때문에 잔인함과 색욕의 상징이 되었다.

7 일곱 달(seven monethes day): 일곱 달은 영국의 겨울이 지속하는 기간이며 일곱 달 후에는 재생(renewal)이 뒤따른다. 4권 칸토 11에서 묘사한 것처럼 플로리멜의 감금 기간도 일곱 달이다.

11

"내 여인이자 내 사랑은 잔인하게 대낮의
시선에서 떨어진 구슬픈 어두움에 갇혀서,
죽음의 고통이 그녀의 정결한 가슴을 찢고
날 선 강철이 그녀의 심장을 둘로 쪼갭니다,
그녀가 스쿠다모어를 부인하지 않기 때문에.
너 악한 인간, 악한 스쿠다모어는 잘 지내며
그녀를 도울 수도, 적을 이기지도 못하다니,
널 위해 그토록 아름다운 여성이 그리 심한
상처를 받는데, 땅에서 살 가치가 없는 비겁한 자로다."

12

거기서 거대한 흐느낌이 쌓여서 고뇌하는
그의 영혼을 짓눌렀고, 북받치는 흥분이
슬픔의 고통으로 더듬거리는 혀를 막아서,
마치 자기 삶이 마지막에 이르렀다는 듯,
그는 애처로운 말을 더 이상 잇지 못했다.
그녀는 그것을 듣고, 끔찍한 발작이 그의
목숨을 파괴하려고 위협하는 것을 보고서,
엄청난 동정심과 공포심에 사로잡히면서
그의 불쌍한 영혼이 집에서 빠져나갈까봐 두려워했다.

13

그녀는 몸을 굽혀서 그를 가볍게 일으켰다.
그 바람에 그는 약간 놀라면서 올려다봤고,
자기 뒤로 한 낯선 기사가 있는 것을 보고
그것이 산 사람이라고 생각하지 못했기에
크게 화를 내면서 그 모습을 무시하였으며,
자기 몸을 다시 경멸스럽게 땅에 내던지며
자신의 잘생긴 이마를 땅에 마구 내찧었다.
용맹스런 처녀는 그것을 보고, 그의 슬픔에
적절한 약을 처방하기 시작하며, 정중하게 말을 건넸다.

3-5 스쿠다모어는 브리토마트를 사람이 아니라 여신으로 생각했고, 절망에 빠져 천상의 도움을 거절했다. 비평가들에 의하면, 스쿠다모어가 정결의 기사를 보고 그녀를 거절한 것은 그의 도덕적 실패를 보여주는 것으로서 아모렛이 당하는 고통도 그 때문임을 암시한다.

14

"아, 고귀한 기사여, 깊이 새겨진 그대의
슬픔은 이미 인내의 한계를 넘어선 듯하오.
하지만 만일 천상의 은총이 그대에게 어떤
구원을 베풀어준다면 높은 섭리에 따르시오.
또한 그대의 귀한 가슴에 항상 간직하시오,
세상에 존재하는 모든 슬픔은 미덕의 힘과
용기에 대한 믿음보다는 나약하다는 것을.
괴로움의 짐을 지지 않으려고 하는 사람은
이 땅에서 살 생각을 말아야 하오, 인생은 비참함이기에.

15

"그러니 기사님, 부디 위로를 받아들이시고
그대를 능욕하고 그대의 귀한 사랑을 잡아간
사악한 악당이 누구인지 털어놓고 밝혀주오.
어쩌면 이 손으로 그대의 상심을 덜어주고
그대의 슬픔을 잔혹한 적에게 갚아줄 수도
있을 테고, 적어도 시도는 해볼 수 있으리."
그 다정한 말은 잽싸게 그의 마음에 가까이
다가갔고, 그는 자기 머리를 가만히 쳐들고
팔꿈치로 상체를 기대면서 몇 마디 말을 내뱉었다.

16

"어쩔 수 없는 것을 호소하거나, 메마른 귀에

헛된 슬픔의 씨를 뿌린들 무슨 소용이겠소?
손의 위력이나 지혜로운 마음의 지식이나
세상의 가치를 가지고는 내 사랑을 감금과
끊임없는 공포에서부터 구할 수가 없다오.
그녀를 구속하고 있는 압제자인 그자는
강력한 마법과 악한 마법의 지식을 가지고
깊은 동굴 속에 그녀를 단단히 가두어놓고,
많은 끔찍한 악귀들을 배치하여 그녀를 지키게 했다오.

3-5 이 대목이 브리토마트의 영웅적 행위를 규정한다는 해밀튼(A. C. Hamilton)의 해석은 매우 흥미롭다. 1권에서 레드크로스 기사는 은총의 도움을 얻어서 "손의 위력"(powre of hand)으로 용을 제압했다. 2권에서 가이언은 "지혜로운 마음의 지식"(skill of learned brest), 특히 쌀보 내뿜는 이성의 힘으로 이그네시이를 사로잡았다. 그런데 브리투마트는 자신을 상대방의 희생물로 제시함으로써 적에게 승리한다. 즉 그녀는 "세상의 가치"(worldly price)를 넘어서는 것을 제시하여 아모렛을 구출한다.

17

"거기서 그자는 끔찍하게 그녀를 괴롭히고
밤낮으로 죽음의 고통을 그녀에게 가하는데,
이미 내게 준 것을 다시 줄 수는 없다면서
그에게 사랑을 거절하고 있기 때문이라오.
하지만 그는 고문을 통해 그녀를 압박하며
그녀의 꿋꿋한 가슴에 사랑을 심으려 하기에,
이를 승낙할 때까지는 슬픔이 계속될 것이오.
인간의 방법으로는 거기서 벗어날 수 없으니
어쩔 수 없는 것을 호소해본들 무슨 소용이 있겠소?"

18

그의 육중한 괴로움이 담긴 슬픈 하소연에
전투적인 처녀는 극도로 감정이 북받쳐서
말했다. "기사님, 그대의 사연이 슬픔보다
더 크면 더 컸지 분명코 더 작지는 않구려.
고귀한 숙녀의 어쩔 수 없는 곤경만큼이나
동정심을 자아내는 일은 아무것도 없으리.
그러나 만일 그대가 내 충고를 받아준다면,
나는 최후의 극단적인 수단을 강구하여
그녀를 구출하거나, 아니면 그녀와 함께 죽으리다."

19

스쿠다모어가 말했다. "아, 고귀한 기사님,
그 웅대한 가슴이 얼마나 거대한 영웅적
관대함을 품고 있는지요. 하지만 그대가
내 처지라 한들 무엇을 더 할 수 있겠소?
오, 행복한 시간을 아끼셔서 더 좋은 일에
사용하시고 저는 마땅히 죽게 놔두시오.
더 큰 손실이 되니, 하나만 죽으면 족하오."
그녀가 말했다. "죽음보다 더 귀한 것을
찾아 영원한 명성을 얻는다면 삶은 손실이 아니라오."

20

그렇게 그녀는 결국 그를 설득하여 일어나

그녀와 함께 가서, 새로운 과업의 결과로
어떤 일이 생기는지 시도해보기로 하였다.
그가 쓰지 않겠다고 맹세한 그의 무기들을
그녀는 모두 주워서 그가 지니게 했으며,
돌아다니던 그의 말도 그에게 돌려주었다.
그리하여 두 사람이 함께 여행을 하였는데,
화살이 날아가는 거리만큼도 채 가기 전에
그들은 자신들이 계획했던 목적지에 다다르게 되었다.

21
거기서 그들은 말에서 내려 막강한 무기를
빼어 들고 담대하게 성문 앞으로 나아갔다.
그곳에는 자신들을 막아서는 문도 없었고
아침저녁으로 감시하는 파수꾼도 없었으며,
다만 입구에 그들을 심히 위압하는 불길이
타오르고 있었는데, 질식할 것 같은 연기와
악취 나는 유황이 섞여 끔찍한 혐오감과
지독한 공포로 모든 입구를 감싸고 있어서,
앞으로 가려는 그들의 발걸음을 강제로 막고 있었다.

22
그 때문에 브리토마트는 크게 경악하면서
그런 위험에 어찌 대처해야 할지 몰랐다,
모두가 두려워하고 있는 저 끔찍한 불길에

대항한다면 어리석은 위험을 초래할 것이며
그 근처에 다가가는 것도 견딜 수 없었기에.
하여 그녀는 스쿠다모어를 돌아보며 말했다,
"여기서 우리가 이처럼 무시무시한 상대를
대적한다는 것은 신들에게 전쟁을 걸었던
대지의 자손들처럼 무모하오, 신을 공격하는 것이니.

9　대지의 자손들(th'Earthes children): 유라누스(Uranus)가 대지인 지(Ge) 위에 흘린 피에서 솟아나왔다고 알려진 거인들은 올림피아(Olympia)의 신들에게 도전하여 전투를 치렀지만 패하였다. 신을 공격한다는 말은 불의 신인 벌칸(Vulcan) 또는 멀시버(Mulciber)를 공격한다는 의미이다.

23

"분별없이 위험에 뛰어드는 것은 부끄럽고
짐승이나 할 일입니다. 그러니 말씀하시오,
기사님께 가장 안전한 해결책이 무엇이며
어찌하면 적이 싸우러 나올 수 있을는지."
그가 말했다, "이것이 바로 내가 처음에
하소연했던 괴로운 위험이오. 이 불길은
어떤 지략이나 힘으로도 끌 수가 없으며
불길을 일으키는 마법이 너무 강력하여
아직까지는 어떤 방법으로도 없앨 수가 없답니다.

24

"이런 무익한 수고를 끝내고 저를 이전의
번민 속에 두셔야지 무엇을 어쩌겠습니까?

아름다운 아모렛은 사악한 사슬에 갇히고
스쿠다모어는 여기서 슬픔에 겨워 죽으리."
그녀가 말했다, "그건 안 될 말이오. 위험이
보인다고 해서 시도하지도 않은 채, 숭고한
과업을 버리는 것은 수치스러운 일입니다.
이미 부여 받은 명예로운 과업을 두려워서
그만두기보다는 차라리 실낱같은 운을 시험해봅시다."

25
그리고 최상의 힘을 시험해보기로 결심하고
그녀는 넓은 방패를 자신의 얼굴 앞에 대고
자신의 칼을 바로 앞에 정면으로 겨눈 채
불길을 공격하니, 불길은 즉시 길을 비키며
동일한 간격만큼 양쪽으로 갈라져버렸기에,
그녀가 통과할 수 있었다. 마치 번개가 약한
공기를 가르면서, 솟아오르는 구름을 녹여서
마구 퍼붓는 소나기로 대치하는 것과 같이,
불길은 그렇게 그녀에게 갈라진 후 위력을 되찾았다.

26
스쿠다모어는 그녀가 손상 없이 안전하게
불길을 통과하는 것을 보고, 질투에 찬
욕망과 열렬한 의지로 자신도 따라 하면서
완강한 불길에게 갈 길을 트라고 명했다.

그러나 잔인한 멀시버는 기사의 위협적인
자만심에 복종하지 않고 제 강력한 불길을
더욱 키웠으며, 그 제왕다운 위력 때문에
기사는 할 수 없이 과격함을 누그러뜨리고,
온통 그슬리고 처참하게 덴 채로 물러서게 되었다.

- **2-3** 질투에 찬 욕망(envious desire): 불길은 알레고리적으로 제 자신의 욕망을 대변하기 때문에 스쿠다모어는 불을 통과할 수 없는 것이다. 이 대목은 스쿠다모어가 브리토마트를 부러워한다는 뜻이거나 질투의 대상이 아모렛을 차지한 비서레인을 부러워한다는 뜻일 수도 있겠다.
- **5** 잔인한 멀시버(cruel Mulciber): 불과 대장장이의 신 벌칸(Vulcan)의 다른 이름. 그리스 신화에 의하면 호색적인 멀씨버는 전통적으로 지혜의 여신 미네르바(Minerva)의 적이며, 질투가 섞인 사랑의 상징이기도 하다.

27

그는 자신이 불에 덴 고통을 느끼기보다는
통과하지 못했다는 엄청난 자괴감 때문에
억센 조급증에 사로잡혀서 속을 태웠기에
스스로 격심한 광분에 완전히 사로잡혔고,
자기 자신을 풀밭 위에 함부로 내던지면서
제 머리와 가슴을 극심하게 치고 때렸다.
한편 승리자인 그녀는 바깥에 있는 방으로
들어서서 제일 앞에 있는 문을 통과했는데,
그 바깥쪽 방은 온통 귀중한 것들로 넘쳐나고 있었다.

28

사방 벽을 빙 둘러서 엄청나게 장엄하고

아리따운 자수 직물이 드리워져 있었는데,
금과 비단으로 촘촘하고 정교하게 짜서
마치 질투 어린 눈을 피하려 안달하듯이
고귀한 금속은 은밀하게 숨겨져 있었다.
하지만 그것은 여기저기서 예기치 않게
자신을 드러내며 수줍게 빛나고 있었다.
마치 제 웅크린 자태를 초록 풀밭에 숨긴
다양한 색상의 뱀이 길게 빛나는 등을 드러내듯이.

* 여기서부터 46연까지 이어지는 자수 직물의 그림들은 오비드(Ovid)의 『변신』(*Metamorphosis*)에 등장하는 아라크네(Arachne)의 자수를 그대로 따른다. 아라크네는 미네르바 여신에게 누가 더 자수를 잘 놓는지 도전했는데, 미네르바는 평화와 질서를 상징하는 그림을 수놓은 반면, 아라크네는 신들의 사랑 이야기를 수놓았나.

29

그리고 그러한 자수 직물에는 수많은 멋진
초상화와 훌륭한 공적이 수놓아져 있으며,
그들의 모습이 드러내는 형태로 보았을 때
모두 사랑과 환락에 대해서, 또한 큐피드의
온갖 전쟁과 그가 자신의 왕국을 위대하게
만들려고 옛날부터 모든 신들에 대항하여
싸웠던 잔혹한 전투에 대해 이야기했다.
또 큐피드가 위대한 제왕들과 황제들을
노예로 삼기 위해 저지른 엄청난 학살도 그려졌다.

30

거기에는 우레와 같은 조브가 얼마나 자주
심장을 꿰뚫는 그의 화살에 쏘여서 통렬한
고통을 덜고자 천상의 왕국을 떠나 기이한
변장을 하고 이곳을 헤맸는지 그려져 있었다.
한때는 어여쁜 헬레를 망치려고 숫양이 되고
한때는 유로파를 납치하려고 황소가 되었다.
아, 자기 밑에 있는 거대한 바다가 자신의
연인의 법에 복종하는 것을 보고 겁에 질린
가녀린 가슴이 떠는 것을 얼마나 생동감 있게 그렸는가.

5 헬레(Helle): 그리스 신화에 의하면 아타마스(Athamas)와 네펠(Nephele)의 딸이며 프릭서스(Phrixus)의 누이로서, 그녀의 계모인 이노(Ino)의 계략에 빠져 동생과 함께 제우스의 제물로 바쳐졌으나 어머니인 네펠에 의해 구출되어 머큐리(Mercury)의 선물인 황금 양모를 가지고 숫양을 타고 달아나다가 바다에 빠졌는데, 그곳은 그녀의 이름을 따서 헬레스포인트(Hellespoint)라고 불리게 되었다. 조브가 헬레를 사랑하여 숫양이 되었다는 이야기는 스펜서의 창작이다.
6 유로파(Europa): 페니시아(Phonenicia)의 왕 아게노(Agenor)의 딸인데, 그녀를 사랑한 제우스가 황소의 모습으로 변하여 해변에서 노는 그녀를 등에 태우고 바다로 뛰어들어 크레테(Crete)섬으로 납치하였다. 유럽 대륙은 그녀의 이름을 딴 것이다.

31

그 다음에 그는 아리따운 다네이를 보려고
황금의 소나기로 자기 자신을 변형시켰고
그녀가 있던 강건한 놋쇠 탑 지붕을 통해
감로가 되어 그녀의 무릎 위로 흘러내렸다.
한편 그런 속임수를 모르는 멍청한 문지기는

철문을 굳게 닫아 잠그고 아무도 나가거나
들어가지 못하게 감시해오고 있는 것이다.
신이 자기 자신을 황금빛으로 변화시킬 땐
보초를 서는 것도 헛일이고 감옥도 아무 소용없는 법.

1 다네이(Danae): 아르고스(Argos)의 왕 아크리시우스(Acrisius)의 딸인데, 아버지는 자신의 딸이 낳은 손자가 자신을 죽일 것이라는 예언 때문에 다네이를 놋쇠 탑에 가두었다. 제우스는 황금 소나기로 변해 지붕을 타고 내려왔고, 다네이가 낳은 아들인 페르세우스(Perseus)는 우연한 사고로 아크리시우스를 죽였다.

32

그리고 그는 눈처럼 하얀 백조로 변하여
아름다운 레디의 사랑의 교제를 나누었다.
오, 놀라운 기술이며 남성의 묘한 재주여,
타는 열기로부터 멋진 팔다리를 가리려고
그녀를 수선화 사이에 잠들게 하였으니.
한편 교만한 새는 넓은 날개를 펄럭이며
제 멋진 가슴 털을 고르며 그녀를 범했다.
그녀는 잠들었으나 그가 어떻게 자신을
범하는지 실눈을 뜨고 보며 만족스레 미소 지었다.

2 레다(Leda): 그리스 신화에 의하면 레다는 스파르타의 공주로서 백조로 변한 제우스와 사랑을 나누고 알 두 개를 낳았는데, 하나에서는 트로이 전쟁의 장본인인 헬렌이 나왔고, 다른 하나에서는 후에 아가멤논의 아내가 된 클리템네스트라(Clytemnestra)가 나왔다.

33

또한 자수는 테베의 시밀리가 질투심 많은

주노에게 속아서 그에게 천둥과 번갯불로
무장한 채 주권자의 위엄을 가지고 있는
모습을 보여달라고 청하여, 욕망의 값을
죽음으로 비싸게 치르는 것을 보여주었다.
하나 어여쁜 알크미니는 더욱 완벽한 형태로
그의 사랑을 즐기며 더 좋은 관계를 맺었다.
사람들 말이, 그는 그녀를 위해 사흘 밤을
하나로 합쳐 더욱 오래 그녀의 즐거움에 동참하였다.

1   시밀리(Semele): 캐드머스(Cadmus)와 하르모니아(Harmonia)의 딸로서 제우스의 연인이었는데 그녀를 질투한 헤라가 늙은 유모의 모습으로 그녀에게 나타나 제우스에게 그가 부인인 헤라에게 나타나는 모습대로 휘황찬란한 모습을 보여줄 것을 요청하라고 설득했다. 제우스는 그녀의 목숨이 위태로워질 것을 염려했지만, 이미 한 약속을 저버릴 수가 없어 그녀의 요청을 들어주었고, 시밀리는 번개를 맞고 죽었다. 하지만 제우스는 시밀리가 임신한 아들 바커스(Bacchus)를 넓적다리에 넣었고 석 달 후에 출산하였다.
6   알크미니(Alcmene): 미케네(Mycenae)의 왕 엘렉트리온(Electryon)의 딸인데, 알크미니는 앰피트리톤(Amphitryton)과 혼인하면서 그가 자기 오빠들의 복수를 해주기 전에는 잠자리를 함께 하지 않겠다고 선언했다. 복수를 마친 남편이 돌아오기 전날 밤에 제우스는 앰피트리톤으로 변하여 그녀에게 갔고, 후에 그녀는 헤라클레스(Hercles)를 출산했다. 7~8행에 나오는 "그"는 제우스를 가리킨다.

34

그는 두 번 솟구치는 독수리의 모습이 되어
드넓은 날개로 유연한 대기를 뚫고 날았다.
하나는 그가 아스테리아와 도망칠 때였고,
또 하나는 그가 아름다운 트로이의 소년을
아이다 산에서 납치하여 데리고 갈 때였다.
그것은 놀라운 광경이었고, 그것을 보려고

순박한 목동들이 그 뒷모습을 따라갔으며,
그가 땅에 떨어질까 하는 두려움에 떨면서
시시때때로 그에게 꼭 붙잡으라고 소리치곤 하였다.

3 아스테리아(Asteria): 피비(Phoebe)와 타이탄인 코에우스(Coeus)의 딸이다. 제우스의 접근을 피하기 위해 아스테리아는 메추리로 변하여 천상에서 떨어졌는데 제우스는 그것을 보고 독수리로 변하여 그녀를 구출했다.
4 트로이의 소년(the Trojan boy): 트로스(Tros)와 커릴로(Callirrhoe) 사이의 아들인 개니미드(Ganymede)를 가리키는데, 세상에서 가장 아름다운 인간이었다. 제우스는 아이다 산(Ida hill)에서 그를 납치하였고 소년은 신들의 연회에서 술잔을 따르는 시종이 되었다.

35

새터의 모습으로 그는 안티오페를 낚아챘고,
그가 에이신을 범할 내는 불처럼 변했으며,
미모신을 붙잡았을 때 그는 목동이 되었다.
또한 트라시아의 처녀에게는 뱀으로 보였다.
위대한 조브가 땅에서 이런 광경을 연출할 때
날개 달린 소년은 조브의 자리를 차고앉아서
비웃으며 자신의 어머니에게 이렇게 말했다.
"보세요, 이제 하늘은 오로지 내게 복종하고
조브가 땅으로 간 동안은 나를 조브로 여긴답니다."

1 안티오페(Antiope): 테베(Thebe)의 통치자 닉테우스(Nycteus)의 딸인데 안티오페의 미모에 반한 제우스가 새터로 변신하여 그녀를 범했다.
2 에이진(Aegin): 강의 신 애소푸스(Asopus)와 메토페(Metope)의 딸인데 제우스와의 사이에서 에어쿠스(Aeacus)를 낳았다. 에어쿠스는 사론 만(Saronic Gulf)에 있는 에지나 섬의 왕이 되었다.
3 미모신(Mnemosyne): 유라누스(Uranos)의 딸이며 기억의 여신인데, 제우스와의 사이에서 아홉 뮤즈(Muses)를 낳았다.
4 트라키아의 처녀(the Thracian maid): 프로서피나(Proserpine)을 가리킨다. 그녀는 제우스

와 세레스(Ceres) 사이에서 태어났으며 하계의 신 플루토(Pluto)에게 납치되어 그의 부인이
되었다.
6 날개 달린 소년(winged boy): 사랑의 신 큐피드를 가리킨다.

36

또한 아름다운 피버스여, 그대도 호화로운
색깔로 거기 수놓아져 있는데, 그 소년이
미워해 그대를 찔러 슬픈 고민에 빠뜨렸소,
그의 어미가 마스와 합일의 기쁨을 누릴 때
그대가 그녀의 방탕함을 드러냈다는 이유로.
그는 납 화살로 그대를 쏘아 맞춰 아름다운
다프네를 사랑하게 했는데, 그대를 싫어했지,
마땅한 그대의 가치보다 그대를 덜 좋아했소.
그대 사랑으로 그녀는 죽고, 죽음이 그대에게 고통이었소.

4 합일의 기쁨(meynt in joyfulnesse): 비너스가 마스와 간통을 하고 있는 것을 아폴로 즉 피
   버스(Phoebus)가 그녀의 남편인 벌칸(Vulcan)에게 말해주었고, 벌칸은 눈에 보이지 않는
   그물을 사용해서 사랑을 나누는 두 연인을 잡아서 다른 신들 앞에 보여주어 웃음거리로 삼
   았다.
6 납 화살(a leaden dart): 큐피드의 화살은 두 종류가 있는데, 하나는 황금 촉이 달린 것이며,
   다른 하나는 끝이 납으로 된 것이다. 황금 화살은 행복한 사랑을 가져오지만 납 화살은 불
   행한 결말을 맺는 사랑이 된다.
7 다프네(Daphne): 그리스 신화에서 사랑에 빠진 아폴로를 피해 도망치다가 월계수로 변신
   한 여성.

37

그대는 활기 넘치는 히야신스도 사랑했고
아리따운 코로니스도 끔찍이 사랑했지만,
모두 그대의 불운한 손에 의해 죽었으며

모두 꽃으로 살아나 그대 사랑을 받았으니,
하나는 팬지요, 다른 하나는 찔레꽃이오.
모두 생생하게 보았을 것이오, 그 슬픔에
번민과 견딜 수 없는 괴로움이 더해져서
피버스가 자신의 황금빛 머리를 쥐어뜯고
언제나 푸르던 자신의 월계관을 부숴버리는 것을.

1 히야신스(Hyacinct): 스파르타의 미소년으로서 아폴로의 사랑을 받았으나 게임을 하다가 사고로 죽었으며, 그의 피에서 히야신스 꽃이 피어났다고 한다.
2 코로니스(Coronis): 플레가스(Phlegyas)의 딸이며 아폴로와의 사이에서 후에 명의로 알려진 아이스쿨라피우스(Aesculapius)를 낳았다.

38

이들 모두와 함께 자신의 사랑하는 아들인
클리미네의 아들 때문에 그는 슬퍼했는데,
아이는 대담하게도 태양의 수레를 끌다가
어리석게도 수천 조각으로 마구 찢기었으며
섬광이 이는 불길로 온 세상을 불태웠다.
모든 벽들이 생생하게 불타는 듯 보였다.
하지만 잔혹한 큐피드는 이에 족하지 않고
곧바로 다른 사냥감을 추적하도록 만들어,
신은 한 목동의 딸을 사랑하여 제 연인으로 삼았다.

2 클리미네(Clymene): 그녀는 아폴로와의 사이에서 파에톤(Paethon)을 낳았는데, 파에톤은 제 아버지를 졸라 그의 마차를 몰아보겠다고 하다가 타 죽었다. 온 세상을 파괴할 뻔한 파에톤의 성급한 행동은 중세, 르네상스 시대에 교만과 주제넘음의 상징으로 여겨졌다.

39

그는 이세를 사랑하여 귀한 애인으로 삼고
그녀를 위해 잠시 그녀의 가축을 키웠으며
또한 그녀를 위해 천한 소몰이가 되었는데
천한 소몰이인 아드메투스의 종이 되었다.
그는 천상에서 벗어나 유배 생활을 겪었으니
그 사랑의 발작을 말하자면 오래 걸릴 터.
한때는 사자처럼, 한때는 수사슴처럼, 또한
날렵한 송골매처럼 먹잇감을 추격하였는데,
모든 것이 그 멋진 자수에 매우 생생하게 그려져 있었다.

1 이세(Isse): 스펜서는 여기서 두 신화를 혼합하여 사용한다. 하나는 그가 마카레우스(Macareus)의 딸 이세를 유혹하기 위하여 목동으로 변신한 것이고, 다른 하나는 사이클롭스(Cyclops)를 죽인 아폴로가 천상에서 쫓겨나 9년 동안 테살리(Thessaly) 지역의 페레(Pherae)의 왕 아드메투스(Admetus)의 하인이 되어 목동의 역할을 한 것이다.

40

바로 다음에는 넵튠이 그려져 있었는데,
그 신성한 모습과 놀랍게도 생생히 닮았다.
얼굴에는 털이 났고, 하얗게 센 머리에는
소금기 있는 이슬이 맺혔다. 그는 삼지창을
격렬히 휘둘렀고, 그것으로 맹렬한 파도를
사납게 내리쳐서 파도들이 사방에서 떨며
멈춰 있었고, 길고도 넓은 제방을 만들어
그의 날렵한 마차가 지나도록 넓게 갈라졌고,
마차에는 네 마리의 거대한 하마가 함께 묶여 있었다.

9 하마(hippodame): 하마를 가리키는 'hippopotamus'의 중세 철자인 'ypotame'에서 온 것일 수도 있지만, 스펜서가 창조한 새로운 동물로서 상반신은 여성이며 하반신은 말인 생물일지도 모른다. 어떤 학자는 다음 연에 언급된 것처럼 해마(sea horse)라고 설명하기도 하는데, '바다를 달리는 말'이라고 보는 것이 타당할 듯싶다.

41

그의 바다 말들은 맹렬하게 콧김을 뿜었고,
콧구멍에서 짜디짠 물길을 내뿜고 있어
거품 이는 파도가 물보라를 치며 금빛으로
타오르게 만들었고, 하얀 거품의 물결은
은빛으로 빛나며 광채를 뿜어내고 있었다.
해신 자신은 생각에 잠긴 채 슬퍼 보였으며
마치 꿈을 꾸듯 머리를 푹 숙이고 있었다,
은밀한 사랑이 그의 가슴을 찔러 소중한
비살티스 외에는 아무도 그를 기쁘게 하지 못했기에.

9 비살티스(Bisaltis): 비살테스(Bisaltes)의 딸인데, 넵튠이 그녀를 암양으로 변신시키고 자신은 숫양으로 변신하였다.

42

그는 또한 소중한 이피메디아와 아니라고
불리는 에올러스의 예쁜 딸을 사랑했는데,
그녀를 위해 스스로 숫송아지로 변신하여
그녀의 눈을 속이기 위해 마초를 먹었다.
또한 두칼리온의 아름다운 딸을 얻으려고
저 스스로 아름다운 돌고래로 변신하였다.

그는 뱀의 머리를 하고 있는 메두사에게

마치 날개 달린 말처럼 질주하여 날아가서

그녀에게서 하늘을 누비는 멋진 페가서스를 얻었다.

1 이피메디아(Iphimedia): 엘로우스(Aloeus)의 아내인데 넵튠과의 사이에서 오터스(Otus)와 에피알테스(Ephialtes)를 낳았다.
1 아니(Arne): 에올러스(Aeolus)의 딸이며, 넵튠 즉 포세이돈(Poseidon)은 그녀를 연모하여 황소로 변신하였고 그녀와의 사이에서 바람의 신 에올러스와 보에투스(Boeotus)를 낳았다.
5 두칼리온(Deucalion): 프로메테우스(Prometheus)와 클리메네(Clymene) 사이의 아들인데, 노아의 경우처럼 신이 인간을 멸종하려고 보낸 홍수에서 살아남은 인물이다.
7 뱀의 머리카락(snaky-locked): 메두사의 머리를 가리키는데, 아름다운 처녀이던 메두사는 넵튠과 함께 사랑을 나누기 위해 미네르바의 신전을 찾았다가 여신을 모욕했다는 이유로 머리카락이 모두 뱀으로 변했다.
9 페가서스(Pegasus): 페르세우스(Perseus)에게 메두사의 머리가 잘린 후 그녀가 흘린 피에서 솟아나왔다고 전해지는 날개 달린 천마.

43

그 다음에는 새턴이었다, 그렇지만 음울한

새턴이 사랑을 할 줄 누가 짐작했으리요?

그러나 사랑은 우울하고 새턴다운 것이다,

그가 에리고니에게 그것을 증명하였듯이.

그는 자기 자신을 켄타우르로 변형시켰다.

또한 우아한 술의 신도 이를 증명했으니

그는 필리라의 어려운 사랑을 얻기 위해

저를 스스로 변화시켜 과일주가 되었고

포도주가 그녀의 아름다운 품에 흘러들게 하였다.

1 새턴(Saturn): 하늘(Uranus)과 땅(Ge)의 아들이며 제우스, 넵튠, 플루토, 헤라의 아버지이다. 그는 아버지인 우라누스에게서 통치권을 빼앗으나 제우스에게 왕좌를 빼앗긴다.
4 에리고니(Erigone): 이카리우스(Icarius)의 딸인데 아버지가 죽자 슬픔에 못 이겨 목을 매 자

살한다. 에리고니를 사랑하던 바커스(Bacchus)는 그녀를 하늘로 데려가 별이 되게 하였고 그녀를 처녀자리(Virgo)에 앉혔다. 에리고네를 사랑한 것은 술의 신 바커스였고, 7행에 등장하는 오세아누스의 딸인 필리라(Phillira)를 사랑한 것은 새턴이었다. 두 여인은 출판업자의 실수거나 스펜서의 착오로 서로 위치가 바뀐 것으로 보인다.
5 켄타우르(Centaure): 말의 형체를 하였으나 상반신은 인간의 모습인 신화적 존재.

44

큐피드가 사랑의 공격과 부드러운 고통으로
막강한 마스를 길들이며, 제 허망한 놀이를
가르쳤는지 이야기하려면 오래 걸릴 것이다.
비너스 때문에, 또 다른 많은 님프들 때문에
그가 얼마나 자주 여성적인 눈물을 흘리며
격렬하게 울부짖었는지, 그리고 비전투적인
고통으로 남몰래 제 덥수룩한 뺨을 적셨는지.
그 모습이 거기 있었다, 불타는 화살을 가득
맞고서, 창에 찔린 큰 상처를 내부에 수없이 지닌 채.

45

악동은 너무도 짓궂어서 제 어머니조차도
예외로 두지 않았다. 그가 왜 그러겠는가?
때때로 그는 제가 다른 수많은 이들에게
가했던 달콤하고 통렬한 괴로움을 맛보기
위해 자신을 찌르는 것도 마다하지 않았다.
하지만 그가 온 지면에 뿌려놓은 노획물과
구슬픈 비극들을 나열하느니, 얼마나 많은

별을 통해서 드높은 하늘이 슬픈 연인들의
야간 잠행을 보았는지 세는 편이 더 쉬울 것이다.

46
왕, 왕비, 군주, 귀부인, 기사, 귀족 처녀가
세속적인 부류들과 섞여 함께 쌓여 있었고
개성이나 신분에 대한 아무런 고려도 없이
천박한 오합지졸들과 마구 뒤섞여 있어서
큐피드님의 힘과 위세를 과시하고 있었다.
그리고 그 주변에 빙 둘러 짜여 있는 것은
부러진 활과 짧게 부서진 화살들이었으며,
그 사이로 피가 긴 강처럼 흐르고 있었다.
너무도 생생하고 그럴듯하여 눈이 착각을 할 정도였다.

47
그리고 그 아름다운 방의 위쪽 구석에는
그 명성이 자자하고 엄청난 가치가 있는
고귀한 돌로 만들어진 제단이 있었는데,
그 위에는 순금의 신상이 홀로 서 있어
그 자체로 빛을 발산하여 비추고 있었다.
그의 날개는 다양한 색깔로 치장되었는데
거만한 공작의 우쭐대는 제 깃털 색보다
또는 찬란한 아이리스가 빛나는 하늘 위에
펼치는 다채로운 색상의 활보다 더 화려한 색이었다.

8 아이리스(Iris): 무지개의 여신.

48

그는 장님이었으며 제 잔혹한 손아귀에는
치명적인 활과 예리한 화살을 쥐고 있는데
무거운 납이나 순금의 촉이 달려 있었고
내킬 때마다 아무렇게나 그것을 쏘아댔다.
아 사람들이여, 그 화살들을 주목할지어다.
그 밑에는 부상당한 용이 누워 있었는데
끔찍한 꼬리로 그의 왼발을 감고 있었고,
어느 쪽이든 눈을 통해 쏜 화살을 맞으면
아무도 그것을 빼낼 수 없고 아무도 고칠 수 없었다.

1 장님(Blindfold): 큐피드는 전통적으로 장님으로 묘사된다. 그는 자신의 화살이 누구를 맞 히든지 상관하지 않기 때문이다.
3 큐피드의 화살촉은 납이거나 황금인데, 전자는 불행한 사랑을, 후자는 행복한 사랑을 불러 일으킨다. 36연의 6행을 볼 것.

49

또한 그의 발아래에는 이렇게 쓰여 있었다.
이분은 바로 모든 신들의 지배자이시니라.
또한 그 거대한 집에 있던 사람들은 모두
그 신상을 향해 공손히 무릎 꿇고 절하며
시시때때로 역겨운 우상숭배를 저질렀다.
아름다운 브리토마트는 그 엄청난 광경에
경악하며 볼수록 놀라움을 금치 못했으며,

그럴수록 더더욱 그것을 한없이 바라보았고,
그 엄청난 광채는 그녀의 연약한 감각을 멍하게 했다.

50
그 훌륭한 장소에 있는 비밀을 찾아보려고,
그녀가 정신없는 눈길로 그 뒤를 둘러보니,
입구 위에 이렇게 쓰여 있는 것이 보였다.
"담대하라." 그녀는 자꾸자꾸 읽어봤지만
그것이 무엇을 뜻하는지 알 수가 없었다.
하나 거기에 무엇이 쓰여 있든 의미하든,
그녀는 그로 인해 전혀 용기를 잃지 않고
자신이 처음 의도한 일을 수행하려 했고,
과감한 걸음으로 앞으로 나아가 다음 방으로 들어갔다.

51
그 방은 앞선 방보다 훨씬 더 아름다웠고,
그보다 몇 배 더 호화롭게 꾸며져 있었다.
정성스럽게 짜인 자수 직물 휘장은 없었고
대신에 온통 순전한 황금으로 덮여 있는
야생 동식물의 조각들이 귀한 금속을 통해
살아 있는 것처럼 어리석은 놀이를 연출했다.
거기에는 수천 가지 끔찍한 모습이 있었는데
사악한 사랑이 흔히 변신한 모습들이었다.
사랑은 종종 수천 가지 끔찍한 모습으로 나타나는 법이다.

52
전체를 빙 둘러 번쩍이는 벽에는 막강한
정복자들과 강건한 장수들이 전투로 얻은
전리품과 승리의 노획물이 걸려 있었는데,
그들이 살았었던 그 옛날에 잔인한 사랑의
포로가 되어 스스로 패망을 자초한 것이다.
그들의 칼과 창들은 부러졌고, 사슬 갑옷은
찢겼으며, 자랑스러운 승리의 월계관들은
경멸스러운 격정으로 땅에 마구 짓밟혔다.
승리자의 힘과 무자비한 마음을 보여주기 위함이었다.

53
이 호화스런 장소에 있는 훌륭한 시설들을
열심히 바라보고 있었던 전투적인 처녀는
몹시 놀라워했고, 아무리 오래 바라보아도
자신의 탐욕스런 눈을 만족시킬 수 없었다.
하지만 더욱 기이했던 것은 그곳을 통틀어
황량한 공허함과 엄숙한 침묵이 있었을 뿐,
그 어떤 발자취도, 사람도 없다는 점이었다.
그렇게 값진 시설들이 주인도 없고, 그것을
눈여겨 지키는 사람도 없다는 것은 이상한 일이었다.

54
또한 그녀가 둘러보니, 역시 같은 입구 위에

이와 같은 것이 쓰여 있는 것을 보게 되었다.
"담대하라," "담대하라," 온통 "담대하라"였다.
그녀는 깊이 숙고했지만, 그 어떤 수수께끼의
기술이나 상식으로도 이를 해석할 수 없었다.
마침내 그녀는 그 방의 위쪽 구석에 또 다른
철문이 있는 것을 보았고, 거기에 쓰인 것은
"너무 담대하지는 말라"였다. 그녀는 이것을
열심히 생각했지만, 그게 무엇을 뜻하는지 알 수 없었다.

55
그렇게 그녀는 거기서 저녁까지 기다렸으나,
그 어떤 사람도 나타나는 것을 보지 못했다.
육중한 그림자가 인간의 시선에서 온 세상을
감추며 음산한 어둠으로 둘러싸기 시작했다.
하지만 그녀는 은밀한 위험을 경계하였기에
무거운 갑옷을 벗지 않았고, 잠이 자연스레
제 무거운 두 눈을 압박하게 하지도 않고서,
옆으로 비켜서서 경계를 늦추지 않은 채로
자신의 날카로운 무기를 자기 주변에 가까이 배치했다.

칸토 12

큐피드의 가면무도회와 마법의
방이 묘사되다.
거기서 브리토마트는 마법을 무찌르고
아름다운 아모렛을 구하다.

1

음산한 나이트가 만물을 뒤덮는 구름으로
아름다운 하늘을 뒤덮었기에, 모든 사람이
묵직한 어두움에 당황하여 자기 자신들을
침묵과 잠 속에 숨기는 시간에, 그녀는
전쟁이 닥쳤거나 승리를 쟁취했다는 신호인
트럼펫의 높고 크게 울리는 소리를 들었다,
그녀는 그렇다고 해서 당찬 용기를 조금도
잃지 않고 오히려 맹렬한 적의를 불태우며
언제 적이 나타나는지 보려고 계속 기다리고 있었다.

1 나이트(Night): 의인화된 밤이다.

2

그러자 무시무시한 천둥과 번개가 일면서
끔찍한 광풍이 일어나 몰아치기 시작했고,

지진이 일었다, 마치 세상의 토대를 그것이
고정된 중심부에서 즉시 떼어놓겠다는 듯이.
격심한 연기와 유황의 섞인 악취가 뒤따라
밤의 네 번째 시각부터 여섯 번째 시각까지
그 무서운 장소를 불쾌감으로 가득 채웠다.
하지만 용감한 브리튼의 여전사는 조금도
두려워하지 않았고, 놀라워했지만, 침착함을 유지했다.

6 네 번째 시각(the fourth houre): 밤 10시를 가리키며, 여섯 번째 시각은 자정을 가리킨다.

3

갑자기 폭풍의 소용돌이 바람이 불어쳐서
온 집 안을 휩쓸면서 모든 문들을 두들기자
그 서슬에 작은 철문이 열려 젖혀져버렸다,
마치 그 때문에 강한 걸쇠가 부서진 듯이.
그리고 흡사 어떤 극장의 준비된 무대처럼
어떤 근엄한 사람 하나가 앞으로 나왔는데,
손에는 월계수 나뭇가지를 들고 있었으며
점잖은 몸가짐에 사려 깊은 표정을 하고서
비극 무대에 걸맞은 값비싼 의복을 차려입고 있었다.

4

그는 한가운데로 나와 조용히 서 있었는데
마치 마음속에 무엇인가 할 말이 있다는 듯,
연극 관객들에게 손으로 신호를 보내면서

연기를 보기 위해서는 조용히 하라는 듯,
이제부터 생생한 연기를 통해서 그 공연에
드러날 주제를 밝혀주겠다는 듯 보였다.
그런 후에 그는 조용히 뒤로 물러났는데,
지나가면서 자신의 이름을 드러내 보였다.
이즈라고, 그의 예복 위에 황금의 글자로 쓰여 있었다.

9 이즈(Ease): 안락이나 여유를 의인화한 것.

5

고귀한 처녀는 서서 이것을 모두 보았고
그 기이한 행동이 무슨 뜻인지 궁금했다.
그러자 음란한 서정시를 읊으며 흥청망청
오락을 제공하는 흥에 겨운 음유시인들과
뻔뻔스런 연대기 기록자들 무리가 나와서
모두 함께 대단히 즐겁게 달콤한 화음을
이루며 사랑의 기쁨에 대한 노래를 불렀다.
그 다음에는 한 멋진 무리가 가장무도회의
차림으로 치장하고 질서정연하게 행진하며 나왔다.

6

그러는 동안 지극히 신비스런 가락을 갖춘
너무도 달콤한 화음이 부드럽게 흘러나와
그 곡조는 그것이 갖는 진기한 달콤함으로
연약한 감각을 혼란스럽게 만들고, 나약한

칸토 12 | 361

영혼을 깊은 황홀감에 거의 빠져죽게 했다.
그것이 멈추자 예리한 트럼펫이 크게 울어
저희의 응답이 멀리 울려 퍼지도록 하였다.
그것이 멈추자 무리는 다시 연주를 시작했고
가면을 쓴 자들은 한 줄로 서서 앞으로 행진하였다.

7

첫 번째는 사랑스런 소년 같은 팬시였는데,
그 진귀한 모습이 비할 수 없이 아름다웠다.
조브가 사랑하여 자신의 술잔을 따르게 한
저 트로이의 개구쟁이와 비교할 수 있거나,
아니면 위대한 알시데스에게 너무 소중했던
저 우아한 소년에 비할 수 있을 텐데, 그가
죽자, 알시데스는 여자처럼 한없이 울면서
모든 숲과 모든 드넓은 계곡을 하일라스의
이름으로 가득 채우고, 님프들도 하일라스를 불러댔지.

1 팬시(Fancy): 좋아함 또는 애호로 번역할 수 있는 감정의 의인화. 구체적으로 여기서는 사랑의 거짓 모습으로 사람을 속이는 상상력을 가리킨다. 또한 변덕스럽거나 즉흥적인 사랑을 대변하기도 한다.
4 트로이의 개구쟁이(that imp of Troy): 미소년 개니미드(Ganymede)를 가리킨다. 개니미드를 사랑한 제우스는 아이다 산에서 그를 납치하여 자신의 술잔에 술을 따르도록 하였다. 칸토 11의 34연을 참조할 것.
6 저 우아한 소년(that same daintie lad): 알시데스(Alcides), 즉 헤라클레스(Hercules)가 아르고(Argo)에 태운 미소년 하일라스(Hylas)를 가리킨다. 하일라스가 죽자 헤라클레스는 넋을 잃고 그의 이름을 부르며 해변을 방황했다.
9 님프들(nymphs): 여기서는 네레이즈(Nereids)를 가리키는데, 이들은 하일라스가 민물을 가지러 뭍에 상륙했을 때 그를 육지로 데려간 바다의 님프들이다.

8

그의 옷은 실크도 아니며 세이도 아니었고
멋진 방식으로 정리한 색깔 있는 깃털로서,
햇볕에 그을린 인디언들이 가장 자랑스럽게
차려입을 때 황갈색 몸에 걸치던 것 같았다.
그런 깃털처럼 그는 헛되고 가볍게 보였고
그의 행동거지도 또한 쉽게 드러나 보였다.
그는 언제나 흥겨워 춤추듯 동작을 취했고
바람을 일으키는 부채를 손에 들고 있어서
공허한 바람 속을 이리저리 끊임없이 움직이고 있었다.

1 세이(say): 보통 외투용 직물에 사용되는 가느다란 소재로서 비단처럼 귀하게 여겨진 옷의 재료였다.

9

그의 곁에 사랑스러운 디자이어가 갔는데,
그는 옆의 녀석보다 나이 든 것 같았으나,
옆에 있는 자가 이 나이 든 자의 아버지로서
그를 낳은 것이다. 둘 사이가 늘 그렇듯이.
그의 의복은 매우 허망하게 뒤틀려 있었고
그의 수 놓인 모자는 비뚤어져 얹혀 있었다.
두 손에 불꽃 몇 개를 은밀히 꼭 쥐고 있어
그가 부지런히 불면서 불을 피우기만 하면
곧바로 생명을 얻고 살아나 불길이 되어 날아다녔다.

1 디자이어(Desire): 의인화된 욕망을 가리킨다.

3 이 나이 든 자의 아버지(this elders syre): 좋아함(Fancy)은 욕망(Desire)을 낳기 때문에 팬시가 디자이어의 아버지라고 하는 것이다.

10

바로 뒤에는 다우트가 가고 있었는데, 그는
등 뒤로 널따란 카푸치오가 달렸고, 소매가
알바니아식으로 축 늘어진 기이한 형태를
가진 형형색색의 외투를 갖춰 입고 있었다.
그는 의심스러운 눈매를 가지고 힐끗거렸고
가시가 발 앞에 있다는 듯, 또는 땅바닥이
꺼지기라도 하는 듯 멋지게 걸음을 옮겼다.
또한 언제나 제 연약한 걸음을 부서진 갈대
위로만 한정하여, 그가 무겁게 밟으면 쭈그러들었다.

1 다우트(Doubt): 의인화된 의심.
2 카푸치오(capuccio): 이탈리아의 수사 플로리오의 카푸치오(Capuccio in Florio)의 이름을 딴 카푸친 수도승(capuchin monks)들이 주로 입던 망토에 달린 커다란 두건을 가리킨다. 기만(fraud)의 상징이기도 하다.
3 알바니아식(Albanese-wise): 소매가 짧고 발까지 내려오는 흰색의 속옷으로 알바니아인들이 주로 입었다고 전해진다.

11

그와 함께 데인저가 누더기 차림으로 갔는데,
옷은 곰 가죽으로 만들어 더 끔찍해 보였으나
그 얼굴이 하도 끔찍하여 제 섬뜩한 모습을
흉하게 하려고 다른 것을 더할 필요가 없었다.
한 손에 그물을, 다른 손에는 피 묻은 칼을

들었는데, 전자는 불운, 후자는 해악이었다.
하나로는 제 원수를 공격하려고 협박했으며,
다른 하나로는 제 친구들을 감싸려고 했다.
제가 죽일 수 없는 자는 함정에 빠뜨리려고 하였다.

1 데인저(Danger): 의인화된 위험을 지칭한다. 그물로 표현된 불운(Mishap)과 칼로 표현된 해악(Mischiefe)으로 미루어 짐작할 수 있듯이, 남을 해치는 힘을 가리킨다.

12

그 다음에는 피어였는데, 머리부터 발끝까지
무장하고도, 아직 안전하다고 여기지 못하고
그림자가 잠시 스쳐가기만 해도 두려워했다.
그 자신의 무기가 번쩍이는 것을 보거나
부딪히는 것을 듣기만 해도 재처럼 창백하여
뒤꿈치에 날개를 달고 재빠르게 달아났다.
항상 제 두 눈을 데인저에 고정하고 있다가
무기를 잡지 않은 제 오른손에 두려워하며
쥐고 있던 놋쇠 방패를 언제나 그를 향해서 쳐들었다.

1 피어(Fear): 의인화된 두려움.

13

그와 줄을 맞추어 호프가 갔는데, 활기찬
모습에 사랑스럽게 보이는 멋진 처녀였다.
은빛 은란으로 가볍게 치장하고 있었으며
아름다운 머리타래는 금으로 땋아 있었다.

언제나 웃고 있었고 손에는 이슬에 젖은
성수를 뿌릴 수 있는 병을 들고 있어서,
자신이 원하는 사람에게 수많은 호의를
뿌려주고 있었고, 큰 애정을 보여주었다.
다수에게 큰 애정을 주면서도 진정한 사랑은 없었다.

1 호프(Hope): 희망의 의인화. 여기서는 거짓 희망이라는 뜻이 강하다.
3 은란(samite): 중세 시대에 귀족들이 입던 귀한 비단 직물인데, 때때로 금이나 은과 함께 짜였기에 금란 혹은 은란이라고 부른다.

14

그 뒤로 디셈블런스와 서스펙트가 줄맞추어
행진하고 있었는데 불균등한 한 쌍이었다.
그녀는 점잖고 온유한 모습을 하고 있는데
모두에게 예의 바르고, 상냥하게 보였으며
아름답게 치장하고 있어 무척이나 예뻤다.
하지만 모두가 시늉이며 훔쳐온 것이었고,
그녀의 어여쁜 눈썹은 빌려온 모발이었다.
행동은 위조된 것이고 말은 다 거짓이었다.
그녀는 항상 제가 꼰 실타래 두 뭉치를 들고 있었다.

1 디셈블런스(Dissemblance)와 서스펙트(Suspect): 여기서 디셈블런스는 위장이나 위선(dissimulation)을 의인화한 것이며 여성으로 구현되었다. 서스펙트는 의구심을 남성형으로 의인화한 것으로 15연에 그 특성이 묘사된다.
9 실타래 두 뭉치(two clewes): 실타래는 전통적으로 미로에서 길을 찾을 때 사용되었으며, 여기에서는 디셈블런스가 사람들을 미로에 잡아두기 위해서 사용한다. 2권에서 아키마고(Archimago)가 "즉시 속임수로 가득 찬 계략의 실뭉치를 풀어, / 사악한 간교함으로 그물을 짜기 시작"(II. i. 8)한 것과 같은 맥락이다.

15

하지만 그는 더럽고 추하고 험상궂었으며
항상 눈살을 찌푸리며 남을 흘겨보았다.
또한 디셈블런스가 그에게 웃을 때마다
그는 험악한 눈빛으로 얼굴을 찡그리면서
얼굴을 통해 제 자신의 본성을 드러냈다.
부라리는 눈을 결코 한곳에 두지 않았고
숨겨진 재난이 두려워 온통 두리번거렸다.
언제나 가면을 제 얼굴에 들이대고 있어서
앞으로 나아가면서도 항상 그 틈새로 주변을 엿봤다.

16

그 뒤로는 그리프와 퓨리가 함께 행진했다.
그리프는 구슬프게 검은색 옷을 입었으며
무거운 표정으로 무심한 머리를 떨궜는데
외양보다도 내부적으로 더욱 슬퍼보였다.
그는 손에 족집게 한 쌍을 들고 있었는데,
그것을 가지고 사람들의 심장을 집어내어
그때부터 사람들이 비참한 삶을 살게 되고
고집스러운 비탄과 절실한 고통을 겪으며
상심의 화살로 입은 내부의 상처로 하루하루 죽어갔다.

1 그리프(Griefe)와 퓨리(Fury): 그리프는 슬픔을, 퓨리는 광분을 의인화한 것이다.

17

그러나 퓨리는 온통 누더기로 차려입어
무시무시한 표정과 끔찍한 음산함으로
거의 나체나 다름없는 모습을 하고 있었다.
제 옷의 등 쪽 부분을 마구 찢어버렸으며
제 머리에서 헝클어진 머리카락을 뜯어냈다.
오른손에 들고 있는 횃불을 제 머리 위로
휘두르며 항상 이곳저곳을 헤집고 다녔다.
흡사 막다른 길로 쫓겨 제 안전을 망각하고
당황스러워하는 사슴이 올바른 길을 잃어버린 것처럼.

18

그들 뒤로 디스플레저와 플레전스가 갔다.
그는 굼뜨고 매우 음울한 슬픔에 잠긴 듯
보였고 제 묵직한 얼굴을 떨구고 있었다.
그녀는 발랄한 생기와 즐거움에 가득 차
아무 슬픔도 두려움도 느끼지 않는 듯했다.
그래서 둘은 최악의 한 쌍인 것처럼 보였다.
하나는 화난 말벌을 유리병에 넣어 가졌고
다른 하나는 제 병에 꿀벌을 지니고 있었다.
이 여섯 쌍은 이처럼 질서정연하게 행진하고 있었다.

1 디스플레저(Displeasure)와 플레전스(Pleasance): 각각 의인화된 불만과 만족을 가리킨다.

19

모두를 뒤따라 가장 어여쁜 여인이 갔는데,
디스파이트와 크루얼티라는 이름으로 불리는
두 무시무시한 악녀의 인도를 받고 있었다.
강력한 마법에 의해 영원한 밤에서 불려온
끔찍한 혼령과 같았던 그 음울한 여인은
그 얼굴에 죽음의 형상을 지니고 있었으며
구슬픈 표정을 지녀 쳐다보기가 무서웠다.
하지만 그 공포 속에 온화함이 엿보였으며
자신의 연약한 발로 조용한 발걸음을 떼며 걸었다.

1 가장 어여쁜 여인(a most faire Dame): 스쿠다모어가 사랑하는 아모렛(Amoret)이다.
2 디스파이트(Despight)와 크루얼티(Cruelty): 여기서 디스파이트는 중세 시대의 냉혹한 여성(despitous lady)의 모습을 의인화한 것이고, 크루얼티는 소네트에 흔히 등장하는 잔인한 연인의 모습을 의인화한 것이다.

20

노출된 그녀의 가슴은 순수한 상아 같았고,
기술자가 아름답게 만들기 위해 사용하는
빛나는 금이나 은으로 장식되어 있지 않아
그녀가 받아야 할 영예를 빼앗기고 있었다.
가슴에는 저주스런 예리한 칼에 깊이 파인
커다란 상처가 있었고, 오 처참한 모습이여,
잔인한 손길에 의한 선혈이 그녀의 연약한
영혼에서 계속해서 흘러나오고 있었으며
눈처럼 깨끗한 그녀의 피부를 선홍색으로 물들였다.

21

그 넓은 구멍으로 그녀의 떨고 있는 심장이
끄집어져 나와서 은대야에 놓여 있었는데
치명적인 화살이 한가운데를 꿰뚫고 있었고
아직 김이 나는 그녀의 피에 푹 젖어 있었다.
또한 연약한 발은 그녀를 지탱하지 못하여
생명의 힘이 그녀에게서 사라지려 할 때마다,
그녀의 걸음을 부축하여 주던 저 두 악녀는
그녀를 괴롭히며 억지로 계속 나아가게 했고
끊임없이 그녀의 통렬한 괴로움을 증가시키고 있었다.

22

그녀 뒤로 바로 날개 달린 신 그 자신이
그 악동의 뜻대로 복종하도록 훈련 받은
탐욕스런 사자의 등에 타고 등장했는데,
그는 오만한 위력으로 인간과 짐승들을
제 전제적인 왕국에 굴복시키고 있었다.
그는 제 가려진 눈을 잠시 벗기게 하여
자랑스러운 노획물인 바로 저 슬프고도
어여쁜 여인을 온전히 볼 수 있도록 했다.
그녀를 보고, 그는 제 잔혹한 마음에 크게 기뻐했다.

1 날개 달린 신(the winged God): 큐피드(Cupid)를 가리킨다.

23

그로 인해 매우 교만해져 몸을 높이 쳐들고
그는 단호한 경멸감으로 주변을 둘러보면서
자신의 호화스런 무리들을 살펴보고 나서
제 오른손에 꽉 쥐고 있던 화살을 가지고
제멋대로인 무리들을 정렬시켰으며, 그것을
매우 험악하게 흔들자 모두가 벌벌 떨었다.
또한 여러 색깔의 두 날개를 높이 파닥거려
모든 무리가 저를 두려워하도록 만들었다.
그러자 또다시 눈을 가리고 제 갈 길을 향해 나아갔다.

24

그 뒤로 리프로치, 리펜턴스, 셰임이 갔는데,
먼저 리프로치, 셰임, 리펜터스는 맨 뒤였다.
리펜터스는 약하고, 슬퍼하는 절름발이였다.
리프로치는 오만하고 경솔하며 불친절했다.
셰임은 가장 추했으며, 야만적인 장님이었다.
찌푸린 셰임, 한숨의 리펜턴스, 욕하는 리프로치.
리프로치의 예리한 침, 리펜턴스의 꼬인 채찍.
한편 셰임은 손에 불타는 칼을 쥐고 있었다.
셋은 서로 달랐으나, 모두가 한배에서 나온 존재들이었다.

* 리프로치(Reproch)는 비난을, 리펜턴스(Repentance)는 후회를, 셰임(Shame)은 부끄러움을 각각 의인화한 것이다.

25

또한 그 뒤로 거칠고 혼란스러운 무리가
몰려왔는데, 그 이름을 말하기는 어렵다.
그중에는 맹렬한 스트라이프, 거만한 앵거,
시끄러운 케어, 멍청한 언트리프티헤드,
천한 로스오브타임, 죽은 듯 보이는 소로우,
변덕스러운 체인지와 거짓된 디스로열티,
통절한 라이오티즈와 죄 많은 드레드와
천상에 뻗친 벤전스와 가냘픈 인퍼미티,
사악한 포버티와 마지막으로 오명의 데스가 있었다.

* 스트라이프(Strife)는 분쟁, 앵거(Anger)는 분노, 케어(Care)는 조바심, 언트리프티헤드(Unthriftihead)는 방종, 로스오브타임(Losse of Time)은 허송세월, 소로우(Sorrow)는 슬픔, 체인지(Chaunge)는 변덕, 디스로열티(Disloyaltie)는 불충, 라이오티즈(Riotise)는 반역, 드레드(Dread)는 공포, 벤전스(Vengence)는 보복, 인퍼미티(Infirmitie)는 도덕적 허약함, 포버티(Povertie)는 궁핍, 데스(Death)는 죽음을 각각 의인화한 것이다.

26

병폐 같은 이들이 훨씬 더 많이 있었는데,
나는 그 이름들과 본성을 잘 밝힐 수 없다.
여성의 마음을 동요하게 하는 환상들이나
사랑의 고통, 또는 지옥의 처벌처럼 누구도
밝혀 말할 수 없는 것들이 더 많이 있었다.
이들 모두는 변장한 채로 가면극에서처럼
그 처녀와 함께 방을 돌면서 행진을 했고,
그렇게 세 번 행진을 하고 나서야 자신들이

거기서부터 처음에 나왔던 안쪽 방으로 되돌아갔다.

27
그들이 들어가자마자 곧바로 처음에 문을
열어젖혔던 폭풍 같은 바람에 밀려서 문이
단단히 잠겨버렸고 아무것도 남지 않았다.
그러자 그동안 은밀한 그늘 속에서 모두를
처음부터 끝까지 보았던 용맹스런 처녀는
앞으로 뛰쳐나왔으며, 문 쪽으로 다가가서
들어가려고 했으나 문은 굳게 잠겨 있었다.
그녀는 격렬한 힘으로 강제로 열어보려고
생각했지만 허사였다, 마법으로 잠겼기 때문이었다.

28
힘이 별 소용이 없자 그녀는 어려운 과업에
적절한 계략과 기술을 사용하기로 작정했다.
그래서 스스로 생각하기를 이튿날 아침에
저 가장행렬이 다시 한 번 출현할 때까지
그 방에 머물러 있겠노라고 마음을 먹었다.
이튿날 아침이 흥겨운 표정으로 나타나서
사람들에게 하루의 일과에 임하라고 했다.
그러자 그녀는 흡사 생기에 찬 아침처럼
자신이 숨어 있던 장소에서 나와 새 날을 시작했다.

29

하루 종일 그녀는 그 방에 있는 장식품을
구경하며 돌아다니면서 시간을 보냈고,
두 번째 날 저녁이 온 세상의 찬란한
아름다움을 거무칙칙하게 만드는 검정색
의복으로 또다시 그녀를 감싸게 되었다.
두 번째 불침번이 거의 지날 무렵이 되자
철통같은 문이 활짝 열렸으며, 용맹스러운
브리토마트가 뛰어들었다. 그녀는 한가로운
구경이나 헛된 마법에 더 이상 연연하지 않기로 했기에.

6 두 번째 불침번(the second watch): 밤 9시부터 자정까지의 시간을 가리킨다.

30

그녀는 방에 들어가자마자 즉시 눈을 들어
주변을 둘러보았다, 밖에서 자신이 보았던
모든 사람들이 어찌되었는지 보기 위해서.
하지만 보라, 그들은 한꺼번에 모두 사라져
그녀는 그 방에서 산 사람을 볼 수 없었다.
다만 저 구슬픈 여인만이 그녀에게 어울리지
않게 양 손이 단단히 묶인 채로 있었는데,
그녀의 가녀린 허리에는 쇠사슬이 둘려 있어
그녀가 곁에 서 있던 놋쇠로 만든 기둥에 묶여 있었다.

31

그리고 그녀 앞에는 사악한 마법사가 앉아
제 기술로 기묘한 글자들을 만들고 있었다.
그는 잔혹한 화살에 꿰뚫린 것처럼 보이는,
그녀의 죽어가는 심장에서 끔찍하게 흐르는
생생한 피로 그런 글자들을 쓰고 있었는데,
모두 억지로 그녀의 사랑을 얻기 위함이었다.
아, 그런 고통을 주는 자를 누가 사랑하겠는가?
그는 이미 수천 가지 마법을 시도해보았으나
수천의 마법도 그녀의 굳건한 마음을 움직이지 못했다.

1   사악한 마법사(the vile Enchaunter): 칸토 11의 10연에 처음 그 이름이 소개된 비서레이
(Busirane)을 가리킨다.

32

그는 처녀 기사가 방에 있는 것을 보자마자,
제 오랜 노력이 허사가 되는 것도 상관치
않고 제 사악한 책들을 황급히 집어던지고
저 진실한 여인에게로 격렬하게 달려들며
제 주머니에서 흉악한 칼을 꺼내들었다.
야비한 분노가 치밀어서 그것을 고통 받는
그녀의 몸에 찔러 박을 심산이었던 것이다.
하지만 굳센 처녀는 그에게 잽싸게 달려가
그의 저주스런 손을 제지하였고 그의 힘을 제압했다.

33

그는 처음 분노의 대상이었던 여인에게서
그 사악한 무기를 돌연 황급하게 거두고는
제 끔찍한 의도를 처녀 기사에게로 돌리며
갑자기 그녀의 백설 같은 가슴을 찔렀기에
핏방울이 그녀의 흰 가슴을 붉게 물들였다.
비록 상처는 전혀 깊은 것이 아니었지만
그로 인해 처녀는 엄청나게 분노가 치밀어
치명적인 자신의 칼을 격렬하게 빼어 들고
그처럼 악한 행위에 대한 응분의 처벌을 내리려 했다.

34

그녀가 너무 강하게 내리쳐 그는 반쯤 죽어
땅에 쓰러졌고, 그를 즉시 죽이려 했는데
그 곁에 묶인 채 서 있던 여인이 은밀하게
그녀를 부르며 그자를 죽이지 말아달라고
부탁하였다. 그가 죽게 되면 자신의 고통은
치유할 길이 없고, 그것을 만든 자 외에는
아무도 그것을 회복시킬 수 없다는 것이다.
그러자 그녀는 손을 멈췄지만, 매우 싫었다.
그의 목숨을 빼앗아 복수를 하고 싶은 때문이었다.

35

그녀가 말했다, "너 사악한 자여, 그처럼

엄청난 악행과 극악무도함에 대한 처벌은
죽음이며, 그보다 더한 것이 있다고 해도
필연코 어떤 것도 네 죽음을 막지 못하리,
그대가 즉시 이 여인의 건강을 원래의
상태로 회복시켜 놓지 않는다면 말이다.
그리 하고 살지 않으면 반드시 죽으리라."
그는 방금 죽을 뻔했는데 살아난 기쁨에
제 목숨을 이어가기 위해 기꺼이 명령에 복종하였다.

36
그리고 일어나서 즉시 제 마법을 되돌리려고
저 저주스러운 글들을 훑어보기 시작하였다.
그는 그 치명적인 책에서 엄청나게 끔찍한
것들을 읽고 수많은 극악한 시구들을 읽어
공포가 그 처녀의 가슴을 꿰뚫기 시작했다.
또한 그가 잔인한 행들을 되뇌는 것을 듣고
그녀의 예쁜 머리타래 끝이 바짝 곤두섰다.
또한 그가 읽는 동안 내내 그녀는 자신의
칼을 그 위로 높이 치켜들고 딴 짓을 할까봐 경계했다.

37
곧이어 그녀는 집이 흔들리고 모든 문들이
주변에서 마구 떨리는 것을 느끼게 되었다.
하지만 그녀는 어느 것에도 놀라지 않았고

위험이 겁나서 위협적인 손을 늦추지 않고
항상 부동의 눈빛과 굳건한 용기를 가지고
이 소동의 끝을 알기 위해 자리를 지켰다.
마침내 그녀의 연약한 허리를 휘감고 있던
저 강력한 사슬이 땅바닥으로 떨어졌으며,
그 거대한 놋쇠 기둥은 작은 조각으로 부서져버렸다.

38
그녀의 죽어가는 심장에 꽂혀 있었던 잔혹한
쇠붙이는 저 스스로 부드럽게 떨어졌으며
전에 그녀의 피 흐르는 가슴을 갈라놓고
심장을 꿰뚫고 있었던 그 커다란 상처는
마치 그런 적이 없었다는 듯 다시 아물어
모든 부분이 즉각적으로 매우 양호해졌고
그녀가 결코 다치지 않은 듯 곧 회복되었다.
그러자 그녀는 자신이 풀려났으며 온전한
상태라는 것을 알게 되자 땅바닥에 엎어지며 넘어졌다.

39
그녀는 어여쁜 브리토마트 앞에 부복하면서
말했다. "아, 고귀하신 기사님, 비참함에서
구원 받은 불쌍한 여인이 그대의 자비로우신
행동에 맞는 어떤 보상을 할 수 있겠습니까?
기사님의 덕이 스스로 보상을 낳을 것이며,

드넓은 명예와 영원한 칭송까지도 드릴 텐데,
기사님의 종인 저는 기사님의 용기로 풀려나
온 세상을 돌아다니며 그것을 알릴 것이며
아주 훌륭하게 보여주신 것을 아주 훌륭히 격찬하리라."

40
브리토마트는 그녀를 땅에서 일으켜 세우며
말했다, "귀하신 부인, 이제 그대가 안전한
것을 보고 내가 그대를 구출해준 도구가
되었다는 사실이 많은 수고에 대해서 내가
받았던 그 어떤 대가보다도 더 충분합니다.
그러니 아름다운 부인, 마음을 편히 하시고
최근의 고난에 대한 기억은 젖혀두십시오.
그 대신에 당신의 사랑스런 연인이 귀하신
당신을 위해 같은 슬픔을 겪었다는 것을 알아주시오."

41
모든 사람들 중에서 자신이 가장 사랑하는
그에 대해 듣게 되자 그녀는 매우 기뻤다.
그러자 고귀한 승리자는 그녀에게 비열한
폭력을 가하며 너무나도 심하게 핍박했던
더러운 마법사에게 막강한 손길을 가했다.
지금은 풀려났지만, 얼마 전까지만 해도
가엾은 여인을 묶었던 거대한 쇠사슬을

더욱 값있게 쓰기 위하여 그를 묶었으며,
그녀의 포로로 삼아 불행과 비참함에 빠지게 했다.

42
돌아오면서 그녀는 이전에 너무 호화롭고
존엄하게 장식된 것으로 본 멋진 방들이
모두 사라져버리고 깨끗이 없어진 것과
그 모든 장관이 파괴된 것을 발견하였다.
그렇게 바뀐 모습에 그녀는 매우 놀랐다.
거기서 나와 위험한 입구로 내려가면서
이전에는 들어오는 모든 이를 잔혹하게
태우곤 하던 저 끔찍한 불길이 사그라져
다 타버린 횃불처럼 모두 꺼졌다는 것을 발견하였다.

43
이제 그녀는 전에 들어왔을 때보다 더 쉽다는
것을 알았다. 예전에 출입문의 입구를 메우며
그리로 들어오는 모든 이의 길을 차단하며
무시무시한 모습으로 타오르던 불꽃이 마치
그런 적이 없었다는 듯이 모두 사라져버렸고,
그녀가 아무 때나 지나가도록 길을 열었기에.
저 아름다운 처녀의 사랑을 강요하기 위해서
그런 모든 협잡을 만들었던 마법사 자신은
자신의 작업이 모두 망가진 것을 보고 깊이 슬퍼했다.

44

하지만 여전사가 전에 애달픈 스쿠다모어를
믿음직한 자신의 시종과 함께, 두려움에
가득 찬 두 사람을 남겨둔 곳에 도착해보니,
두고 온 그곳에 아무도 없는 것을 발견했다.
그 때문에 그녀의 고귀한 가슴이 서늘해졌다.
그리고 어여쁜 아모렛은 자기 자신의 소중한
기사를 본다는, 전부터 가지고 있었던 희망에
자신의 고귀한 영혼이 부풀어 올라 있었는데,
그렇게 배반을 당하게 되자 새로운 두려움이 가득했다.

45

하지만 불쌍한 그 사나이는 거기서 오랫동안
브리토마트의 귀환을 초조하게 기다렸으나,
그러나 그녀에 대한 좋은 소식도 없는 것을
알게 되자, 그 기대가 절망으로 바뀌었으며
그녀가 불길에 타 죽은 것으로 잘못 생각했다.
그래서 그녀의 늙은 유모와 더불어 논의했고
유모도 소중한 아기의 죽음을 매우 슬퍼하여
다른 도움을 찾기 위해 그곳을 떠난 것이다.
이들이 마음대로 가도록 두고 나는 여기서 숨을 고르리.

* 작품의 1596년 판에서는 여기서 3권이 마무리되었으나, 스펜서가 작품을 처음 출간한 1590년 판은 43연에서 47연까지가 다른 이야기로 이어진다. 스쿠다모어와 아모렛의 재회를 늦춤으로써, 이야기를 마무리 짓지 않고 자연스럽게 4권으로 넘어가기 위해서 스펜서는 원래

의 5연(43~47)을 삭제하고 3연(43~45)을 다시 쓴 것이다. 1590년 초판에 등장한 5연의 내용은 아래와 같다.

(1590년 판) 43

마침내 그녀는 이전에 연인을 구출하는 일과
자기 연민 때문에, 또한 막강한 브리토마트의
성공 때문에 슬픔과 분노 사이에서 반쯤
절망하여 극도로 상심한 스쿠다모어 경을
버려두고 떠났던 그 장소에 이르게 되었다.
거기서 그가 이기적 괴로움과 죽음의 슬픔에
자신을 차가운 대지 위에 던져둔 것을 보고
그를 불렀다. 그는 자신이 이미 잘 알고 있는
목소리를 듣자마자 잽싸게 땅바닥에서 몸을 일으켰다.

(1590년 판) 44

그러자 그는 보았다, 세상에서 가장 반가운
자신의 소중한 사랑, 인생의 위로가 되며,
오랜 상실감 때문에 그토록 고심하게 하고
인생을 우울하게 연명하도록 만든 그녀를.
그는 즉시 지저분한 땅에서 떨쳐 일어났고
성급한 열정을 가지고 그녀에게 달려갔다.
마치 쫓기면서 참아왔던 갈증으로 이제는
숨이 턱에 찬 사슴이 오랜 목마름을 참다가
시원한 물웅덩이에 뛰어들어 몸을 적시는 것과 같았다.

(1590년 판) 45

그는 재빨리 자신의 두 팔로 그녀를 잡고
그녀의 아름다운 육체를 꼭 껴안았는데,
전엔 슬픈 고통의 감옥이었던 그 육체가
이젠 사랑과 기쁨의 달콤한 거처가 되었다.
한편 아름다운 여인은 큰 애정에 사로잡혀
기쁨으로 녹아들었으며, 부드러운 황홀감에
사로잡혀 자신의 영혼을 마구 쏟아내었다.
두 사람은 말도 없고, 세속적인 느낌도 없이
두 무감각한 나무 기둥처럼 오랫동안 껴안고만 있었다.

(1590년 판) 46

만일 그대가 그들을 보았다면 분명코 그들이
아름다운 허마프로디투스라고 여겼을 것이다.
그 조각상을 부유한 로마인이 자신의 값비싼
목욕탕에 설치하려고 흰 대리석으로 만들었다.
두 사람이 내내 함께 자란 것처럼 보였기에
브리토마트는 그들의 행복이 반쯤 부러워서
자신의 고귀한 영혼에 깊은 감동을 받았으며
그와 같은 행복이 자신에게도 오기를 바랐다.
운명이 아직 그녀에게 주지 않은 것을 헛되이 소망했다.

2 허마프로디투스(Hermaphroditus): 그리스 신화에 의하면 그는 헤르메스(Hermes)와 비너스(Venus) 사이에서 태어났다. 샘물의 요정이 그를 사랑했으나 그는 그녀에게 냉정했다. 하루는 그가 샘물에서 목욕을 하는데 그녀가 그를 껴안고 자신이 그와 영원히 하나가 되기를

기도했으며, 그 기도가 성취되어 둘의 몸은 하나가 되었다. 양성 인간(hermaphrodite)이라는 어휘는 그의 이름에 기원한 것이다. 스펜서가 이 조각상을 어디에서 보았는지는 밝혀지지 않았다.

(1590년 판) 47

그렇게 연인들은 서로 달콤한 교감을 나누며
서로 사랑의 쓰디쓴 열매를 없애주었다.
하지만 이제는 내 말들이 지치고 약해져서
매일매일의 노고에 모두 피로를 느낀다.
하여 나는 바로 이 밭고랑의 끝에서 새 날이
올 때까지 이들의 힘겨운 멍에를 벗겨주련다.
그대, 멋진 젊은이들이여, 오랜 노동 끝에
이제 일을 그만 멈추고 즐겁게 놀도록 하라.
이제 일을 그만 멈출지니라. 내일은 휴일이 될 것이다.

| 옮긴이 해제 |

브리토마트, 또는 정결의 전설[1]

『선녀여왕』(The Faerie Queene) 3권은 정결(chastity)이라는 덕목을 다루지만 그 줄거리는 우정(friendship)을 다루는 4권과 정의(justice)를 다루는 5권까지 이어지는 복잡한 양상을 보인다. 1권과 2권은 각각 독립된 이야기로 취급할 수 있겠지만 3권은 사실상 완결된 이야기가 아니다. 왜냐하면 3권에서 시작하는 이야기의 줄거리가 결국 5권의 마지막에 가서야 완성되기 때문이다. 그런 만큼 많은 비평가가 3권과 4권, 즉 사랑과 우정의 이야기를 하나로 간주하기도 한다. 또한 브리토마트(Britomart)와 아테걸(Artegall)의 이야기에 초점을 맞춘다면 3, 4, 5권을 함께 다루어야 하는 어려움을 감내해야 하는 것도 사실이다. 이야기의 주인공은 물론 브리토마

---

[1] 이 글은 《고전르네상스 영문학》 20. 1(2011 봄)에 게재된 본인의 논문 「'의심과 두려움': 『선녀여왕』 3권에 나타난 정결의 적」을 일부 수정해 다시 수록한 것으로 일반 독자들의 편의를 위해 인용의 출처와 서지 사항을 모두 생략하였음을 밝힌다.

트이다. 하지만 그녀가 치러야 하는 과업을 이해하기 위해서는 무엇보다도 작품의 전반에 걸쳐 드러나는 사랑의 신 큐피드(Cupid)의 모습에 유의해야 한다. 그는 작품에 등장하는 거의 모든 인물에게 어떤 방식으로든 영향을 끼치기 때문이다. 큐피드의 어머니인 사랑의 여신 비너스(Venus)와 그녀와 대조되는 처녀성의 수호 여신 다이애나(Diana)도 중요하다. 비너스는 아모렛(Amoret)으로 대변되고 다이애나는 벨피비(Belphoebe)의 모습으로 구현되기 때문이다.

 브리토마트는 운명이 정해준 자신의 배필인 아테걸의 모습을 보고 그를 찾아 여행을 시작하지만 5권에 가서야 그 사랑을 완성한다. 아모렛은 자신의 배필인 기사 스쿠다모어(Scudamour)에게 신전에서 납치되지만 혼인 초야에 마법사 비서레인(Busirane)에게 또다시 납치되어 4권에 가서야 스쿠다모어와 다시 재회한다. 순결의 상징 벨피비는 자신을 사랑하는 아서의 시종 티미아스(Timias)와 4권에서야 화해를 이룬다. 또 다른 중요한 인물인 플로리멜(Florimell)은 브리토마트를 제외하면 작품에서 가장 주목해야 할 여성인데, 그녀는 3권의 초반부에 등장하여 여러 가지 역경과 고난을 겪은 후에 5권에서야 사랑하는 마리넬(Marinell)과 혼인한다. 비록 주인공은 아니지만 칸토 9와 10에 등장하는 헬레노어(Helenore)와 파리델(Paridell)의 애정 행각은 주인공들의 신실한 사랑에 대한 패러디(parody)로서 매우 중요한 역할을 한다. 하지만 이처럼 복잡하게 얽힌 여러 형태 사랑 이야기의 중심에는 항상 정결의 여기사 브리토마트가 있다. 그렇기 때문에 그녀는 비록 작품의 중간 부분에는 전혀 등장하지 않지만 그녀가 대변하는 정결이라는 고귀한 사랑은 언제나 작품을 하나로 묶어주는 역할을 한다. 그렇다면 과연 스펜서가 작품을 통해서 표현하고자 하는 정결이라는 덕목은 무엇인가?

3권 칸토 7의 마지막 부분인 53~60연에서 귀부인의 시종(Squire of Dames)은 일견 흥미롭지만 작품의 진행과는 별 상관이 없는 듯한 이야기를 한다. 그는 자신이 사랑하는 여인의 명령에 따라 일 년 동안 여인 수백 명을 농락하고 "그들의 이름들과 서약들을 승리한 놀이의 전리품"으로 그녀에게 가져갔으나, 다시 여행을 떠나 이번에는 자신의 유혹에 넘어가지 않는 "영원히 순결하고 흠 없이 지내는" 여인을 찾아오라는 주문을 받는다. 그런데 수많은 여성 중에서 단 세 명만이 그의 유혹에 넘어가지 않았다. 그 첫 번째 여자는 매춘부였는데 그가 충분한 돈을 주지 않았기 때문에 그를 거절했으며, 두 번째 여자인 수녀는 그가 자신의 비밀을 누설할까 두려워서 그를 받아들이지 않았다. 마지막으로 어느 하층계급의 처녀만이 순수한 정결함을 지키기 위해 그의 사랑을 물리쳤다는 것이다. 결국 시종은 다음과 같이 선언한다. "그녀를 제외하고는, 어떤 다른 이유가 아닌 그 자체만의 이유로 굳건하고 흠결이 없는 정결을 지닌 여인은 결코 찾을 수 없었지요." 여성은 "적절한 시간과 장소"만 있고 "지저분한 망신이나 수치가" 두렵지만 않다면 모두 유혹에 넘어간다는 것이 시종의 결론이다. 정결의 미덕을 다루는 3권의 한복판에 등장하는 시종의 이야기는 이 세상에서 정결한 여성을 찾기가 그만큼 어렵다는 뜻을 전달하는 간단한 우화로 들린다.

하지만 1권과 2권을 꼼꼼히 읽은 독자라면 이러한 우화가 칸토 7의 끝부분에 있다는 사실이 편하게 다가오지 않을 것이다. 왜냐하면 앞선 두 권의 주인공 기사들은 모두 작품의 중간 부분인 칸토 7에서 가장 큰 위험을 겪기 때문이다. 성스러움을 대변하는 1권의 주인공 레드크로스(Redcross)는 오르고글리오(Orgoglio)에게 사로잡혀 지하 감옥에 갇히며, 2권의 주인공인 절제의 기사 가이언(Guyon)은 마몬(Mammon)의 동굴에서 나오자마자 실신한다. 작품의 형식적인 구조로만 판단하자면 3권에서도 작품의 중간 부분에서 주인공 기사는 위험을 겪어야 하며 그러한 위험에서 구원을 받은 후 더 큰 수양과 노력으로 자신이 대변하는 덕목을 드러내야만 한다. 주지하다시피 『선녀여왕』 3권은 에드먼드 스펜서가 자신의 주군인 엘리자베스 1세(엘리자베스 여왕)의 선조로 설정한 여기사 브리토마트를 정결의 표상으로 내세우는 작품이다. 그런데 막상 주인공인 브리토마트는 중간 부분에서 위험을 겪기는커녕 칸토 4의 중반에서 칸토 9의 초반까지 아예 작품에 등장하지도 않는다. 그렇기 때문에 귀부인의 시종이 들려주는 일화는 브리토마트나 작품의 내용과 별로 상관이 없는 듯 보일 수도 있다. 그러나 뜬금없어 보이는 시종의 이야기는 브리토마트의 모험과는 물론이고 작품 전체의 의미와도 밀접하게 연관되어 있다. 왜냐하면 브리토마트의 과제는 시종의 말처럼 "어떤 다른 이유가 아닌 그 자체만의 이유로 굳건하고 흠결이 없는 정결을 지닌 여인"이 되는 것이며, 이를 위하여 자신 안에서 탐욕적인 매춘부나, 상대를 믿지 못하여 두려워하는 수녀를 몰아내야 하기 때문이다. 하지만 그렇다고 해서 어느 하층계급의 처녀처럼 순결을 지키는 것도 브리토마트의 목적이 아니다. 사랑을 적극적으로 추구하면서도 동시에 정결을 지키는 것, 이것이 그녀의 과제이다. 어쩌면 브리토마트의 과업은 성스러움이나 절제보다도 더욱더 성취하기 어려운 것일는지도 모른다.

브리토마트가 추구하는 정결은 자신을 위협하는 외부의 적들뿐만 아니라 내부적인 욕정, 의심, 두려움을 극복해야만 이룰 수 있는 덕목이다. 작품에서 그녀에게 도전하는 적은 대체로 그녀를 남성으로 오해하여 그녀와 겨루려는 남성 인물이거나 그녀에게 연정을 품은 여성 인물인데, 그녀는 오히려 이러한 적들을 쉽게 물리친다. 하지만 그녀를 시종일관 괴롭히는 것은 자신의 사랑에 대한 의심과 두려움이다. 그저 거울에 비친 남성을 자신의 운명적 배필로 받아들이는 것도 쉽지 않은 일이지만, 그가 누구인지 모르는 상황에서 그를 사랑하는 일 자체가 정결의 기사에게는 쉽지 않은 결단이기 때문이다. 브리토마트를 괴롭히는 의심과 두려움은 작품 안에서 그녀의 거울 이미지 역할을 수행하는 다른 여주인공들, 플로리멜과 벨피비, 아모렛에게서도 나타난다. 그러므로 이들의 행동을 살펴보는 것은 브리토마트의 영웅적 과업의 특성을 더 잘 이해하는 방편이 될 것이다.

비평가들은 흔히 『선녀여왕』 3권을 사랑의 책이라고 부른다. 브리토마트를 위시하여 플로리멜, 벨피비, 아모렛, 헬레노어 등 많은 여인이 아테걸, 마리넬, 티미아스, 스쿠다모어, 파리델 등의 기사들과 얽히고설키는 줄거리기 있기 때문이다. 그뿐만 아니라 1권과 2권에서 주인공 기사들을 위험에서 구출하는 역할을 수행하는 아서(Arthur) 왕자조차도 3권에서는 사랑에 빠진 젊은이로 묘사된다. 과연 브리토마트가 대변하는 정결은 타인의 구원이 필요하다기보다는 오히려 자신 안에서 구현해야 하는 덕목이다. 정결의 덕은 그 소유자에게 힘의 원천이며 그 특성상 외부의 도움이 불필요하기 때문이다.

브리토마트는 서사시적 상승과 하락을 겪은 레드크로스나 가이언과는 달리 수평적 세계에 속한 기사라고 볼 수도 있겠다. 레드크로스가 진실하게 신의 도구라는 역할에 순종하기를 배웠고 또 가이언이 절제하는 기독교적 영웅의 의지를 보여주었다면, 브리토마트는 성적 애정을 왕가의 후손을 잉태하는 영웅적 행동으로 승화하는 자기완성을 이루어야 한다. 하지만 브리토마트의 사랑과 모험은 그 구성의 상이함에도 불구하고 앞선 두 권의 연장선 위에 있다. 1권의 마지막에 서술되는 레드크로스와 우나(Una)의 혼인이나, 2권의 마지막에서 가이언이 "성적 굴종을 강요하는 가짜 낙원인" 희락의 소굴(Bower of Bliss)을 파괴하는 장면은 3권에 이르러서 성적 사랑의 긍정적 가능성에 대한 탐색으로 이어지는 것이다. 이러한 맥락에서 보면 브리토마트가 칸토 1에서 가이언과 싸워 그를 이기고 위기에 처한 레드크로스를 도와주는 것처럼 정결의 덕은 절제보다 우위에 있고 성스러움을 이루기 위해 필요한 조건이라고 할 수 있겠다. 스펜서는 3권의 서시 1연에서 정절의 덕이 다른 덕목보다 우위에 있다고 단정한다. "여기서 나는 정결에 대하여 쓰게 되었으니, 다른 어떤 것보다 드높은 고귀한 덕목이다." 하지만 문제는 과연 정절이 무엇이며 그것을 이루기 위한 조건이 무엇인가 하는 것이다.

대부분의 비평가들은 스펜서가 내세우는 정결이 반드시 순결(virginity)을 의미하는 것이 아니며 오히려 신실한 부부애를 추구하는 프로테스탄트적인 덕목이라는 점에 동의한다. 시인은 월터 롤리(Walter Raleigh) 경에게 보낸 편지에서 『선녀여왕』이 엘리자베스 여왕과 그분의 왕국을 염두에 두고 쓴 작품이라고 전제하면서 여왕이 "한편으로 가장 지체 높으신 여왕 또는 황제이시며 다른 한편으로는 가장 덕망 있고 아름다우신 분을 대표하신다"고 설명한다. 하나는 공인으로서 여왕이며 다른 하나는 개인으로서 여왕일 터이다. 3권의 서시, 5연에서도 시인은 자신의 목소리로 여왕에게 다음과 같이 고백한다.

> 또한 아리따운 신시아께서 자신의 모습이
> 둘 이상으로 나타나면 물리치지 마시고,
> 글로리아나를 선택하여 보시던가 아니면
> 벨피비로 그려진 모습을 보시도록 하소서.
> 전자는 그분의 통치를, 후자는 귀한 정결을 닮았습니다.

하지만 시인이 결혼하지 않은 늙은 군주를 조명하면서 동시에 신실한 혼인을 통해 후손을 생산해내야 하는 프로테스탄트적 정결을 칭송하기 위해서는 섬세한 정치적 고려가 필요했을 것이다. 스펜서의 설명대로 시인이 벨피비를 통해 여왕의 개인적인 미덕을 칭송한다면, 군주의 공적인 정당성을 구현하는 존재는 글로리아나라기보다는 오히려 브리토마트라고 하는 편이 옳다. 사실 글로리아나는 통치자로서 존재할 뿐 작품에 구체적인 모습이 드러나지 않는 존재이기도 하려니와, 군주로서 여왕의 정통성은 아테걸과 결합하는 브리토마트의 행적에 있다고 보아야 하기 때문이다. 역사적으로 엘리자베스 여왕은 어머니인 앤 불린(Anne Boleyn)이 자신의 사촌 오빠와 근친상간을 하여 출생했다는 유언비어에 시달렸다. 따라서 스펜서가 브리토마트와 아테걸의 결합을 통하여 여왕의 혈연적 정당성을 확인하려 했다는 주장도 설득력을 얻는다. 스펜서는 자기 군주의 정당성을 옹호하기 위해서 브리토마트와 아테걸 부부를 실제 영국사에 존재하는 인물로 그리며, 그렇게 함으로써 튜더 왕조의 역사에 정통성과 합법성을 강조하는 것이다.

  작품에서 묘사하는 두 종류의 정결, 즉 벨피비로 대변되는 처녀성의 추구와 플로리멜과 아모렛이 보여주는 연인 사이의 정결은 브리토마트에 의해서 하나로 승화한다. 비평가들은 작품에서 비너스를 대변하는 아모렛과 다이애나의 분신인 벨피비의 충돌과 조화가 상징적으로 드러난다는 사실에 주목하는데, 그렇다면 사랑에 빠진 여기사 브리토마트는 비너스와 다이애나의 미덕을 모두 갖춘 존재라고 할 수 있겠다. 그녀는 사랑의 부당한 구속과 욕정에 대항하고 정당한 부부애를 옹호하면서 궁극적으로 자신에게 부여된 사명, 즉 사랑하는 이를 찾아 그와 결합하여 한 국가를 건설하는 숭고한 과업을 성취하기 때문이다. 하지만 자신의 과업을 성취하기까지 그녀는 부정한 성적 욕망의 유혹과 싸워야 할 뿐 아니라, 자신 안에서 끊임없이 고개를 드는 의심과 두려움으로 인한 고통을 감수해야만 한다. 그런 점에서 브리토마트가 겪는 기나긴 고통은 튜더 왕조가 수립되기까지 장미전쟁으로 대변되는 피어린 영국의 역사와 맥을 같이한다고 볼 수 있다.

브리토마트의 모험과 갈등은 사랑의 신 큐피드와 조우하면서 시작한다. 칸토 2의 22연에서 우연히 아버지의 방에 들어간 그녀는 마법사 멀린(Merlin)이 만든 거울, 정확히는 "유리 구체"(glassy globe)를 통해서 운명적으로 자신의 남편이 될 기사의 모습을 보았고 자신도 모르는 사이에 사랑에 빠졌다. 26연에서 묘사하듯이 그녀는 큐피드의 화살에 맞은 것이다.

> 가장 큰 위험은 알지 못하는 상처에서 오는 법.
> 그러나 저 거짓된 궁사는 화살을 아주 교묘하게
> 쏘았고, 그녀가 아무런 아픔을 느끼지 못하자,
> 남모르는 그녀의 서글픈 곤경에 한입 가득 미소를 지었다.

물론 여기서 "저 거짓된 궁사"는 큐피드를 가리킨다. 급기야 그녀는 "슬픔, 우울함, 비통함, 그리고 온통 나약한 상상"을 동반하는 궁정식 사랑(courtly love)에 빠져든다.

하지만 브리토마트는 멀린과의 만남을 계기로 자신이 걸린 나약한 사랑의 질병을 영웅적 과업으로 승화하는 계기를 맞는다. 칸토 3의 서두에서 시인은 사랑을 "진정한 아름다움을 흠모하고 미덕을 소중한 연인으로 선택하는 달콤한 열정"이라고 정의하면서 "모든 숭고한 행동과 영원한 명예가 그로부터 솟아나온다"고 설명한다. 즉 사랑은 위험하게 타오르는 열정이기도 하지만 동시에 모든 위대한 업적의 원천이기도 하다는 것이다. 멀린이 브리토마트에게 주는 가르침도 시인의 관점과 다르지 않다. 멀린의 충고는 다음과 같이 요약할 수 있다. 큐피드에게 입은 상처는 파괴적인 것도 운명적인 것도 아니며, 오히려 모든 생산적이고 발전적인 사랑으로 인도하는 자연스럽고 피할 수 없는 첫걸음이다. 따라서 사랑은 슬퍼해야 할 상처나 불평해야 할 대상이 아니라 신성한 예지의 일부로 받아들여야 하는 것이다. 불평은 오해나 부정확한 인식이나 잘못된 해석에서 나오는 행동이다. 멀린은 브리토마트와 아테걸의 후손이 미래의 영국을 강한 나라로 만들 것이라고 예언하면서 "온갖 필요한 방법을 써서 그대의 숙명을 이루어라"고 그녀에게 명령한다. 또 그는 "운명이 이미 스스로 이루어야 할 목적을 정해놓았다면, 그녀가 애쓸 필요가 무엇이오?"라며, 인간의 운명과 자유의지 사이의 괴리를 지적하는 유모의 질문에 대해서 칸토 3의 25연에서 캘빈(Calvin)적인 관점으로 설명한다.

> … 과연 운명은 고정된 것이며
> 온 세상이 흔들린다 해도 움츠러들지 않는다.
> 그래도 인간의 선한 노력으로 그를 확정하여
> 천상의 목적이 지속적으로 이루어지도록 해야 하는 법.

자신이 본 이미지가 실체이며 그 기사와 맺는 사랑의 결실이 미래의 영국의 역사를 결정한다는 사실을 깨달은 브리토마트는 자신의 숙명을 이루기 위해 남성 기사의 복장을 하고 순례의 길에 나선다.

 브리토마트가 아테걸을 찾아 나서는 과정은 개신교도가 성인이 되기 위해 떠나는 순례의 길과 흡사하다. 그녀는 처음에는 순박한 기독교도처럼 순진하고 용감하게 출발했다가 고통에 직면하지만 결국에는 사랑의 열정으로 이를 극복하고 마침내 혼인과 출산을 이루기 때문이다. 모험에 나선 그녀가 마주치는 첫 번째 적은 말레캐스타(Malecasta)와 쾌락의 성(Castle Joyeous)이라고 할 수 있지만, 사실 말레캐스타나 그녀를 섬기는 여섯 기사는 브리토마트의 적수가 되지 않는다. 칸토 1에 등장하는 말레캐스타는 천박한 욕정을 대변하는 존재이다. 말레캐스타는 "단지 석탄이 새로운 불꽃을 피워내는 것처럼 제 음탕한 의지를 제멋대로 달리게" 내버려두는 존재로서 브리토마트를 남성으로 여기고 그녀의 침대로 기어든다. 이어지는 소동에서 브리토마트는 가단테(Gardante)의 화살에 상처를 입지만, 갑옷을 벗은 그녀의 모습에 대한 시인의 묘사에 의하면 상처 때문에 브리토마트는 더욱 아름다워질 뿐 별다른 해를 입지 않았다(칸토 1의 65연).

> … 그렇지만 상처는 깊지 않았으며,
> 단지 가볍게 그녀의 부드러운 은빛 피부를 베어
> 거기에서 보랏빛 피가 울먹이듯 방울지며 나와
> 그녀의 백합빛 겉옷을 선홍빛 얼룩으로 물들였을 뿐이다.

비평가들의 지적처럼 브리토마트의 상처는 분명히 성적(sexual)이다. 하지만 그렇다고 해서 그녀의 상처를 처녀성의 상실이나 그녀의 과업에 대한 위협으로 해석하기는 어렵다. 오히려 모든 신실한 개신교도가 그렇듯이 육체적 고통 덕분에 브리토마트는 투사가 되고 자신의 사랑을 가로막는 장애를 넘어설 힘을 얻는다고 보는 편이 타당할 것이다. 그렇다면 쾌락의 성은 그녀를 어떻게 위협하였는가?

브리토마트가 입은 진정한 상처는 그녀의 마음에 존재한다고 볼 수 있다. 쾌락의 성을 빠져나온 후 레드크로스와 헤어져 홀로 여행하는 그녀를 엄습한 것은 자신의 사랑에 대한 연민이다. 칸토 4의 6연에 나타난 그녀의 모습을 보자. "깊은 상처는 더 깊이 그녀의 가슴을 파헤쳐 죽음으로만이 슬픔을 떨칠 수 있을 듯했다." 순진한 처녀이던 그녀는 갑옷을 입음으로써 갑자기 막강한 투사로 변신했다. 하지만 여전히 사랑에 대한 실체적 경험이 없던 브리토마트가 쾌락의 성에서 겪은 사랑의 모습은 그것이 비록 욕정의 불길이었다 하더라도 그녀의 내면에 낭만적인 사랑에 대한 동경을 불러일으키기에 충분하다. 이윽고 칸토 4의 8연과 9연에서 그녀는 해변에 당도하여 페트라르크적인(Petrarchan) 궁정식 사랑의 감정에 몰입한다.

> 거대한 슬픔의 바다, 태풍 같은 슬픔아,
> 내 연약한 쪽배는 오랫동안 거기 버려져
> 정박할 천상의 희망에서 멀어져만 가도다.
> ...
> 사랑으로 방향을 잡고 운명이 노를 젓기 때문에.
> 내 비천한 항해사인 사랑은 들뜬 마음을 가졌고,
> 갑판장인 운명은 아무런 굳건함도 갖지 못한 채,
> 별빛도 없이 조수와 바람을 거슬려 항해한단다.
> 둘 다 무모하고 장님인데 어떤 다른 방도가 있겠는가?

칸토 4의 8~10연까지 세 연에 걸쳐 묘사되는 독백에서 브리토마트는 자신이 예정된 과업을 수행해내지 못할 것이라는 불안함, 사랑의 능력에 대한 불신, 자신의 숙명에 대한 두려움을 드러낸다. 그녀는 자신의 여정이 실패로 끝날 것이라는 절망감에 휩싸였으며 사랑으로 이루어야 하는 자신의 과업에 대한 두려움과 운명의 힘에 대한 의심으로 가득하다. 의심과 두려움에서 출발하는 절망감이야말로 그녀에게 가장 큰 적인 셈이다.

시인의 설명대로 슬픔과 분노는 둘 다 "불안한 마음이 일으키는 감정"이지만, 이어지는 마리넬과의 전투에서 보여주는 브리토마트의 태도는 비록 모든 외지인을 상대로 전투를 벌이는 교만한 마리넬을 처벌한다는 정당성에도 불구하고 좌절에서 오는 "분노에 찬 격정"과 다르지 않다. 그녀는 쾌락의 성에서 입은 옆구리의 가벼운 상처를 몇 배나 키워서 마리넬의 옆구리에 돌려주고 지체 없이 해변 길을 달려간다. 그곳의 온갖 금과 보석을 모두 경멸하며 그곳을 떠나는 브리토마트를 묘사하면서 시인은 그녀가 그럴 수 있는 것이 "그녀에게 모든 힘이 있기 때문"이라고 설명한다. 어느 비평가는 해변에 널린 재화가 영국이 쳐부순 스페인의 무적함대(Spanish Armada)를 암시하며 그러한 보물이 모두 브리토마트로 대변되는 영국의 세력 안에 있다는 뜻이라고 주장하기도 한다. 하지만 여기서 "그것들을 모두 경멸"하는 브리토마트의 태도는 승리에 만족하거나 세속적인 유혹을 물리치는 도덕적 우위의 과시와는 거리가 멀다. 오히려 작품에서 사라지는 브리토마트의 모습은 쓸쓸하고 처연하기까지 하다. 해변에 널브러진 온갖 재물을 경멸하는 브리토마트에 대한 묘사는 그녀가 세속적 재물을 초월했다는 칭송이기는 하지만 동시에 그녀의 상실감과 사랑에 대한 좌절감이 불러일으키는 잔혹하고 거만한 분위기를 드러내준다. 브리토마트에게 있다는 "모든" 힘은 그녀가 소화하기에는 너무 크다. 그러므로 위대하고 영웅적이지만 상실감에 싸여 쓸쓸해하며 잔혹한 희생물이지만 더 이상 희극적이지 않은 인물로서 브리토마트는 작품을 떠나 아홉 번째 칸토에 이르도록 돌아오지 않는 것이다. 그렇다면 브리토마트는 적을 물리친 것이 아니라 의심과 두려움에 따른 좌절감을 마리넬에게 전가한 것이라고 해석할 수도 있을 것이다. 또 브리토마트의 행동은 연쇄적으로 작품의 주요 플롯 중 하나인 플로리멜-마리넬의 고통을 낳는다.

마리넬의 죽음(치명적인 부상이지만)은 브리토마트의 또 다른 모습이기도 한 플로리멜의 방황에 대한 원인을 제공하고, 브리토마트의 두려움은 그대로 플로리멜의 두려움으로 전이되어 작품의 중반부를 채운다. 칸토 5에서 아서가 만난 난쟁이(Dwarf)는 플로리멜을 "견실한 정결함과 귀한 도덕심"을 지닌 아름다운 여인으로 묘사한다. 마리넬을 사랑한 플로리멜은 그가 죽었다는 소식을 듣고 그를 찾아서 궁정을 떠났다는 것이다. (난쟁이의 말이 거짓이 아니라면 사실 마리넬의 죽음에 대한 소문을 듣고 플로리멜이 궁정을 떠난 시점은 논리적으로 타당하지 않다. 아서와 가이언, 브리도마트는 칸토 1에서 포스터(Foster)에게서 도망치는 플로리멜을 만나는데, 브리토마트가 마리넬에게 부상을 입힌 것은 그녀가 쾌락의 성에서 하룻밤을 지낸 다음이기 때문이다.) 플로리멜의 방황에는 프로테우스(Proteus)의 예언을 잘못 해석하여 아들에게 여성의 사랑을 배척하게 한 마리넬의 어머니 시모엔트(Cymoent)의 두려움도 한몫을 한다. 하지만 아들의 운명에 대한 어머니의 경계심을 하찮은 것으로 돌리는 시인의 목소리에서 우리는 브리토마트와 플로리멜에게도 다 함께 적용되는 운명의 힘을 경험한다. 칸토 4의 27연에서 시인은 이렇게 말한다.

> 아, 하지만 그 누가 숙명을 속일 수 있으며
> 경계한다고 자기 운명을 피할 수 있겠는가?
> 인간이 아무리 은밀하거나 안전하게 보이는
> 곳에 잠들어 있더라도 운명은 금방 찾아내
> 조만간 예정된 바를 실현해 그를 낙담시킨다.

인간의 무기에 담긴 힘은 그토록 연약한 법.

언뜻 보면 자신의 연인을 찾아 방랑의 길을 떠나는 플로리멜은 투사인 브리토마트와는 정반대의 인물로 보일 수도 있다. 브리토마트는 자신의 운명을 성취하기 위해 적극적으로 싸우며 나아가지만, 플로리멜은 언제나 자신을 욕망의 대상으로 보는 남성들에게서 도망치는 운명을 지닌 힘없는 존재이기 때문이다.

하지만 방식은 다를지언정 플로리멜이 추구하는 정결은 브리토마트가 구현하려는 덕목과 결코 다르지 않다. 플로리멜은 브리토마트의 내면에 잠재한 두려움을 대변하는 여성이다. 호색적인 포스터에게서 도망치던 그녀는 막상 추격자가 자신을 구원하려는 아서로 바뀌었을 때에도 여전히 달아난다. 두려움에 사리 분별을 못하는 것이다. 공포는 플로리멜의 특성이다. 그녀는 절망적인 결심을 하고 이 세상에 발을 내딛지만, 그 후로 그녀가 하는 일이라고는 공포를 경험하는 것뿐이다. 그녀가 겪는 공포는 처음에는 타당했으나 급기야 이유 없는 공포로 바뀐다. 또 그녀는 모든 남성의 육체적 욕망의 대상이기도 하다. 그녀는 사슴이나 토끼, 비둘기에 비유되며 모든 남성의 먹잇감이다. 하물며 아서나 가이언조차도 그녀를 뒤쫓는다. 개별적인 이유는 다르지만 그녀를 추앙하는 많은 기사는 그녀에게 구현된 감각적인 아름다움에 대한 탐미적 열정에 자극 받은 것으로 보인다. 마리넬을 찾아 나선 플로리멜이 처음부터 정신없이 도망치는 모습을 보이는 것은 아테걸을 찾아 꾸준히 앞으로 나아가는 브리토마트의 모습과 뚜렷한 대조를 이룬다. 플로리멜은 포스터에게 쫓기다가, 마녀의 아들에게 시달리다가 그 후에는 다시 하이에나를 닮은 괴물에게 쫓기고 급기야는 어느 늙은 어부를 거쳐 프로테우스에게 사로잡히기에 이른다. 물론 5권에 가서야 실현되는 일이기는 하지만 그녀는 끝내 자신의 정결을 지켜 마리넬의 마음을 얻고 그와 행복하게 혼인한다. 늦었지만 결국 정의가 구현된 것이다. 플로리멜과 마리넬의 결합은 그녀의 정절과 운명 덕분이다. 하지만 3권에서 플로리멜은 언제나 두려움에 쫓기는 가여운 존재일 뿐이다. 이리저리 팽개쳐지고 소유권이 바뀌는 그녀의 운명은 칸토 8에서 마녀가 만들어낸 가짜 플로리멜이나 4권의 줄거리 구성에 큰 역할을 하는 그녀의 허리띠의 처지와 크게 다르지 않다. 가짜 플로리멜은 겉모습은 진짜와 다름없이 아름다우나 정결함은 전무한 존재이다. 그녀에 대한 소유권은 마녀의 아들에게서 브라가도키오(Braggadocchio)에게, 그에게서 다시 페로우 경(Sir Ferraugh)에게, 4권에서는 다시 블랜다모어(Blandamour)에게 샀다가 마침내 그녀의 자유로운 선택에 의해서 브라가도키오에게 옮겨간다. 새터레인(Satyrane)이 찾은 플로리멜의 허리띠는 4권 칸토 5에서 모든 여인에게 빼앗기며 이리저리 옮겨갔으나 결국 누구에게도 맞지 않아서 진정한 주인에게 되돌아간다.

플로리멜이 브리토마트의 내면에 존재하는 두려움을 대변한다면, 벨피비와 티미아스의 일화는 브리토마트의 의심이나 불안함을 드러내주는 장치라고 할 수 있다. 아서의 시종인 티미아스는 포스터들에게 상처를 입고 벨피비에 의해 구원을 받지만 자신을 간호해주는 벨피비에 대한 하염없는 궁정식 사랑에 빠져든다. 물론 벨피비는 티미아스의 사랑을 받아주지 않는다. 자신의 순결을 세상보다 더 높이 여기는 것이다. 불가능한 사랑에 빠진 티미아스는 극심한 좌절에 빠진다. 칸토 5의 45~47연에 묘사된 티미아스의 하소연은 벨피비가 자신의 사랑을 받아줄 리도 없고 그렇다고 사랑을 포기할 수도 없는 그의 좌절을 여실히 드러낸다. "그분이 거절하면, 그분을 위해 얌전히 죽으리. 차라리 죽어라, 죽어, 그처럼 아름다운 사랑을 버리겠다면." 세 연에서 무려 다섯 번이나 반복되는 "차라리 죽어라, 죽어"라는 표현에 나타난 티미아스의 절망감은 해변에서 두려움과 의심으로 좌절하던 브리토마트의 마음가짐과 맥이 같다.

벨피비를 통하여 주군인 엘리자베스 여왕의 모습을 재현한다고 선언한 스펜서의 의도는 티미아스가 짝사랑하는 벨피비의 모습에 그대로 반영되는 듯 보인다. 시인의 말에 의하면, 그녀는 "정결에 대한 흠 없는 명예와 완벽한 사랑"을 가진 존재이며 "은총과 훌륭한 겸손함을 잘 조화"하는 존재이기에 "그녀 안에서 모든 것이 완벽히 보완을 이룬다." 하지만 여왕을 완벽하게 재현한다는 스펜서의 의도는 벨피비에게 시종여일하게 구현되지는 못하는 것으로 보인다. 4권의 칸토 7에서 벨피비는 어쩌다가 티미아스가 아모렛을 간호하는 모습을 보게 되는데, 그녀가 본 것은 티미아스가 "새 애틋한 애인 곁에 붙어" 있으면서 그녀의 "이슬 같은 눈물을 닦아주며, 그녀가 입은 상처를 보살피며 또한 거기에 입 맞추는" 광경이었다(35연). 그런데 이에 대한 벨피비의 반응은 뜻밖이다(36연).

> 벨피비가 불식간에 그것을 힐끗 보았을 때,
> 그러한 광경 때문에 그녀의 고귀한 가슴은
> 깊은 경멸감과 큰 모욕감으로 차올랐으며,
> 분노에 찬 그녀는 저 작자를 죽인 화살로
> 그들을 둘 다 꿰뚫어버리려고 생각하였다.
> 하지만 심한 복수로 격노한 손을 억제하며
> 그가 그녀를 보기도 전에 가까이 다가가서,
> "이것이 신뢰인가요?"라고 말하고, 더 이상
> 아무런 말도 없이 고개를 돌리고 영원히 달아나버렸다.

여기서 티미아스와 아모렛을 (비록 오해에 기인한 것이라 할지라도) 질투하는 벨피비의 모습은 최소한 3권에서 스펜서가 칭송한 완벽한 벨피비와는 사뭇 다르다. 벨피비는 신뢰를 배신당했다고 느끼지만, 정작 사랑에 대한 의심을 품는 것은 그녀 자신이다. 이 일화는 역사적으로 여왕의 총애를 받은 롤리 경이 여왕의 분노를 산 이야기에 대한 알레고리로 알려져 있다. 여왕의 신임을 한 몸에 받았고, 한때 여왕의 애인으로까지 소문이 난 롤리 경은 1592년에 여왕의 시녀인 엘리자베스 스록모턴(Elizabeth Throckmorton)을 임신시키고 비밀리에 그녀와 결혼했다. 당대의 모든 귀족 특히 여왕과 가까운 귀족들은 결혼을 할 때 먼저 여왕의 허락을 얻는 것이 관례였던 만큼, 여왕의 시녀인 귀족 여식과 혼전 관계를 맺는 것은 그 가문과 여왕에게 큰 모독이었다. 여왕의 분노를 산 롤리 경은 궁정에서 쫓겨나 5년 동안 런던 탑(London Tower)에 수감되었으며, 1597년에야 여왕의 재신임을 얻는다. 롤리 경과 가까운 스펜서가 이 5년 동안에 『선녀여왕』의 4권부터 6권까지를 완성했다는 사실에 비추어보면 벨피비-티미아스 이야기가 여왕-롤리의 알레고리라는 주장에 설득력이 실린다.

하지만 여기서 벨피비가 보여주는 의심과 불신은 그녀를 이상적인 여성으로 간주하기 어렵게 한다. 결국 다시 자기 연민에 빠진 티미아스는 자신의 옷을 찢고 머리를 풀어헤치고 음식을 거절하면서 밤낮으로 슬피 우는 전형적인 궁정식 사랑의 희생물이 된다. 작품에서 아리스토텔레스적인(Aristotelian) 중용이 미덕을 결정한다고 본다면, 티미아스와의 관계에서 드러나는 벨피비의 모습은 중용을 지키지 못하는 차가운 여성의 모습에 가깝다. 그녀의 자기 의존적인 성품은 차갑고 매몰찬 행동으로 나타난다. 벨피비가 2권에서 브라가도키오를 물리친 것은 훌륭한 모습이지만 티미아스를 대하는 그녀의 모습은 거북하다. 하지만 벨피비는 이야기가 진행되면서 동정심을 갖게 되며 아모렛처럼 조화를 이루는 성격으로 변화한다. 티미아스의 괴로움을 보고 마음이 누그러지는 것이다. 결국 4권의 칸토 8에서 그의 애절한 마음을 벨피비가 받아들이고 "그녀는 내면의 분노를 누그러뜨렸으며, 예전의 호의적인 상태로 그를 다시 받아들이게" 되었고, 티미아스는 "오랫동안 행복한 인생을 살았"다는 것으로 둘의 이야기는 종결된다. 하지만 과연 티미아스의 사랑이 실제로 이루어진 것인지는 불분명하다. 다이애나를 대변하는 벨피비가 자신의 순결을 티미아스에게 주었다고 상상하기는 어렵기 때문이다. 벨피비는 작품의 주인공들 중에서 유일하게 사랑의 괴로움을 겪지 않는 인물로 보인다. 오히려 그녀 때문에 고통받는 것은 티미아스이다. 하지만 티미아스와의 관계에서 드러나는 벨피비의 불신, 의심, 불안함은 그녀를 언제까지나 이상적인 여성의 모습으로 볼 수 없게 한다. 사랑하는 이와 결합하기 위하여 모험을 마다하지 않는 브리토마트에게 그녀의 모습은 최소한 배척은 아니라 할지라도 극복해야 하는 대상인 것이다.

    3권 칸토 9와 10에 등장하는 파리델과 헬레노어, 말베코(Malbecco)의 이야기는 브리토마트가 자신의 과업을 이루기 위해 두려움과 의심을 어떻게 극복해야 하는지를 반증하는 노골적인 예시이다. 스펜서는 브리토마트가 추구하는 정결과 극대칭에 속하는 "방종한 여인"과 "부정절한 기사"에 대한 이야기를 시작하면서 자신의 의도가 정반대의 예를 통하여 정결의 미덕을 부각하기 위함이라고 설명한다. "선함은 악함과 대비되어 더욱 선명히 드러나는 것이라오, 검정과 대비될 때 흰색이 더욱 흰 것처럼." 여기서 스펜서가 제시한 "방종한 여인"과 "부정절한 기사"는 물론 헬레노어와 파리델을 가리키는 것이다. 이들은 트로이 전쟁(Trojan war)의 원인이 된 헬렌(Helene)과 파리스(Paris)에 대한 극단적인 패러디로서, 신화 속 연인들이 브리토마트 조상의 땅인 옛 트로이를 불태우고 파멸시켰다면 이들은 말베코의 세계를 불태우고 파괴한다. 파리델과 브리토마트는 다 같이 트로이의 후손이지만, 파리델에게 트로이는 "단지 공허한 이름"이며 "재 속에 깊숙이 묻혀" 있는 존재인 반면, 브리토마트에게 트로이는 역사적 혈통을 다시 세우기 위하여 찾아가야 할 고향이다. 또한 파리델은 도시를 파괴한 파리스의 후손이고, 브리토마트는 도시를 건설한 브루트(Brute)의 후손이다. 파리델은 말베코의 집을 불태우지만, 브리토마트는 영국이라는 집을 세운다.

하지만 이들의 이야기 중에서 가장 흥미로운 인물은 전형적인 중세의 "늙은 연인"(Senex Amans), 즉 말베코라고 할 수 있다. 작품에서 브리토마트가 두려움과 의심을 극복해야 한다면, 그 두 가지를 극복하지 못하여 파멸한 전형적인 예가 말베코이기 때문이다. 사실 파리델과 헬레노어는 세속적이고 육체적인 사랑의 전문가들이다. 이들은 아이러니하게도 작품에 등장하는 다른 어떤 연인들보다 사랑의 언어를 더 잘 이해한다. 적어도 이들은 사랑의 언어를 문자 그대로 받아들이지 않는다. 이 일화가 드러내는 해학은, 많은 부분 스펜서의 다른 연인들이 사랑의 상처를 운명적으로나 치명적으로 심각하게 받아들이는 데 반해서 이들은 큐피드가 주는 상처를 장난스러운 관점으로 바라보는 데에 있다. 이야기의 구조로만 보자면 파리델과 헬레노어는 늙은 말베코를 배반하고 파멸시킨 장본인들이다. 하지만 이들은 시인에게서 별다른 처벌을 받지 않는다. 이들에 대한 시적 정의(poetic justice)는 어디에 있는가? 파리델은 헬레노어를 유혹하고 그녀와 함께 말베코의 재물을 훔쳐 달아나는 데 성공하지만, 곧 그녀를 버린다. 칸토 10의 35연에서 시인은 파리델의 악행을 이렇게 묘사한다. "그녀의 방울을 낚아챈 후 그녀를 드넓은 세상에 내던져 홀로 날도록 버린 것이었다." 그것이 파리델의 습관인데도 스펜서는 비록 그를 비웃고 조롱할망

정 특별히 그런 악행에 대한 처벌을 가하지 않는다. 헬레노어의 경우도 크게 다르지 않다. 그녀는 홀로 방황하다가 우연히 새터(Satyr)들을 만나 그들의 공동 소유가 되지만 자신의 현실을 즐기며 과거를 잊는다. "그래서 그녀는 금방 말베코를 잊어버렸고, 비록 소중하기는 했지만, 또 다른 횡재를 찾아서 그녀를 떠난 파리델 경도 잊었다." 그녀는 새터들과 성적 방종의 극치를 보이며 만족스럽게 살지만, 시인은 후회나 자기반성이 없는 그녀를 당연하게 받아들이는 듯하다.

스펜서의 혹독한 형벌은 오히려 이들의 희생양인 말베코에게 가해진다. (사실 중세의 파블리오(Fabliaux)도 같은 문제점이 있다. 예컨대 초서(Chaucer)의 「방앗간 주인의 이야기」(Miller's Tale)이나 「상인의 이야기」(Merchant's Tale)의 경우도 늙은 연인은 이야기의 최대의 희생자로 남는다.) 그는 아내를 도둑맞고 전 재산을 잃은 채 온갖 모욕과 수모를 당한 후, 자살하려는 생각으로 절벽 위에서 몸을 던진다. 하지만 그는 "본질이 전부 없어질 정도로 소모되어 아무것도 남지 않은 공허한 영혼"이 되어 죽지도 못하고, 어느 동굴에 기어들어가 "질투"(Gelosy)라는 상징으로만 남게 된다. 말베코를 다루는 스펜서의 방식은 '가학성 음란증'(sadistic)에 가까울 정도로 과도하게 보이는 것도 사실이지만, 수동적인 늙은 바보에게 알레고리의 극심한 에너지를 집중하면서 시인이 사랑의 희생물이 갖는 비논리성을 날카롭게 제시한다고 보는 것도 타당할 것으로 보인다. 파리델과 헬레노어는 알레고리와 패러디를 위한 도구일 뿐이며, 스펜서의 초점은 말베코에게 있다는 말이다. 이들의 이야기는 매우 조악한 형태의 파블리오라고 정의할 수도 있을 것이다. 그렇다면 과연 말베코의 잘못은 어디에 있는가? 말베코의 문제는 두려움이다. 그는 황금도 여인도 차지할 수 없고 어느 하나도 사용하지 못하며, 둘 다 가두어둔 채 그것들을 잃을까 끝없이 두려워한다. 오쟁이 진 남편으로서 말베코의 두려움은 의심에서 비롯한다. 그는 "늙었고 마른 풀처럼 시들어서" 남편 역할을 수행하지 못하기에 항상 헬레노어가 자신을 "진심으로 대하는지 의심하고" 그녀를 "아무도 못 보게 밀폐된 침실에 숨겨"둔다고 설명하는 시인의 묘사에서 우리는 전형적인 희극적 바보의 모습을 본다. 말베코는 자신의 아내가 불륜을 저지르리라는 의구심에 그녀를 철저히 감시하지만, 아이러니하게도 한쪽 눈이 보이지 않기 때문에 바로 곁에서 벌어지는 파리델과 헬레노어의 희롱은 보지 못한다. 말베코의 의심은 현실이 되지만 그는 불타는 재산과 아름다운 아내 사이에서 망설이다가 결국 어느 것도 지키지 못한다(칸토 10의 15연).

> 그녀가 소리를 지르면, 그녀에게 가면서
> 불을 버려두었다. 사랑이 돈을 이긴 것이다.
> 하지만 막상 제 돈이 타는 것을 보게 되자
> 부인을 떠났다. 돈이 사랑을 저버리게 했다.
> 그는 제 사랑하는 부인을 잃기도 싫었지만
> 가장 아끼는 재물을 버리기도 역시 싫었다.

불을 끈 후 말베코는 "어떻게 그녀를 구출할지 궁리하기 시작"한다. 결코 아내를 믿지 않던 말베코가 이제는 그녀를 구출할 방도를 찾는다는 시인의 서술에서 우리는 말베코의 자기기만과 어리석음을 본다. 또 "순례자"의 모습으로 헬레노어를 찾아 나서는 말베코의 행동에서 우리는 사랑하는 이를 찾아 순례의 길을 가는 브리토마트의 모습과 극단적인 대조를 이루는 거짓 연인의 모습을 본다.

하지만 의심과 두려움으로 모든 것을 잃은 말베코는 오히려 의심해야 하는 상황이 닥쳐오자 거꾸로 모든 의심을 버린다. 브라가도키오와 트롬파트(Trompart)의 사기 행각은 말베코가 감당하기에는 너무 교묘한 것이 사실이다. 하지만 "제 사랑스런 아내"가 "어떤 거칠고 험한 새터"와 "밤새도록 즐거운 놀이에 열중하는" 것을 바로 눈앞에서 보고 나서도 그녀를 되찾으려고 밤새도록 설득하는 말베코의 모습은 그가 과연 이제껏 아내의 불륜을 의심해온 남편인가 하는 의구심이 들게 한다. 그는 막상 자신의 의심이 눈앞에서 실현되자 그러한 현실 자체에 의심을 품고 이를 거부하는 것이다.

사랑에 의심과 두려움이 얼마나 위협적인 장애인가 하는 점은 후에 5권에서 브리토마트가 기한이 지나도록 돌아오지 않는 아테걸에 대해서 품는 마음가짐에서도 드러난다. 그녀는 이미 아테걸과 혼인을 약조했음에도 불구하고 그를 완전히 믿지 못한다. 그녀는 "사랑에 병든 상상력이 빠져드는 수천의 두려움을 자신의 의심스러운 마음에 품기 시작했다."(칸토 6의 3연) 스펜서는 브리토마트의 의심을 "사랑에 병든 상상력" 때문이라고 설명하지만 궁극적으로 의심과 두려움은 그녀가 정결을 완성하기 위해서 극복해야 하는 장애물임에 틀림없다. 결국 5권의 중반부에서 브리토마트는 성급히 아테걸을 찾아나서고 돌론(Dolon)의 계교에 빠지는 위험을 겪으며, 아이시스 성전(Temple of Isis)에서 본 환상을 통해 자신의 소명을 재확인하고 나서야 아테걸을 구하고 그와 행복한 재회를 하게 되는 것이다. 시인은 3권 칸토 11의 서두에서 질투를 "지옥의 뱀"이라고 정의한다.

오, 지옥의 뱀이여, 어떤 광분이 처음에 널
프로서피나의 끔찍한 집에서 데려왔는가?

> 거기서 그녀는 널 가슴에 품고 오랫동안
> 양육하며, 고통의 쓴 젖을 먹여 키웠는데,
> 신성한 사랑을 끔찍한 두려움으로 바꾸고,
> 미운 생각으로 사랑하는 마음이 번민하고
> 수척해지게 만드는 사악한 질투는 자기를
> 소멸하게 만드는 고통을 자신에게 주나니,
> 마음속에 있는 모든 감정 중에서 네가 가장 사악하다.

물론 여기서 "질투"는 직접적으로는 바로 직전에 서술된 말베코를 암시한다. 하지만 질투가 궁극적으로 의심과 두려움의 산물이며 정결의 가장 큰 적이라는 점을 고려하면 그것이 브리토마트의 과업인 정결의 완성에 얼마나 큰 장애물인지는 새삼 강조할 필요가 없을 것이다. 아모렛을 사랑하여 혼인을 치른 스쿠다모어도 같은 종류의 질투 때문에 자신의 과업을 수행하지 못한다. 자신의 혼인식에서 신부를 납치당한 그는 아모렛을 구출하기 위하여 브리토마트와 함께 비서레인의 집으로 가지만 입구를 막은 불길을 만난다. 브리토마트가 굳센 의지로 불길을 제어하고 통과하자 스쿠다모어는 "질투에 찬 욕망과 열렬한 의지"로 따라가려다가 좌절한다. 그는 결국 브리토마트가 아모렛을 데려갔다는 의심을 품고 많은 오해와 실수를 거듭한 뒤에야 다시 아모렛과 재결합을 이룬다. 물론 1590년 판에 의하면 브리토마트는 아모렛을 구출하여 스쿠다모어에게 데려다주고 둘은 행복한 재결합을 이룬다. 하지만 개정된 1596년 판에 의하면 스쿠다모어는 4권의 칸토 9 마지막 부분에서 가서야 아모렛과 재회하는데 둘의 재회 장면은 구체적으로 묘사되지 않는다. 다만 칸토 10의 문맥으로 두 연인의 재회가 짐작될 뿐이다.

마법사 비서레인으로부터 아모렛을 구하는 과업은 3권에서 브리토마트가 수행하는 마지막 모험이다. 하지만 이제까지 그녀의 적들과는 달리 비서레인은 무력으로 무찌를 대상이 아니다. 아모렛의 사랑을 얻기 위하여 그녀의 심장을 꺼내 그 피로 마법의 문자를 쓰는 비서레인의 모습은 잔혹하다(칸토 12의 31연).

> 그는 잔혹한 화살에 꿰뚫린 것처럼 보이는,
> 그녀의 죽어가는 심장에서 끔찍하게 흐르는
> 생생한 피로 그런 글자를 쓰고 있었는데,
> 모두 억지로 그녀의 사랑을 얻기 위함이었다.
> 아, 그런 고통을 주는 자를 누가 사랑하겠는가?

하지만 비서레인의 잔인한 행동에도 불구하고 많은 비평가는 그를 고문의 수행자(torturer)라기보다는 유혹자(seducer)로 이해한다. 인용된 구절의 마지막 행에서 "고통을 주는 자"는 전통적으로 연인을 상징하는 표현임에 주목하면, 고문처럼 보이는 이 장면이 사실은 전형적인 유혹의 장면이라고 해석하는 것이 무리는 아닐 것이다. 아모렛의 고통은 사실 그녀가 자초한 심리학적 불안과 두려움 때문에 생긴 것이다. 하지만 아모렛의 고통이 순전히 그녀의 잘못 때문인지에 대해서는 이론의 여지가 있다. 그녀의 고통은 오히려 그녀가 사랑에 대해 갖는 순진함에서 비롯한다고 할 수도 있기 때문이다. 아모렛을 이상적인 프로테스탄트적 아내라고 본다면, 궁중적이고 가톨릭적인 문화 속에 휩싸인 그녀가 고통을 피한다는 것은 불가능한 일일지도 모른다. 하지만 다른 해석도 가능하다. 비서레인은 여성을 단지 남성의 몸 안에 있는 사랑의 욕망을 수용하는 대상으로 간주하며,

브리토마트와 아모렛은 비서레인의 세계관을 거부함으로써 그에게 승리한다고 보는 견해이다. 브리토마트와 아모렛은 사랑의 육체적 욕망을 그 자체적인 목적으로 보지 않고 혼인과 출산이라는 더 큰 과업으로 확장하려는 의지가 있는 존재이기 때문이다. 결국 브리토마트가 비서레인을 극복할 수 있었던 것은 불안과 두려움을 믿음(faith), 운명이 정한 자신의 미래와 사랑의 목적에 대한 프로테스탄트적 믿음으로 대체한 덕분이라고 하겠다.

칸토 11의 54연에 나타나듯이 브리토마트가 비서레인의 집에서 본 격언, "담대하라"와 "너무 담대하지는 말라"는 문자 그대로 아리스토텔레스적인 중용의 미덕을 말하는 것일 수도 있고, 비서레인에게 담대하게 맞서시반 그를 죽이지는 말 것을 암시하는 말일 수도 있을 것이다. 그러나 어쩌면 자신의 사랑을 믿고 이를 성취하는 데는 담대해야 하지만 항시 경계를 늦추지 말아야 할 것을 강조하는 말일지도 모른다. 과연 브리토마트는 말레캐스타의 성이나 말베코의 집에서와는 달리 갑옷을 벗지도 않고 무기를 곁에 둔 채 경계를 풀지 않고 밤을 지새운다(칸토 11의 55연).

> 하지만 그녀는 은밀한 위험을 경계하였기에
> 무거운 갑옷을 벗지 않았고, 잠이 자연스레
> 제 무거운 두 눈을 압박하게 하지도 않고서,
> 옆으로 비켜서서 경계를 늦추지 않은 채로
> 자신의 날카로운 무기를 자기 주변에 가까이 배치했다.

브리토마트는 비서레인을 사로잡고 아모렛을 구출하지만 그것으로 자신의 임무가 완성된 것은 아니다. 이제 그녀는 자신의 연인인 아테걸을 만날 준비를 갖추었을 뿐이다.

  1권과 2권에서 레드크로스와 가이언이 모두 성스러움과 절제를 증명했지만 여전히 자신들의 덕목을 완성하기 위하여 계속 모험을 수행하듯이, 브리토마트 역시 이제 자신의 운명을 완수하기 위해 더 많은 모험을 치러야 한다. 그녀는 아직 자신의 운명과 사랑에 대한 의심과 두려움에서 완전히 벗어나지 못했다. 플로리멜의 두려움과 벨피비의 의심, 아모렛의 불안함을 극복하려면 더 많은 시련과 경험을 쌓아야 한다. 하지만 브리토마트는 작품에서 유일하게 확고하고 지속적인 발전을 보이는 인물이다. 그녀는 플로리멜과 같이 큐피드의 화살에 맞아 고통을 겪지만 적극적으로 자신의 운명을 이루어가는 전사이다. 그녀는 벨피비처럼 순결하지만 그렇다고 육체적 순결에 집착하여 냉혹하거나 쉽게 질투에 빠지지 않는다. 그로 인해 브리토마트는 자신의 사랑에 대한 믿음을 끝까지 지키는 아모렛을 구원하고 그녀의 사랑을 맺어준다. 스펜서는 브리토마트를 통해서 아름답지만 용맹스러운 기사, 사랑에 불안해하지만 미래에 대한 확신을 버리지 않는 끈질긴 여성, 의심과 두려움의 고통을 겪지만 끝까지 자신의 배우자에게 충실하고 정결한 아내의 모습을 제시하는 것이다.

| 등장인물 색인 |

* 색인에서 예컨대 'III. i. 20~45' 표시는 해당 인물이 『선녀여왕』 3권 칸토 1의 20연에서 45연에 걸쳐 나온다는 의미이다.

ㄱ

가단테(Gardante) III. i. 20~45
가이언(Guyon) 제2권의 주인공; III. 서시, 1~18; III. iv. 45~46; V. iii. 29~37
가짜 플로리멜(False or Snowy Florimell) III. viii. 서시, 5~19; IV. ii. 서시, 3~19; IV. iv. 7~11; IV. v. 13~27; V. iii. 17~26 → 또한 '플로리멜'(Florimell)을 볼 것
게리오니오(Geryoneo) V. x. 6~14; V. xi. 1~32
귀부인의 시종(Squire of Dames) III. vii. 서시, 37~61; III. viii. 44~51; III. ix. 3~6; IV. ii. 20~31; IV. v. 18
그란토토(Grantorto) V. i. 3; V. xi. 50~53; V. xii. 9~23
그레이스(Graces) II. viii 6; III. vi. 2; IV. v. 5; VI. x. 9~25
그릴(Gryll) II. xii. 86~87
글로우스(Glauce) III. ii. 30~52; III. iii. 5~25, 51~62; III. iv. 11; III. xii. 44~45a; IV. i. 50~54; IV. ii. 3; IV. v. 31~33; IV. vi. 25~32

ㄴ

나이트(Night) I. v. 20~45
난쟁이(Dwarf) 우나의 시종 I. i. 6~13; I. ii. 6; I. v. 45~52; I. vii. 19~28, 52
난쟁이(Dwarf) 페아나의 시종 IV. viii. 54~62; IV. ix. 3, 8
난쟁이(Dwarf) 플로리멜의 시종 III. v. 3~12; V. ii. 2~10
네레이즈(Nereides) IV. xi. 48~52
네몬(Mnemon) III. ix. 47~51
넵튠(Neptune) IV. xi. 11; IV. xii. 29~32
녹탄테(Noctante) III. i. 20~45

ㄷ

다우트(Doubt) IV. x. 11~14
다이애나(Diana) I. vii. 4~5; III. vi. 16~28; IV. x. 30; VII. vi. 38~55
데스페어(Despaire) I. ix. 21~54
데인저(Daunger) IV. x. 16~20
도니(Dony) III. v. 3~12; V. ii. 2~10
돌론(Dolon) V. vi. 19~40
두엣사(Duessa) I. ii. 13~45; I. iv. 2~3,

411

37~51; I. v. 11~44; I. vii. 2~18; I. viii. 25~49; I. xii. 24~36; II. i. 13~22; IV. i. 서시, 17~19, 31~32; IV. v. 11; V. ix. 36~50; V. x. 4
드루온(Druon) IV. ix. 20~41
디스데인(Disdain) VI. vii. 27, 39~viii. 30
디스페토(Despetto) VI. v. 13~22
디아몬드(Diamond) IV. ii. 41~iii. 24
디체토(Decetto) VI. v. 13~22
디트랙션(Detraction) V. xii. 28~43
디페토(Defetto) VI. v. 13~22
딜레이(Delay) IV. x. 13~15

ㄹ

라디건드(Radigund) V. iv. 21~v. 57; V. vii. 25~34
러스트(Lust) IV. vii. 서시, 4~32
레드크로스 기사(Redcross Knight) 제 1권의 주인공; II. i. 24~34; III. i. 20~67; III. ii. 서시, 8~16; III. iii. 62; III. iv. 4~5; V. xi. 53
루디메인(Ruddymane) II. i. 40~61; II. ii. 1~12, 44~46; II. iii. 2
루시페라(Lucifera) I. iv. 8~43; I. v. 5~16, 45~53
리아고어(Liagore) III. iv. 29~43

ㅁ

마녀(Witch) III. vii. 6~23; III. viii. 서시, 1~10
마녀의 아들(Witch's son) III. vii. 서시, 12~21; III. viii. 3~13
마리넬(Marinell) III. iv. 서시, 12~44; III. v. 8~10; III. vi. 54; III. viii. 46; IV. xi. 서시, 5~7, 53; IV. xii. 3~35; V. iii. 2~26
마몬(Mammon) II. vii. 3~66
마틸드(Matilde) VI. iv. 26~39
말레거(Maleger) II. xi. 20~46
말베코(Malbecco) III. ix. 서시, 3~32, 53; III. x. 5~60
말에포트(Maleffort) VI. i. 15~23
말엔진(Malengin) V. ix. 4~19
말폰트(Malfont) V. ix. 25~26
머네라(Munera) V. ii. 4~28
머실라(Mercilla) V. viii. 16~24; V. ix. 20~50; V. x. 3~5, 14~16
머씨(Mercie) I. x. 34~46
머큐리(Mercury) VII. vi. 14~19
멀린(Merlin) I. vii. 36; I. ix. 5; II. viii. 20; III. ii. 18~26; III. iii. 서시, 6~50, 62
메드웨이(Medway) IV. 서시; IV. xi. 8~53
메디나(Medina) II. ii. 14~46; II. iii. 2
멜리보(Meliboe) VI. ix. 13~34; VI. x. 40~43; VI. xi. 18, 31, 51; VI. xii. 9
멜리사(Melissa) VI. xii. 14~18
모단트(Mordant) II. i. 41~61
몰라나(Molanna) VII. vi. 40~54
뮤터빌리티(Mutability) 제7권의 주인공
미개인(Salvage Man) VI. iv. 2~16; VI. vi. 1~11, 25~41; VI. vi. 22~23,

37~40; VI. vii. 23~24; VI. viii. 28~29
미라벨라(Mirabella) VI. vi. 16~17; VI. vii. 27~viii. 30

ㅂ

바시안테(Basciante) III. i. 20~45
바칸테(Bacchante) III. i. 20~45
버단트(Verdant) II. xii. 72~84
버번(Burbon) V. xi. 44~65
벨라무어(Bellamour) VI. xii. 3~22
벨지(Belge) V. x. 6~39; V. xi. 15~20, 32~35
벨피비(Belphoebe) II. iii. 21~42; III. 서시. 5; III. v. 서시, 27~vi. 10, 26~28; IV. vii. 서시, 23~viii. 18
브라가도키오(Braggadocchio) II. iii. 4~46; III. viii. 11~18; III. x. 20~54; IV. iv. 8~21; IV. v. 23~27; V. iii. 10~39
브라시다스(Bracidas) V. iv. 4~20
브륀슈발(Bruncheval) IV. iv. 17~18
브리간트(Brigants) VI. x. 39~xi. 51
브리아나(Briana) VI. i. 13~47
브리아너(Brianor) IV. iv. 40
브리토마트(Britomart) 제3~4권의 주인공; V. vi. 3~viii. 3
블라탄트 비스트(Blatant Beast) V. xii. 37~41; VI. i. 7~10; VI. iii. 24~26; VI. v. 14~17; VI. vi. 9~12; VI. ix. 2~6; VI. xii. 22~41
블란디나(Blandina) VI. iii. 30~42; VI. vi. 30~37
블랜다모어(blandamour) IV. i. 서시, 32~ii. 29; IV. iv. 2~19, 45; IV. v. 13~27; IV. ix. 20~37; V. ix. 41
비너스(Venus) III. i. 34; III. vi. 11~29, 46~51; IV. x. 서시, 29~52
비서레인(Busirane) III. xi~xii

ㅅ

사미엔트(Samient) V. vii. 4~26, 46~48; V. ix. 3~22
사이키(Psyche) III. vi. 51~52
산스로이(Sansloy) I. ii. 25; I. iii. 33~42; I. vi. 4~8, 40~47; II. ii. 18~46
산스조이(Sansjoy) I. ii. 25; I. iii. 33~42; I. vi. 4~8, 40~47; II. ii. 18, 20~26
산스포이(Sansfoy) I. ii. 12~19, 25
새터(Satyrs) I. vi. 7~19; III. x. 서시, 43~53
새터레인(Satyrane) I. vi. 20~47; III. vii. 서시, 29~61; III. viii. 43~52; III. ix. 17, 27; III. x. 1; III. xi. 3~6; IV. ii. 25~27; IV. iv. 서시, 15~44; IV. v. 7, 22~26
생글리어(Sangliere) IV. iv. 40; V. i. 14~29
서지스(Sergis) V. xi. 37~59; V. xii. 4~10
세레나(Serena) VI. iii. 20~iv. 16; VI. v. 2~11, 25~vi. 16; VI. vii. 50; VI. viii. 31~51
술단(Souldan) V. viii. 18~45

쉐임페스트니스(Shamefastness) II. ix. 40~43; IV. x
스콘(Scorn) VI. vi. 16; VI. vii. 27, 39~viii. 30
스클랜더(Sclaunder) IV. viii. 서시, 23~36
스페란자(Speranza) I. x. 12~22
시모도체(Cymodoce) 또는 시모엔트(Cymoent) III. iv. 19~43; IV. xi. 53; IV. xii. 3, 19~33
신시아(Cynthia) VII. vi. 8~13; VII. vii. 50

ㅇ

아가페(Agape) IV. ii. 서시, 41~53; IV. iii. 40
아간테(Argante) III. vii. 37~52; III. xi. 3~4
아도니스(Adonis) III. i. 34; III. vi. 서시; III. vi. 46~49
아디시아(Adicia) V. viii. 20~26; V. viii. 45~ix. 2
아마비아(Amavia) II. i. 35~61
아모렛(Amoret) III. vi. 서시, 4~29, 51~53; III. xi. 10~24; III. xii. 서시, 30~47a, 30~45b; IV. i. 1~17, 49; IV. v. 13~30; IV. vi. 34~38, 46~47; IV. vii. 서시, 2~35; IV. viii. 19~37; IV. ix. 17~20, 38~40; IV. x. 서시, 8, 52~58
아미다스(Amidas) V. iv. 4~20
아벳사(Abessa) I. iii. 10~23

아서(Arthur) I. vii. 29~ix. 20; II. viii. 17~xi. 49; III. i. 1~18; III. iv. 45~v. 12; IV. vii. 42~47; IV. viii. 18~ix. 37; V. viii. 4~45; IV. ix. 2~50; IV. x. 4~xi. 35; VI. v. 11~viii. 30
아스트리아(Astraea) V. i. 5~12
아크레시아(Acrasia) II. i. 51~55; II. ii. 44; II. v. 26~38; II. vi. 9; II. xii. 72~86; III. i. 2
아키마고(Archimago) I. I. 서시; I. I. 29~55; I. ii. 2~11; I. iii. 24~39; I. vi. 34~48; I. xii. 24~36; II. I. 1~25; II. iii. 11~19; II. vi. 47~51; II. viii. 10~22, 56; III. iv. 45
아테(Ate) II. vii. 55; IV. i. 17~32, 47~54; IV. ii. 3~19; IV. iv. 2~12; IV. v. 22~23, 30~31; IV. ix. 24; V. ix. 47
아테걸(Artegall) 제5권의 주인공; III. ii. 서시, 8~26; III. iii. 24~28, 62; III. iv. 4; IV. iv. 39~46; IV. v. 8~9, 21; IV. vi. 2~46; Vi. i. 4~10
아틴(Atin) II. iv. 37~46; II. v. 25~38; II. vi. 2~4, 38~51; II. viii. 10, 56
아폴로(Apollo) IV. xii. 25
알라다인(Aladine) VI. ii. 16~20, 40~iii. 19
알마(Alma) II. ix. 17~60; II. x. 77; II. xi. 2, 16, 49
암피사(Amphisa) III. vi. 4
어부(Fisher) III. vii. 27; III. viii. 20~31
에러(Errour) I. i. 13~26
에밀리아(AEmylia) IV. vii. 10~20, 33~

34; IV. viii. 19~36, 50~64; IV. ix. 9
에이미아스(Amyas) IV. vii. 15~18; IV. viii. 50~64; IV. ix. 4~11
엔비(Envy) V. xii. 28~43
엘리사(Elissa) II. ii. 16~46
오고글리오(Orgoglio) I. vii. 7~18; I. viii. 2~24
오케이션(Occasion) II. iv. 4~46; II. v. 19~22
올리판트(Allyphant) III. vii. 48; III. xi. 서시, 3~7
우나(Una) I. i. 4~36; I. i. ii. 7~8; I. iii. 2~44; I. vi. 2~47; I. vii. 20~52; I. viii. 26~28, 42~49; I. ix. 52~53; I. x. 2~68; I. xi. 1~5, 32, 50, 55; I. xii. 7~41
우먼후드(Womanhood) IV. x. 52~55
은둔자(Hermit) VI. v. 34~vi. 15
이그나로(Ignaro) I. viii. 30~37
이니어스(Enias) VI. vii. 3~25; VI. viii. 4~13, 28~30
이레나(Irena) V. i. 3~4; V. xi. 36~43; V. xii. 3~27
임페이션스(Impatience) II. xi. 23~31, 47
임포텐스(Impotence) II. xi. 23~31, 47

ㅈ

자연(Nature) VII. vii. 4~13, 56~59; VII. viii. 2
조브(Jove) VII. vi. 7~35; VII. vii. 14~17, 48~59
조칸테(Jocante) III. i. 20~45

지니어스(Genius) III. vi. 31~33

ㅊ

채리사(Charissa) I. x. 16, 29~34

ㅋ

캐내시(Canacee) IV. ii. 30~iii. 52; IV. v. 10
캘리아(Caelia) I. x. 3~11, 68
캠벨(Cambell) IV. ii. 30~41; IV. iii. 서시, 3~52; IV. iv. 13, 27~36, 44; IV. v. 10
캠비나(Cambina) IV. ii. 31; IV. iii. 서시, 38~iv. 5; IV. v. 10
컬리도어(Calidore) 제6권의 주인공
컬리파인(Calepine) VI. iii. 20~iv. 40; VI. viii. 46~51
케어(Care) IV. v. 32~45
코리던(Coridon) VI. ix. 10, 15, 38~44; VI. x. 33~41; VI. xi. 18~51
코세카(Corceca) I. iii. 12~23
코플람보(Corflambo) IV. viii. 서시, 38~39
콘템플레이션, 은둔자(Contemplation, the Hermit) I. x. 46~67
콜럼벨(Columbell) III. vii. 553~61
콜린 클라우트(Colin Clout) VI. ix. 35, 41; VI. x. 10~32; VII. vi. 40
콩코드(Concord) IV. x. 31~46
큐피드(Cupid) I. 서시. 3; II. viii. 6; II. ix. 34; III. i. 39; III. ii. 26; III. iii. 1~3; III. vi. 11~26, 49~50; III. x. 5;

등장인물 색인 | 415

III. xi. 47~49; III. xii. 서시. 22~23;
  IV. x. 42; VI. vii. 32~37; VII. vii. 34
크루도어(Crudor) VI. i. 13~15, 29~47
크리소고니(Chrysogonee) III. vi. 4~10,
  26~27
클라리벨(Claribell) IV. ix. 20~41
클라리벨(Claribell) VI. xii. 3~22
클라린다(Clarinda) V. iv. 48; V. v. 29~
  57
키모클레스(Cymochles) II. v. 25~38; II.
  vi. 2~36; II. viii. 10~45

ㅌ

탄달러스(Tantalus) II. vi.. 57~60
탈러스(Talus) V. i. 12, 20~22; V. ii.
  20~28, 49~54; V. iii. 37~38; V. iv.
  24, 44~51; V. v. 19; V. vi. 8~18,
  26~30; V. vii. 3, 35~36; V. viii. 29;
  V. ix. 16~19; V. xi. 47, 59, 65; V.
  xii. 5~8, 26~27, 43
터파인(Terpine) V. iv. 21~51; V. v. 18;
  VI. iii. 30~iv. 8; VI. v. 33~34; VI.
  vi. 17~vii. 27
템스(Thames) IV. xi. 서시, 8~53
트라이폰(Tryphon) IV. xi. 6~7
트레비산(Trevisan) I. ix. 21~37
트롬파트(Trompart) II. iii. 6~46; III. x.
  23~54; V. iii. 17, 38
트리스트람(Tristram) VI. ii. 3~39
트리아몬드(Triamond) IV. ii. 41~iii. 52;
  IV. iv. 20~45; IV. v. 10, 21
티미아스(Timias) I. vii. 37; I. viii. 3~

29; II. viii. 17; II. ix. 11; II. xi. 29~
  48; III. i. 18; III. v. 12~50; IV. vii.
  23~viii. 18; VI. v. 11~vi. 16; VI.
  vii. 39~49; VI. viii. 5~27

ㅍ

파노피(Panope) III. viii. 37~38
파리델(Paridell) III. viii. 서시, 44~x. 16,
  35~8; IV. i. 17, 32~43; IV. ii. 서시,
  7~29; IV. ix. 19; IV. v. 11, 24; IV.
  ix. 20~37
파스토렐라(Pastorella) VI. ix. 7~18,
  34~46; VI. x. 32~xi. 51; VI. xii.
  3~22
파이로클레스(Pyrochles) II. v. 2~23; II.
  vi. 41~51; II. viii. 10~52
팔라딘(Palladine) III. vii. 37, 43~44,
  52~53
팔란테(Parlante) III. i. 20~45
팔머(Palmer) II. i. 7~61; II. ii. 1~12;
  II. iii. 3; II. iv; II. v. 24~25; II. vi.
  19; II. viii. 3~56; II. xi. 3~4; II. xii.
  3~87; III. i. 9~11
페돈(Phedon) II. iv. 3~36
페드리아(Phaedria) II. vi. 3~38; II. xii.
  14~17
페라몬트(Ferramont) IV. iv. 19~21
페로우(Ferraugh) III. viii. 15~19; IV. ii.
  4~7; IV. iv. 8
페리사(Perissa) II. ii. 16~46
페아나(Poeana) IV. viii. 49~61; IV. ix.
  6~16

페이트(Fates) IV. ii. 47~53
평등주의자 거인(Egalitarian Giant) V. ii. 29~54
포스터(Foster or Forester) III. i. 17~18; III. iv. 47; III. v. 15~25
폴렌테(Pollente) V. ii. 4~28
퓨러(Furor) II. iv. 3~46; II. v. 19~23
프라두비오(Fradubio) I. ii. 28~44
프랠리사(Fralissa) I. ii. 28~44
프레이즈디자이어(Praysdesire) II. ix. 36~39
프로테우스(Proteus) III. iv. 25; III. viii. 서시, 29~42; IV. xi. 서시, 2~4, 9; IV. xii. 28~33
프리실라(Priscilla) VI. ii. 16~20, 40~iii. 19
프리아몬드(Priamond) IV. ii. 41~iii. 24
플라시다스(Placidas) IV. viii. 서시, 38~ix. 16
플레저(Pleasure) III. vi. 51~52
플로리멜(Florimell) III. i. 서시, 15~18; III. iv. 서시, 45~53; III. v. 서시, 4~12, 23; III. vi. 54; III. vii. 서시, 1~36, 61; III. viii. 20~52; IV. ii. 25~28; IV. iv. 서시; IV. v. 2~6; IV. xi. 1~5; IV. xii. 서시, 5~11, 27~35; V. ii. 2~4; V. iii. 14~27 → 또한 '가짜 플로리멜'(False or Snowy Florimell)을 볼 것
피델리아(Fidelia) I. x. 12~22
피뎃사(Fidessa)
→ '두엣사'(Duessa)를 볼 것.

피버스(Phoebus)
→ '아폴로'(Apollo)를 볼 것
피비(Phoebe)
→ '다이애나'(Diana)를 볼 것
필레트(Pilate) II. vii. 61~62
필로티메(Philotime) II. vii. 44~50

ㅎ
하이에나(Hyena) III. vii. 22~38; III. viii. 49
헬레노어(Hellenore) III. ix. 25~32, 52; III. x. 서시, 4~17, 35~52
후디브라스(Huddibras) II. ii. 17~46

지은이
:: 에드먼드 스펜서 Edmund Spenser

보통 '시인들의 시인'(The Poets' poet)이라고 불리는 에드먼드 스펜서는 1552년 런던의 중산층 집안에서 태어났다. 1569년 오늘날 근로장학생 정도의 자격으로 케임브리지 대학에 진학했고 1576년에 석사학위를 받았다. 1579년에 『양치기 달력』(*The Shepheardes Calender*)을 출간하여 시인으로서 명성을 얻었고 다양한 시작법(versification)을 시도하여 시어로서 영어의 가능성을 높였다는 평을 듣는다. 1590년에는 『선녀여왕』(*The Faerie Queene*)의 처음 세 권을 출간했으며, 나머지 세 권은 6년 후인 1596년에 출판되었다. 1599년에 사망하여 웨스트민스터 사원 시인들의 묘역에 안장되었다.

옮긴이
:: 임성균

옮긴이 임성균은 서강대학교 영문과를 졸업하고 캐나다 사이몬프레이저 대학(Simon Fraser University)에서 영문학 석사, 미국 루이지애나 대학(University of Louisiana, Lafayette)에서 영문학 박사학위를 취득하였다. 한국밀턴학회장과 한국셰익스피어학회장을 지냈으며, 청주대학교를 거쳐 현재 숙명여자대학교 영문과 교수로 재직 중이다. 주요 연구 분야는 르네상스 영문학이며, 현재까지 40여 편의 논문과 12권의 저, 역서를 발표하였다.

한국연구재단총서 학술명저번역 521

선녀여왕 3
브리토마트, 또는 정결의 전설

1판 1쇄 찍음 | 2012년 12월 20일
1판 1쇄 펴냄 | 2012년 12월 27일

지은이 | 에드먼드 스펜서
옮긴이 | 임성균
펴낸이 | 김정호
펴낸곳 | 아카넷

출판등록 2000년 1월 24일(제2-3009호)
100-802 서울 중구 남대문로 5가 526 대우재단빌딩 16층
전화 | 6366-0511(편집) · 6366-0514(주문) / 팩시밀리 | 6366-0515
책임편집 | 좌세훈
www.acanet.co.kr

ⓒ 한국연구재단, 2012

Printed in Seoul, Korea.

ISBN 978-89-5733-260-3 94840
ISBN 978-89-5733-214-6(세트)